技工教育和职业培训"十四五"规划教材
高职高专汽车制造类立体化创新教材

汽车检测技术

（配任务工单）

主　编　徐　计　李　成
副主编　魏健东　陈卫东　林　波
参　编　于星胜　林铸辉　赵　军

机械工业出版社

《汽车检测技术》主要对汽车相关性能检测的设备、流程进行讲解，主要内容包括汽车检测概论、底盘技术状况检测、仪表照明系统检测、环保性能检测、智能化技术标定及检测、检测站与检测线、发动机技术状况检测。

《汽车检测技术》的主要任务是规范汽车检测流程，强化技术细节，引导学生在具体的检测过程中掌握汽车检测的方法和内在逻辑，并学会使用检测设备，培养学生掌握汽车检测基础技能，以便将来能够胜任汽车检测工作。

《汽车检测技术》可作为高职高专院校汽车相关专业的教材，也可作为中职院校以及职业技能培训机构和从事相关工作人员的专业用书。

图书在版编目（CIP）数据

汽车检测技术：配任务工单 / 徐计，李成主编 . — 北京：机械工业出版社，2020.10（2025.2 重印）
高职高专汽车制造类立体化创新教材
ISBN 978-7-111-66815-2

Ⅰ . ①汽⋯ Ⅱ . ①徐⋯ ②李⋯ Ⅲ . ①汽车 – 故障检测 – 高等职业教育 – 教材 Ⅳ . ① U472.9

中国版本图书馆 CIP 数据核字（2020）第 201542 号

机械工业出版社（北京市百万庄大街 22 号　邮政编码 100037）
策划编辑：李　军　　责任编辑：李　军
责任校对：张　薇　　封面设计：马精明
责任印制：邓　博
北京盛通数码印刷有限公司印刷
2025 年 2 月第 1 版第 7 次印刷
184mm×260mm・16.75 印张・412 千字
标准书号：ISBN 978-7-111-66815-2
定价：49.90 元（含任务工单）

电话服务　　　　　　网络服务
客服电话：010-88361066　机　工　官　网：www.cmpbook.com
　　　　　010-88379833　机　工　官　博：weibo.com/cmp1952
　　　　　010-68326294　金　书　网：www.golden-book.com
封底无防伪标均为盗版　机工教育服务网：www.cmpedu.com

编委会

主　　任：张俊峰（重庆电子科技职业大学）
副主任：翟候军（重庆长安汽车股份有限公司）
　　　　陈红鹰（上汽依维柯红岩商用车有限公司）
　　　　罗永前（重庆电子科技职业大学）
编　　委：陈心赤（重庆电子科技职业大学）
　　　　王　勇（重庆电子科技职业大学）
　　　　李　慧（重庆电子科技职业大学）
　　　　邓　璘（重庆电子科技职业大学）
　　　　刘云云（重庆电子科技职业大学）
　　　　徐　计（重庆电子科技职业大学）
　　　　于星胜（哈尔滨职业技术学院）
　　　　杨正荣（贵州装备制造职业学院）
　　　　张书诚（安徽职业技术学院）
　　　　林　波（重庆科创职业学院）
　　　　张　敏（哈尔滨职业技术学院）
　　　　吴厚廷（贵州装备制造职业学院）
　　　　于志刚（成都工业职业技术学院）
　　　　刘阳勇（重庆交通职业学院）
　　　　黄再霖（贵州装备制造职业学院）
　　　　杨　谋（重庆电讯职业学院）
　　　　张玉平（重庆工业职业学院）
　　　　林铸辉（贵州装备制造职业学院）
　　　　张洪书（重庆电讯职业学院）
　　　　张谢源（贵州装备制造职业学院）
　　　　陈廷稳（贵州装备制造职业学院）
　　　　陈　旭（重庆长安汽车股份有限公司）
　　　　张桂乾（重庆长安汽车股份有限公司）
　　　　曹怀宾（重庆长安汽车股份有限公司）
　　　　李　成（重庆电子科技职业大学）
　　　　徐跃进（重庆电子科技职业大学）
　　　　刘竞一（重庆电子科技职业大学）
　　　　谢吉祥（重庆电子科技职业大学）
　　　　陈卫东（重庆电子科技职业大学）
　　　　魏健东（重庆电子科技职业大学）
　　　　赵　军（重庆电子科技职业大学）
　　　　陈双霜（重庆电子科技职业大学）
　　　　姚晶晶（重庆电子科技职业大学）
　　　　刘红玉（重庆电子科技职业大学）
　　　　祖松涛（重庆电子科技职业大学）
　　　　李穗平（重庆电子科技职业大学）
　　　　马良琳（重庆电子科技职业大学）
　　　　李　蕊（重庆电子科技职业大学）
　　　　邓家彬（重庆电子科技职业大学）
　　　　周　均（重庆电子科技职业大学）
　　　　徐凤娇（重庆电子科技职业大学）

丛书序

2019年1月，国务院颁发《国家职业教育改革实施方案》，推进职业教育领域"三全育人"综合改革试点工作，使各类课程与思想政治理论课同向同行，努力实现职业技能和职业精神培养高度融合。建设一大批校企"双元"合作开发的国家规划教材，倡导使用新型活页式、工作手册式教材并配套开发信息化资源。2019年12月，教育部、财政部公布《中国特色高水平高职学校和专业建设计划建设单位名单》后，为了满足重庆电子科技职业大学等双高建设院校的建设要求，我们依托全国职业院校装备制造类示范专业点——重庆电子科技职业大学汽车制造与装配技术专业，联合重庆长安汽车股份有限公司等大型汽车制造企业加快了本系列丛书的开发进度。

本丛书结合汽车整车制造企业的生产全过程，以汽车车身制造技术、汽车整车装配与调试、汽车检测技术和汽车综合故障诊断等课程为主线，以汽车构造、汽车电控系统诊断与调试、汽车制造工艺技术、汽车生产质量管理、汽车制造安全技术和汽车制造物流技术等课程为辅助，以汽车三维设计、汽车数据采集与处理和汽车试验技术等课程为拓展，全面介绍汽车制造过程的冲压、焊接、涂装、总装四大工艺，以及下线检测、整车调试、生产安全、生产技术、质量管控、生产物流等制造知识，同时拓展学生在汽车设计、逆向工程、数据处理和汽车试验等方面的应用知识，为学生今后从事汽车制造中的设计、调试、试验和管理等相关工作打下良好基础。

本丛书主要特色如下：

1. 知识的全面性

在制定本丛书各教材的知识框架时，就将写作的重心放在体现知识的全面性上，因此从各教材提纲的制定到内容的编写都力求将课程所涉及的专业知识全面囊括。

2. 知识的实用性

本丛书由高职院校具有丰富教学经验的教师和汽车制造企业具有丰富工作经验的一线技术人员及管理人员共同编写而成，具有很强的实用性。此外，每个项目中均会根据知识点安排若干个工作过程，让学生从汽车制造实际出发，通过书中的知识点，解决现实中遇到的问题。

3. 知识的灵活性

本丛书中各教材的每一个知识点都匹配了相应的学习任务，学生可以通过不同类型的学习任务，来学习并掌握书中的知识。

4. 知识的直观性

本丛书中各教材的每一类知识点均录制了各种形式的微课视频，学生通过扫描二维码即可观看生动的视频资源来学习相关知识内容。

本丛书根据汽车制造领域（即汽车前市场）的设计、生产、工艺、试验和管理等岗位需求搭建人才培养体系，有效融入了课程思政的育人理念，可作为高职高专院校、应用技术型本科院校、中等职业学校、技工学校的教材,也可作为企业的培训教材,推动汽车制造全产业链的应用技术人才培养。

由于编写经验有限,本丛书难免存在疏漏,欢迎读者提出宝贵意见,以便我们在今后进行补充和改进。

编 者

前 言

本书旨在培养学生掌握现代汽车检测技术的基本理论知识，了解当前汽车行业的检测技术指标。通过学习本书，使学生理解与掌握汽车诊断与检测的基础知识、原理、方法和步骤，掌握现代汽车检测仪器、检测设备的使用方法以及国家发布的标准、限值等；重点掌握汽车主要技术参数和技术性能的检测方法、仪器工作原理，熟悉汽车故障诊断与检修方法，并了解汽车检测及故障诊断技术的最新发展动向和趋势；初步具备分析故障、诊断故障及排除故障的能力，为今后从事汽车检测与维修工作奠定一定的理论和实践基础。

本书面向汽车后市场，培养具有较高的文化水平和良好的职业道德，掌握一定专业理论知识，具备较强的专业实践技能，能够从事汽车检测、汽车维修和配件生产管理的高技能人才。

本书以汽车整车性能检测为主线，阐述汽车使用性能各个检测项目所用仪器设备的结构、工作原理和检测方法。学生通过学习，能熟练掌握常用检测设备的使用方法，正确检测汽车各项性能参数，熟悉汽车性能评价的主要技术参数和技术指标，利用检测数据对汽车性能做出准确判断，正确处理检测结果，并提出技术处理方案。

编者通过岗位调研与分析，基于汽车工作过程，以职业能力培养为本位，融合汽车检测员职业标准，以工作任务为载体，与检测站合作设计基于工作过程理论与实践一体的项目式课程内容，整合了7个教学项目，25个教学任务。

本书在编写过程中参考了大量的书籍，并借鉴了汽车检测技术标准和相关培训资料，谨在此向其作者及资料提供者表示诚挚的谢意。

由于编者水平有限，书中不妥之处，恳请读者和专家批评、指正。

编 者

目录

丛书序
前言

项目1　汽车检测概论 ················ 1

1.1　汽车检测诊断基础知识 ················ 2
1.1.1　汽车检测的概念 ················ 2
1.1.2　汽车检测技术的发展概况 ················ 8
1.1.3　检测参数、标准、周期 ················ 9

1.2　汽车检测设备基本知识 ················ 13
1.2.1　汽车检测设备的组成 ················ 13
1.2.2　测量仪表简介 ················ 14

项目2　底盘技术状况检测 ················ 16

2.1　车轮定位检测 ················ 18
2.1.1　车轮定位基准 ················ 19
2.1.2　四轮定位的检测项目 ················ 21
2.1.3　四轮定位仪的结构和检测原理 ················ 28

2.2　车轮平衡度检测 ················ 35
2.2.1　车轮不平衡的分析 ················ 35
2.2.2　离车式车轮平衡机结构和检测原理 ················ 36
2.2.3　就车式车轮平衡机结构和检测原理 ················ 42

2.3　悬架装置检测 ················ 45
2.3.1　悬架性能的检测方法 ················ 46
2.3.2　共振式试验台结构和检测原理 ················ 48

2.4　汽车动力性检测 ················ 53
2.4.1　汽车动力性评价指标 ················ 53
2.4.2　影响汽车动力性的因素 ················ 55

2.4.3　汽车动力性的台架检测 …………………………………………… 57
　　2.4.4　汽车动力性的道路检测 …………………………………………… 60

2.5　汽车制动性的检测 ………………………………………………………… 63
　　2.5.1　汽车制动时的受力分析 …………………………………………… 63
　　2.5.2　汽车制动性能评价指标 …………………………………………… 64
　　2.5.3　汽车制动性能标准规定 …………………………………………… 68
　　2.5.4　汽车制动性能的路试检测 ………………………………………… 71
　　2.5.5　汽车制动性能的台架检测 ………………………………………… 72

2.6　汽车转向系统技术状况检测 ……………………………………………… 75
　　2.6.1　转向系统技术要求 ………………………………………………… 75
　　2.6.2　转向参数测量仪 …………………………………………………… 76
　　2.6.3　转向操纵性检测 …………………………………………………… 77

2.7　汽车车轮侧滑量的检测 …………………………………………………… 78
　　2.7.1　车轮侧滑产生因素及影响 ………………………………………… 78
　　2.7.2　侧滑试验台的结构 ………………………………………………… 79
　　2.7.3　侧滑试验台的测量原理 …………………………………………… 80
　　2.7.4　侧滑量的检测 ……………………………………………………… 82

项目3　仪表照明系统检测 ……………………………………………… 83

3.1　车速表的检测 ……………………………………………………………… 84
　　3.1.1　车速表误差产生的原因 …………………………………………… 85
　　3.1.2　车速表检验台 ……………………………………………………… 85
　　3.1.3　车速表的检测方法 ………………………………………………… 87

3.2　前照灯的检测 ……………………………………………………………… 88
　　3.2.1　前照灯评价指标 …………………………………………………… 88
　　3.2.2　前照灯检测原理 …………………………………………………… 90
　　3.2.3　前照灯检测仪 ……………………………………………………… 91
　　3.2.4　前照灯检测方法 …………………………………………………… 93

项目4　环保性能检测 …………………………………………………… 96

4.1　汽车排放污染物的检测 …………………………………………………… 97
　　4.1.1　汽车排放污染物的成分及危害 …………………………………… 98
　　4.1.2　汽车排放污染物的影响因素 ……………………………………… 99

4.1.3　汽车排放污染物的检测标准　　100
　　　4.1.4　汽车排放污染物的检测仪器　　101
　　　4.1.5　汽车排放污染物的检测方法　　111
　4.2　汽车噪声的检测　　118
　　　4.2.1　汽车噪声的来源及危害　　118
　　　4.2.2　汽车噪声的评价指标　　119
　　　4.2.3　汽车噪声的检测仪器　　121
　　　4.2.4　汽车噪声的检测方法　　124

项目 5　智能化技术标定及检测　　128

　5.1　全景影像的标定及检测　　129
　　　5.1.1　全景影像辅助系统的认知　　129
　　　5.1.2　全景影像系统的标定　　131
　　　5.1.3　全景影像系统的检测　　136
　5.2　车道偏离预警系统　　139
　　　5.2.1　车道偏离预警系统的认知　　140
　　　5.2.2　车道偏离预警系统的标定　　142
　5.3　自适应巡航系统　　142
　　　5.3.1　自适应巡航系统的认知　　143
　　　5.3.2　自适应巡航系统的标定　　144

项目 6　检测站与检测线　　147

　6.1　汽车检测站概述　　148
　　　6.1.1　汽车检测站的任务　　149
　　　6.1.2　汽车检测站的类型　　149
　　　6.1.3　汽车检测站的组成　　151
　　　6.1.4　汽车检测站的检测内容　　153
　6.2　汽车检测线的工位设置及布局　　155
　　　6.2.1　工位设置及布局的基本要求　　155
　　　6.2.2　工位设置及布局的基本形式　　155
　　　6.2.3　双线综合式检测线工位设置及检测流程　　156
　　　6.2.4　全能综合式检测线工位设置及检测流程　　159
　　　6.2.5　检测站的计算机控制系统　　163

项目7　发动机技术状况检测 …… 167

7.1　发动机功率的检测 …… 169
- 7.1.1　发动机功率的测量方式 …… 169
- 7.1.2　无负荷测功仪的组成及测功检测 …… 171
- 7.1.3　发动机综合检测仪的组成及测功检测 …… 172
- 7.1.4　单缸功率的检测 …… 174

7.2　气缸密封性的检测 …… 175
- 7.2.1　气缸压缩压力的检测 …… 175
- 7.2.2　气缸漏气量的检测 …… 178
- 7.2.3　进气歧管真空度的检测 …… 179
- 7.2.4　曲轴箱窜气量的检测 …… 180

7.3　发动机点火系统的检测 …… 181
- 7.3.1　点火波形的检测 …… 182
- 7.3.2　点火正时的检测 …… 187

7.4　燃油供给系统的检测 …… 190
- 7.4.1　燃油压力的检测 …… 190
- 7.4.2　喷油控制信号波形的检测 …… 193

7.5　润滑系统的检测 …… 195
- 7.5.1　机油压力的检测 …… 196
- 7.5.2　机油消耗量的检测 …… 198
- 7.5.3　机油品质的检测 …… 199

7.6　冷却系统的检测 …… 200
- 7.6.1　冷却系统密封性检测 …… 201
- 7.6.2　冷却液品质的检测 …… 202
- 7.6.3　冷却系统组成部件的检测 …… 204

7.7　发动机异响的检测 …… 206
- 7.7.1　发动机异响特性分析 …… 207
- 7.7.2　曲柄连杆机构异响的检测 …… 210
- 7.7.3　配气机构异响的检测 …… 213

参考文献 …… 216

技工教育和职业培训"十四五"规划教材
高职高专汽车制造类立体化创新教材

汽车检测技术
任务工单

主　编　徐　计　李　成
副主编　魏健东　陈卫东　林　波
参　编　于星胜　林铸辉　赵　军

机械工业出版社

目录

项目1 汽车检测概论 …………………………………… 1

项目2 底盘技术状况检测 ……………………………… 3

项目3 仪表照明系统检测 ……………………………… 13

项目4 环保性能检测 …………………………………… 17

项目5 智能化技术标定及检测 ………………………… 21

项目6 检测站与检测线 ………………………………… 26

项目7 发动机技术状况检测 …………………………… 28

项目 1
汽车检测概论

学习任务

一、熟知汽车检测技术的概念以及发展状况

1. 简述汽车检测的概念和目的。
   _____
   _____
   _____

2. 汽车性能检测根据检测目的的不同可分为_____、_____、_____三种。

3. 简述汽车的检测参数有哪些。
   _____
   _____
   _____

4. 简述汽车的检测标准有哪些,各自有什么特点。
   _____
   _____
   _____

5. 最佳诊断周期的影响因素有_____、_____和_____。

二、了解汽车检测设备的组成与发展

6. 查阅汽车检测设备的相关资料,完善下图。

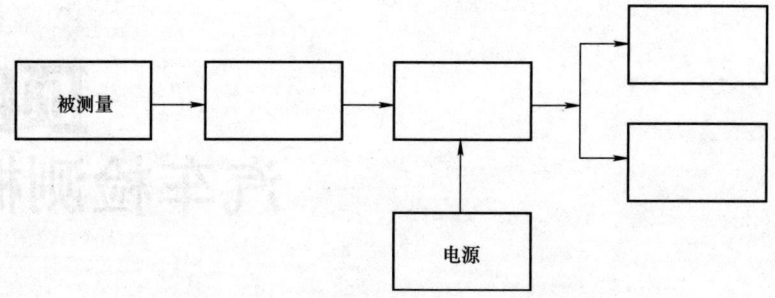

7. 简述汽车测量仪表的几个发展阶段及各种检测仪器的特点。
_____
_____
_____

项目 2
底盘技术状况检测

学习任务

一、掌握汽车四轮定位的检测方法

1. 汽车底盘由悬架及转向系统等组成,汽车出厂时,车轮以地面成特殊角度来进行安装,车轮定位实质上就是选择最优基准的过程。请简述车轮定位的基准有哪些因素。

_____
_____

2. 为了提高汽车的转向操纵稳定性,车轮、主销的设计有多重参数,请概括四轮定位的项目参数都有哪些,当其中一个参数不准时会发生什么后果。

_____
_____

3. 下图示意的前轮定位参数是什么?它起到了什么作用?

3

4. 汽车常用的四轮定位仪有哪些类型？下图所示的四轮定位仪属于哪一类型？并简述其主要结构组成。

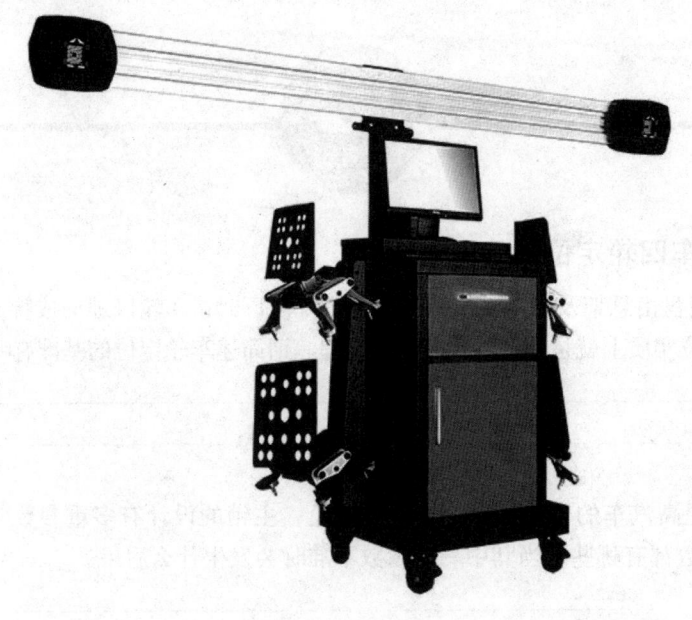

5. 简述汽车四轮定位的检测步骤。

二、掌握汽车车轮平衡度的检测方法

6. 师傅让小李进行动平衡检测之前，决定先考考他的基础知识，于是给了他一张车轮静不平衡的受力分析图，看他能不能分析出什么情况下会引起起车轮的前后窜动、什么情况下又会引起车轮的上下跳动。你如果是小李，能回答出来吗？

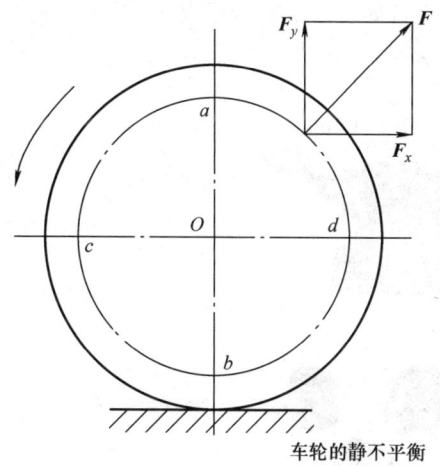

车轮的静不平衡

7. 请根据图中离车式平衡机的结构示意图，将序号①~⑤所代表的结构名称填写在下方划线处。

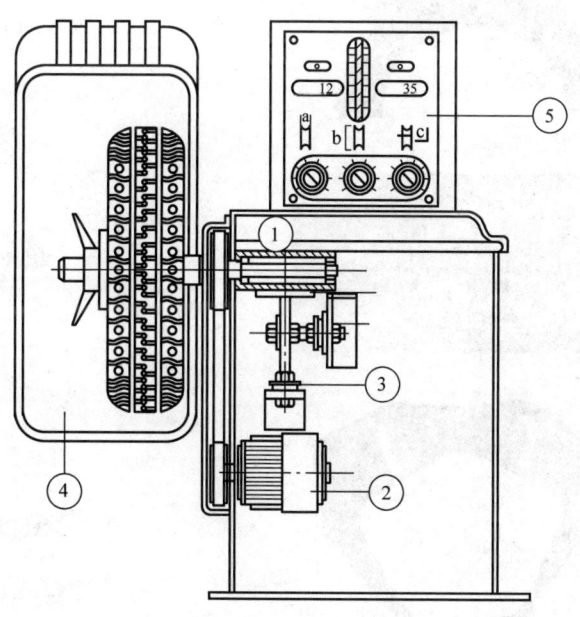

8. 简述离车式平衡机检测车轮的步骤。

9. 使用离车式平衡机检测车轮是否平衡时，需要借助其他辅助工具来进行，请将下图中所示的工具与相应的名称进行搭配并连线。

平衡块

平衡块拆装钳

卡尺

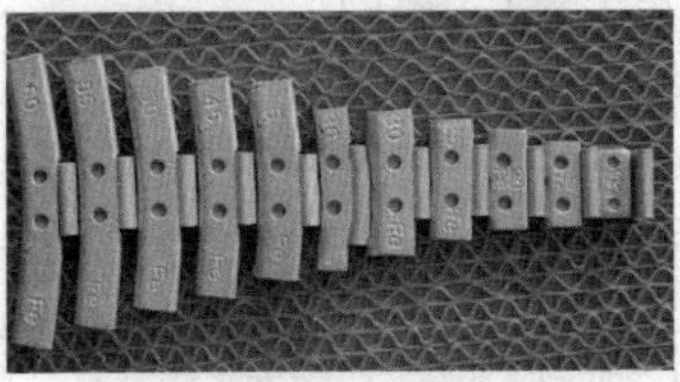

定位锥体

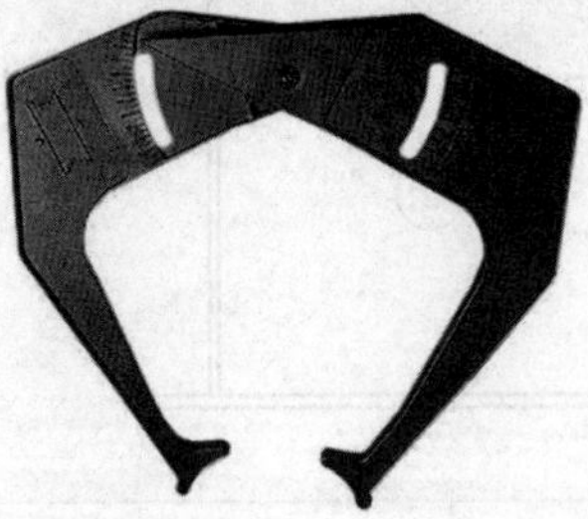

快锁螺母

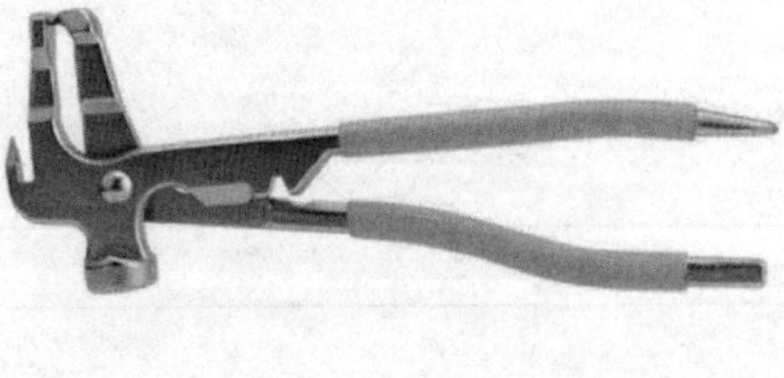

轮罩

10. 就车式车轮平衡机可在车轮不拆卸的状况下对它的平衡状态进行检测，一般由驱动装置、测量装置、指示与控制装置、制动装置与小车组成，请将序号 1～7 所代表的结构名称填写在下方划线处。

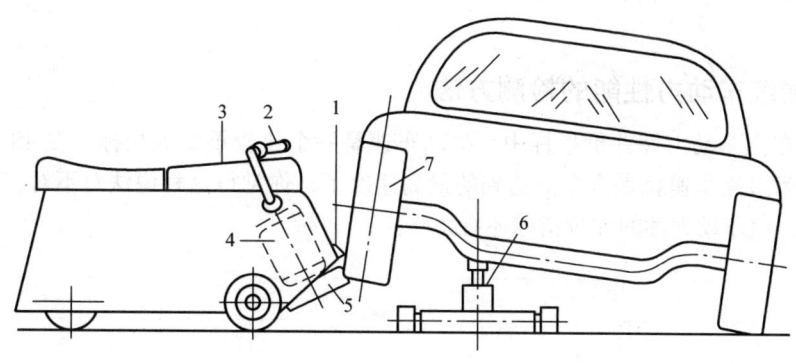

11. 简述就车式平衡机检测车轮的步骤。

三、掌握汽车悬架装置的检测方法

12. 当车辆的悬架发生问题的时候，车辆在行驶过程中会表现出什么样的状况？另外，如何检测汽车悬架性能的好坏？

13. 共振式悬架装置检测台一般由机械部分和电子电器控制部分组成，请简述其结构组成。

14. 简述共振式悬架装置检测台检测悬架装置的步骤。
___
___

四、掌握汽车动力性能的检测方法

15. 在汽车动力性评价指标中,最高车速是一个比较重要的指标。在4S店实习的小李就认为最高车速就是汽车能达到的最高速度了,你觉得这种说法对不对,为什么?除此之外,汽车动力性的评价指标还有哪些?
___
___

16. 汽车具有合理的动力性参数才能发挥良好的动力性,请概括影响汽车动力性的因素有哪些。
___
___

17. 汽车发动机最大输出功率是汽车动力性的基本参数。那么在汽车综合性能检测站用无外载测功法或底盘测功机所测定的发动机功率能否直接作为比较参数?另外,既然发动机的功率是非常重要的动力性参数,那么如果要提高汽车的动力性,就想办法增加发动机功率就好了。你觉得这样的说法对吗?为什么?
___
___

18. 汽车底盘测功机是一种室内测试设备,主要检测汽车底盘的输出功率、加速能力等。请同学们根据下图中信息概括下底盘测功机的结构组成。

___
___

19. 请简述底盘测功机检测汽车功率的操作步骤。
_____
_____

20. 汽车动力性的道路检测中,一般会检测哪些项目?
_____
_____

21. 测量车辆的行程、速度和时间等参数,可以使用第五轮仪安装在机动车辆上进行道路试验中,请简述检测步骤有哪些。
_____
_____

五、掌握汽车制动性能的检测方法

22. 汽车在高速行驶时采取制动,轮胎会在地面上产生印痕。请根据下图中信息,说明以下车轮痕迹各代表汽车制动过程中的哪一阶段?

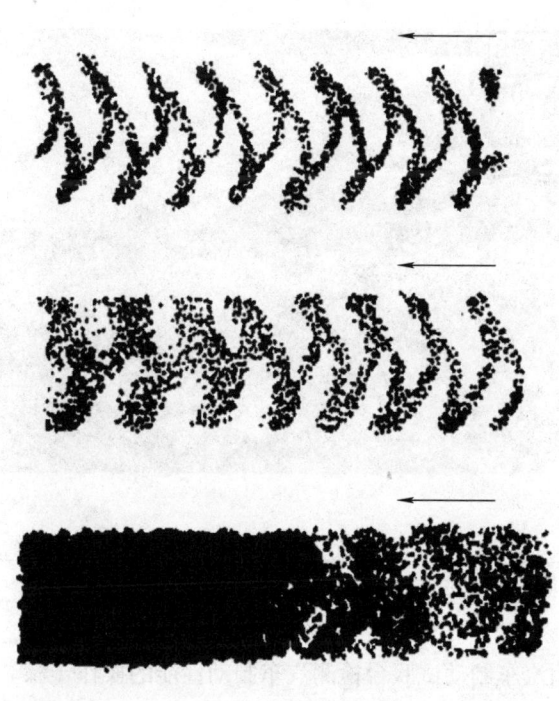

_____
_____

23. 我们在汽车做安全性能检测的时候常听见一个术语"汽车的制动能效"。请问"汽车制动能效"是指什么？

24. 汽车制动时，发生跑偏的主要原因是什么？

25. 客户送来做维修的车辆维修完毕后，维修师傅让小张去做一下制动的路试，小张兴冲冲地就准备开车上路了，结果被师傅叫停了。师傅问小张，汽车制动性能的路试应该有那些准备条件？你如果是小张，你知道吗？

26. 检测站中常用制动试验台来检测汽车的制动性能，请根据下图中信息概括下制动试验台的结构组成。

27. 请简述使用汽车制动试验台检测汽车制动性能的操作步骤。

六、掌握汽车制动性能的检测方法

28. 汽车转向系统的检测项目有哪些？各个检测项目分别有什么要求？

_____

_____

29. 测量汽车转向盘操纵力及转动角度需要使用转向参数测试仪，请根据下图中信息简述转向参数测试仪的主要组成结构有哪些？

_____

_____

30. 请简述使用转向参数测量仪检测汽车转向盘自由转向角度值的操作步骤。

_____

_____

31. 请简述使用转向参数测量仪检测汽车转向盘最大转向力的操作步骤。

_____

_____

七、掌握汽车车轮侧滑量的检测方法

32. 正常情况下，转向盘摆正时，汽车能够在平坦的路面上保持直线行驶，当转向轮外倾、前束失准时，汽车的行驶方向分别会发生什么变化？

_____

_____

33. 汽车检测站常用侧滑试验台来检测汽车驱动轮的侧滑量是否符合标准，请根据下图所示的双滑板式侧滑试验台，简述它的主要结构组成有哪些。

34. 侧滑试验台能够利用车轮与侧滑板的相对移动来检测到车轮的侧滑量，假设汽车车轮仅有前束时，车轮在侧滑板上的运动情况如下图所示，请根据图中信息，对车轮、侧滑板的受力情况进行分析。

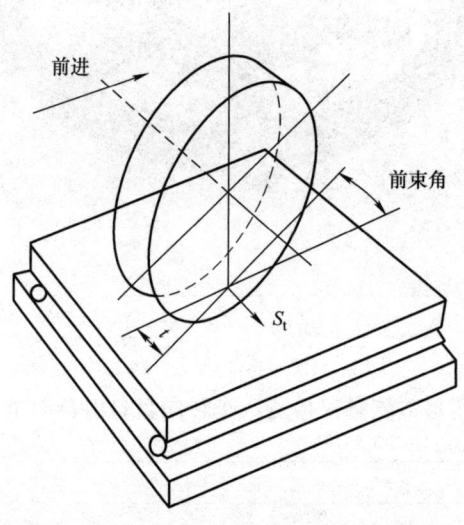

35. 请简述使用侧滑试验台检测汽车车轮侧滑量的操作步骤。

项目 3
仪表照明系统检测

学习任务

一、掌握汽车车速表的检测方法

1. 汽车车速表随着使用时间的延长会产生误差，造成车速表失准的原因有（　　）。
A. 带指针的活动转盘磨损
B. 磁性元件退磁
C. 车速传感器失灵
D. 转向盘跑偏

2. 检测汽车车速表是否精准需要使用车速表检验台来进行测定，请简述车速表检验台的基本组成，并概括测定原理。

_____

_____

3. 检测汽车车速表是否合格时，需要将汽车开到检验台进行测量，请简述车速表检验台的检测步骤。

二、掌握汽车前照灯的检测方法

4. 汽车前照灯有两个检验指标，请同学们简述两个指标分别是什么；另外，对于装远光和近光双光束灯、远光单光束的前照灯，应以哪个灯光为评价标准？

5. 汽车前照灯发光强度的检测电路如下图所示，请同学们根据图中信息简述其检测原理。

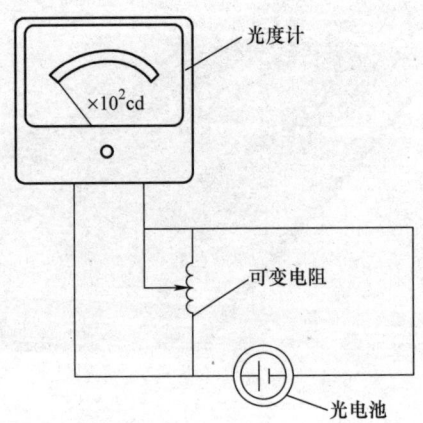

6. 汽车前照灯光轴偏移量的检测电路如下图所示，请同学们根据图中信息简述其检测原理。

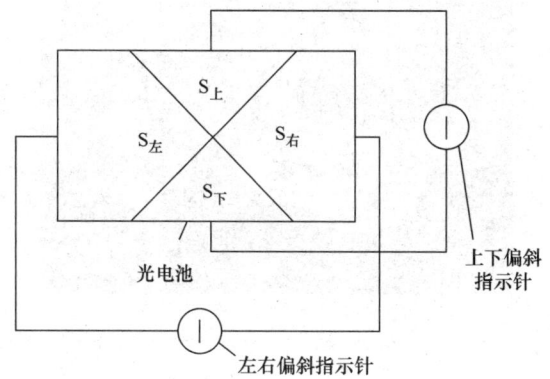

7. 汽车检测站中检测前照灯的检测仪一般有聚光式、屏幕式、投影式、自动追踪光轴式等，请结合下图信息，概括下前照灯检测仪的基本结构组成。

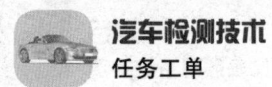

8. 汽车前照灯的检测需要在检测站中使用检测仪来进行测定,请同学们简述前照灯的检测步骤。

项目 4
环保性能检测

学习任务

一、掌握汽车排放污染物的检测方法

1. 小周是一名加油站的新员工,每天负责的是给来往的汽车添加汽油和柴油。还没学会开车的他也不太懂各种油品的区别,他问带班的师傅几个问题,为什么有些汽车喷白烟,有些汽车喷蓝烟或者黑烟?你能回答上来吗?

_____

_____

2. 汽车行驶过程中需要不断地通过发动机燃烧大量燃油产生动力,并排放出各种燃烧的产出物。下面的几种化学物质中,哪几种是汽车行驶中会排放出来的呢?请在符合条件的化合物下打√。

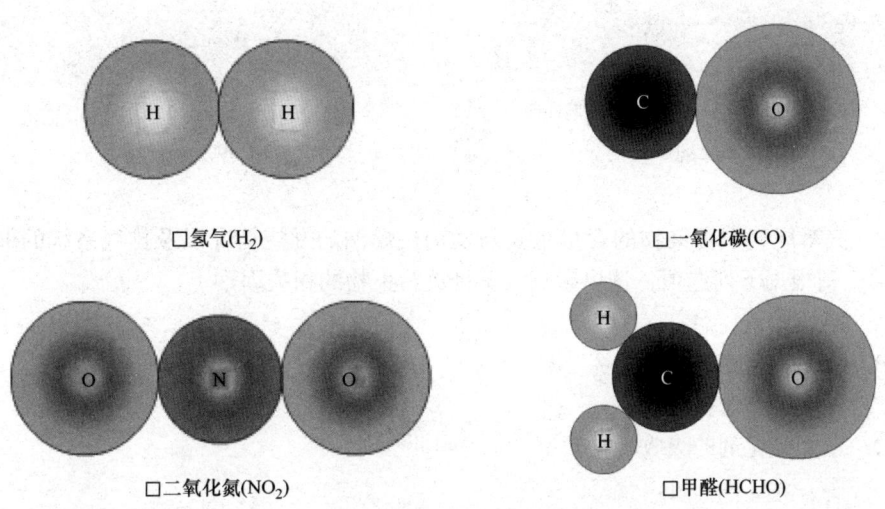

□氢气(H_2)   □一氧化碳(CO)

□二氧化氮(NO_2)   □甲醛(HCHO)

3. 汽车行驶过程中燃烧大量燃油来产生动力，并释放出各种排放物，其中哪些排放物属于温室气体，会导致地球的温室效应？请在符合条件的化合物下打√。

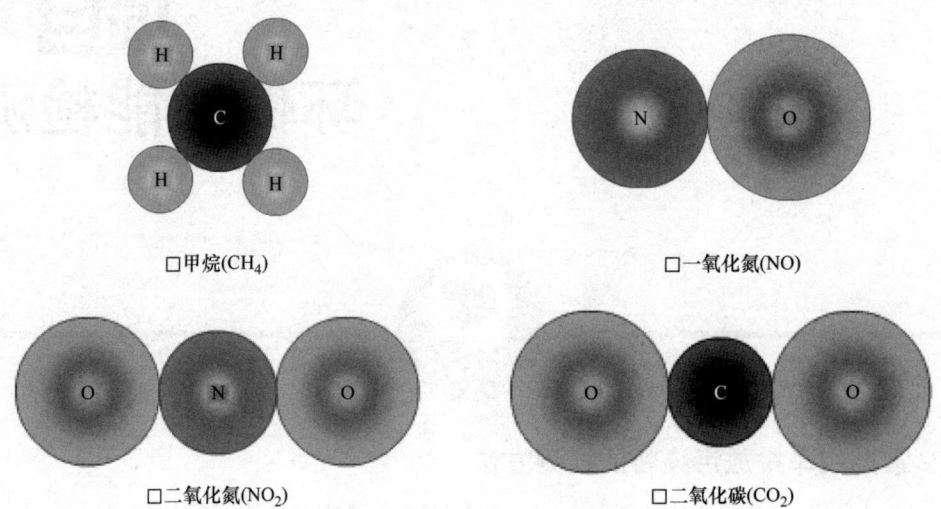

□甲烷(CH_4)　　　　　　　　　　　□一氧化氮(NO)

□二氧化氮(NO_2)　　　　　　　　　□二氧化碳(CO_2)

4. 汽车排放的尾气中有多种有毒的气体，其中对人体的呼吸道有强烈刺激作用的气体是哪一种？请在符合条件的化合物下打√。

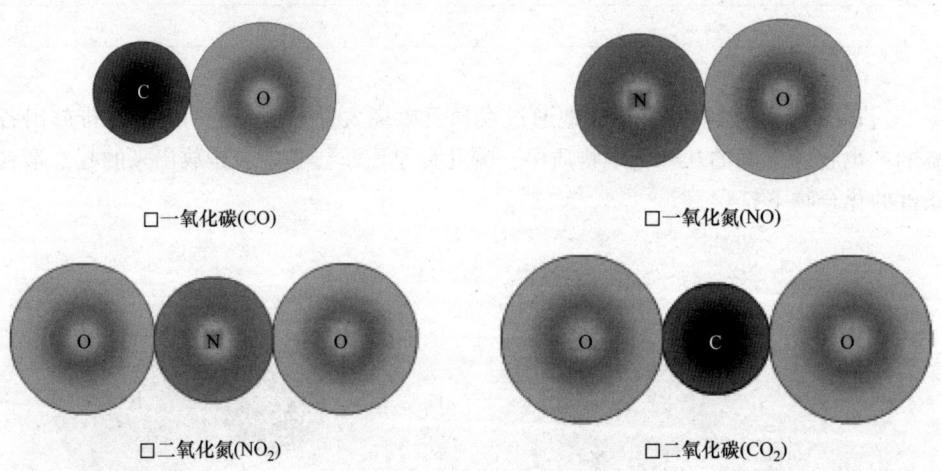

□一氧化碳(CO)　　　　　　　　　　□一氧化氮(NO)

□二氧化氮(NO_2)　　　　　　　　　□二氧化碳(CO_2)

5. 汽车尾气中污染物的含量主要与发动机燃油的燃烧情况以及排气系统的催化转化相关，请根据下列选项，选出影响汽车排放污染物的相关因素（　　　）。

A. 空燃比

B. 节气门开度

C. 发动机点火提前角

D. 三元催化剂的吸收转化效率

项目 4 环保性能检测

6. 汽车排放标准可分为型式核准试验标准、生产一致性试验标准和在用汽车检测标准三类，请简述这三种标准的区别和适用条件。

_____
_____

7. FID 氢火焰离子分析法与 NDIR 不分光红外线检测法在检测碳氢化合物（HC）方面各有什么优劣？

_____
_____

8. 以下列出了几种汽车排放尾气中的化学成分和相关的检测方法，请把化学成分和对应检测方法连接起来。

一氧化碳(CO)　　　　　　　　　　CLD检测法

一般碳氢化合物(HC)　　　　　　　FID检测法

二氧化氮(NO_2)　　　　　　　　NDIR检测法

9. 作为车管所负责汽车尾气烟度检测的新技术员，小李在使用不透光烟度计给一辆新车检查烟度时发现这辆车的烟度超出标准许多，但是看车龄和型号又不太对，那么他应该做什么？

_____
_____

二、掌握汽车噪声的检测方法

10. 汽车噪声的主要来源有（　　）。
   A. 发动机汽缸燃烧做功产生噪声
   B. 喇叭噪声
   C. 车身机械结构摩擦撞击产生振动
   D. 排放尾气噪声

11. 许医生是儿童医院耳科的一个大夫，她新接了一个患儿听力很差。家属是开汽车修理厂的，询问孩子听力差的原因，她给家属普及了一些关于汽车噪声的常识。如果你是许医生，你该如何表述？

_____
_____

12. 以下几种与声音有关的计量单位中哪个是由人类的听觉感受决定的主观单位？请在符合条件的单位下打√。

□分贝(dB)

□宋(Sone)

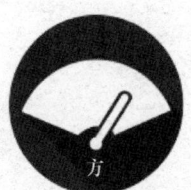
□方(Phon)

13. 小王是位车辆检测站的检测员，负责汽车车辆噪声的检测。他使用的是一款精密声级计，按照操作规程，每隔一段时间他都会对精密声级计进行校准。今天单位来了一位实习生，他要教会实习生精密声级计的校准流程。如果你是他，你能说出精密声级计的校准都需要哪些设备，进行哪些流程吗？一般一次校准维护需要校准多少次？

_____
_____

14. 汽车噪声可以借助声级计进行检测，然而汽车使用的条件不同，产生的噪声也区别很大。因此，用某一种特定的状态来模拟汽车发出的噪声往往十分困难。所以对于汽车噪声的检测，检测站规定了不同类型的检测项目。同学们，你们能总结下汽车噪声的检测项目有哪些吗？各个检测项目的操作流程是什么？

_____
_____

项目 5
智能化技术标定及检测

学习任务

一、掌握汽车全景影像的标定及检测方法

1. 汽车全景影像能够拓展驾驶人对周围和环境的感知能力。请同学结合下图中的信息，简述汽车全景影像的运作原理。

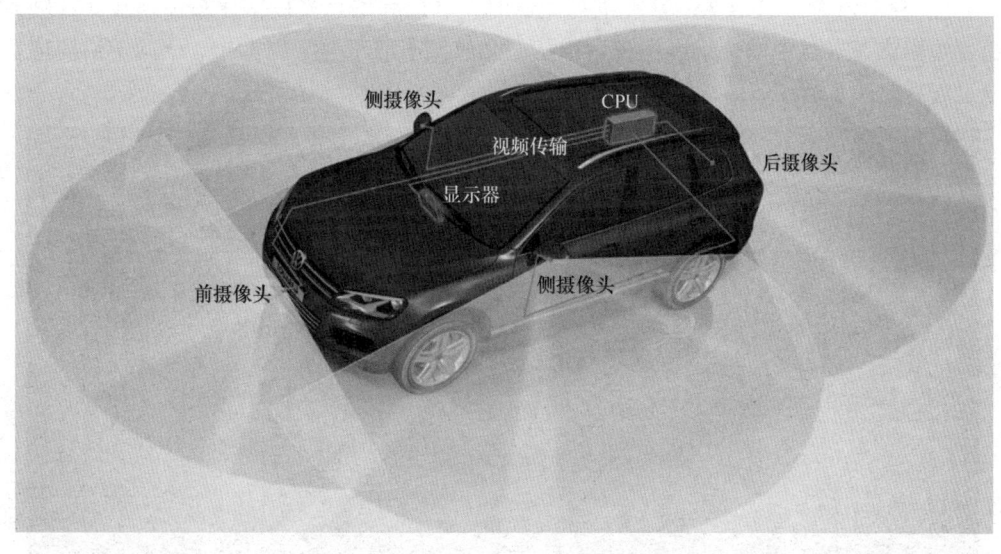

_____

_____

2. 汽车全景影像使用前，需要对摄像头进行标定，借助标定布与卷尺，可以实现摄像头位置及角度的精准定位。请同学们简述全景影像的标定流程。

_____

_____

3. 在对汽车全景影像的性能进行测试时，可以利用遮光板挡住车窗视线，驾驶人通过观察汽车屏显中的全景影像视角，从而完成汽车泊车等常规操作。请同学们简述整个过程需要注重的细节。

_____

_____

二、掌握汽车车道偏离的标定方法

4. 汽车车道偏离系统是一种通过报警的方式进行辅助提示的系统。请同学们结合下图中信息,简述车道偏离系统是如何工作的。

5. 王先生在交通拥挤的路况下进行变道时,打开转向灯后,发现侧视镜上的灯光一直在闪烁。同学们,结合下图中信息,你们认为此时王先生可以进行变道吗?

6. 汽车车道偏离系统出现偏差时，需要重新进行重新标定，请同学们简述如何进行标定。

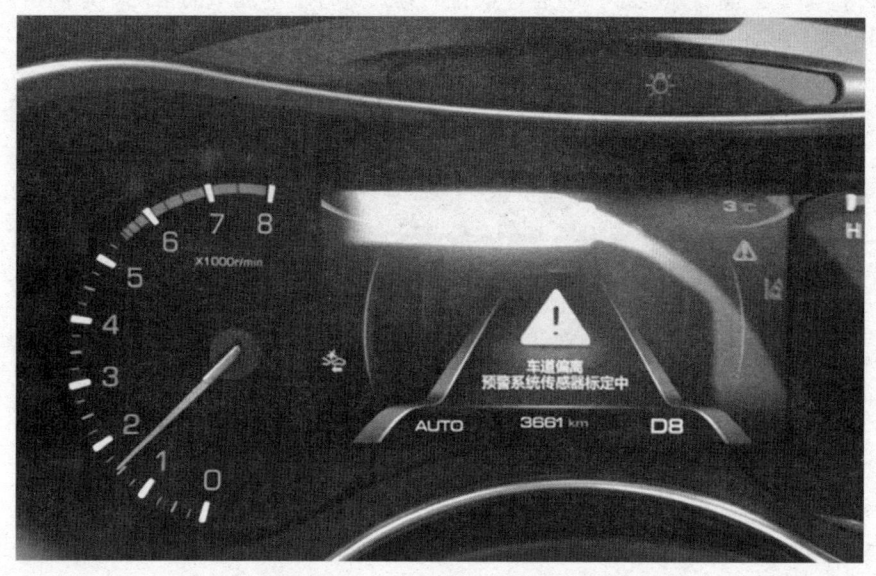

三、掌握汽车自适应巡航的标定方法

7. 汽车自适应巡航是在定速巡航的基础上进行升级扩展的一项功能，能够自动与前车保持一定的安全距离。请同学们查阅相关资料，简述自适应巡航的功能的工作原理及其性能优缺点。

8. 王先生驾驶一辆大众途昂汽车，在变道过程中与其他车辆发生了刮蹭事故，送入维修站后，进行过钣金修复、更换保险杠、四轮定位等一系列操作后，行驶过程发现自适应巡航（ACC）功能完全失效，之后使用车辆诊断仪 5053 读取到 ACC 雷达安装位置出现了偏差。同学们，你们能帮助王先生完成该辆事故车的 ACC 雷达校准标定吗？

测量值名称	RDID	值
雷达状态	$2558	接通
水平角度偏差	$2557	−0.94 °
垂直角度偏差	$2556	−0.14 °
失调角度	$2555	2.61 °

项目 6
检测站与检测线

学习任务

一、熟悉汽车检测站的任务、类型、组成与检测内容

1. 检测站是综合运用现代化检测技术,按国家有关标准,对机动车不解体进行检测、诊断的机构,如下图所示。请简述汽车检测站的任务主要有哪些。

_____
_____

2. 根据汽车检测站的服务功能不同,汽车检测站可分为哪些类型?

_____
_____

3. 国内的检测站大多为 A 级综合检测站,请概括总结这类检测站的组成。

_____
_____

4. 汽车综合检测站主要的检测内容有哪些？

二、熟悉汽车检测线工位布置及检测流程

5. 请简述双线综合式检测线与全能综合式检测线的工位设置各有什么特点。

6. 请简述汽车检测站的检测流程。

7. 现代汽车检测站普遍采用计算机控制系统，对于计算机控制系统，应具备什么样的功能？

8. 请简述汽车检测站计算机控制系统的组成。

项目 7
发动机技术状况检测

学习任务

一、掌握发动机功率检测的方法

1. 发动机功率的检测有哪几种测量方式？各有什么区别？

2. 请简述无负荷测功仪的主要结构组成。

3. 无负荷测功仪检测发动机功率主要有急速加速法和起动加速法两种方式，请分别简述其检测操作流程。

项目 7 发动机技术状况检测

_____
_____

4. 请简述发动机综合检测仪的主要结构组成。

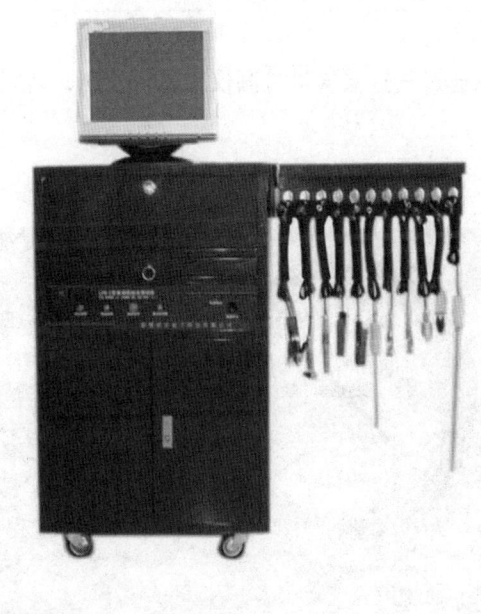

_____
_____

5. 请简述发动机综合检测仪测量发动机功率的操作流程。

_____
_____

二、掌握气缸密封性检测的方法

6. 请简述使用压力表检测气缸压缩压力的操作流程。

_____

_____

7. 气缸漏气量可以通过气缸漏气量检测仪来进行检测,请同学们概括其检测步骤。

_____

_____

8. 请简述使用真空表检测发动机进气歧管真空度的检测流程。

9. 请简述使用曲轴箱窜气检测仪测量曲轴箱窜气量的操作流程。

三、掌握发动机点火波形的检测方法

10. 请简述使用汽车示波器检测发动机点火波形的操作流程。

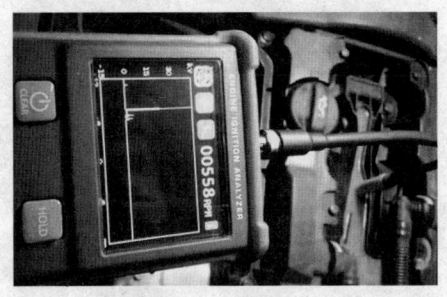

___

11. 请简述使用正时枪检测发动机点火正时的操作步骤。

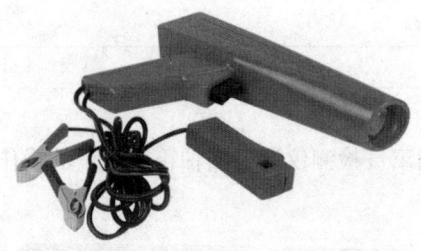

___

四、掌握发动机燃油压力的检测方法

12. 汽车发动机燃油压力有静态压力、保持压力、动态压力。请简述使用油压表检测各项压力的操作步骤，并概括每项检测压力值的标准范围。

___

13. 请简述使用示波器检测发动机喷油信号波形的操作步骤，并对检测到的波形进行分析。

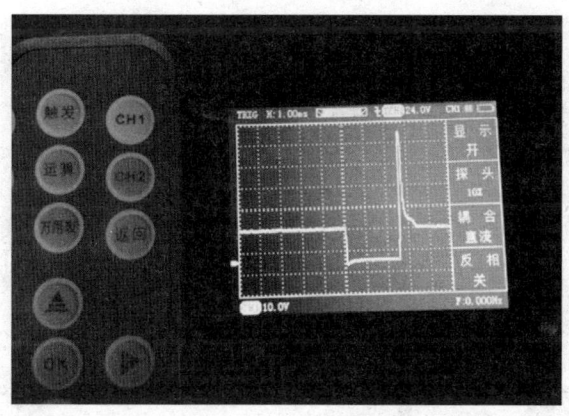

五、掌握发动机机油的检测方法

14. 机油压力是发动机润滑系统的重要诊断参数。请简述使用机油压力表检测机油压力的操作步骤，并对测量结果进行分析。

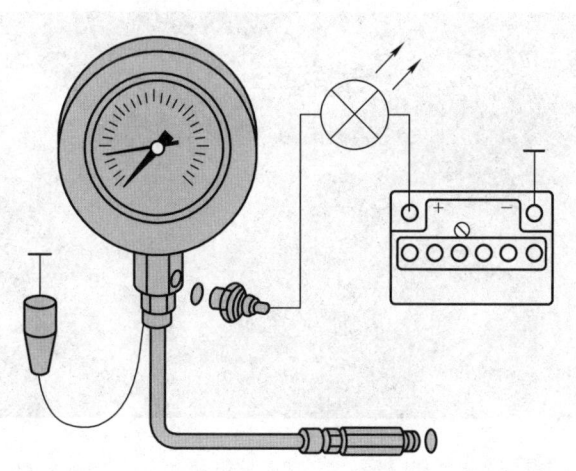

15. 汽车行驶一定的里程后，发动机机油会出现一定程度的消耗。请简述检测机油消耗量的操作步骤，并对结果进行分析。

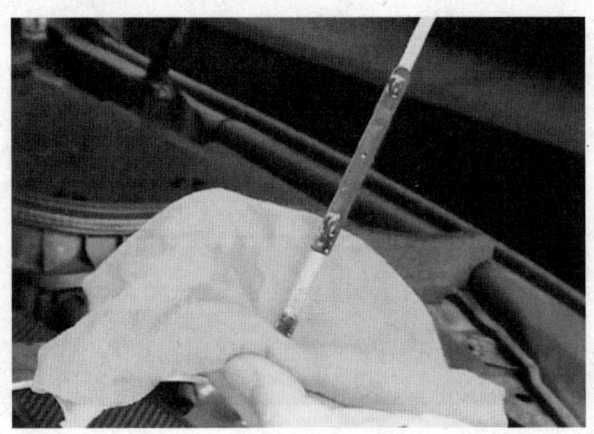

16. 机油在使用过程中，其品质会逐渐变差，使用润滑油质量微电脑检测仪可以对其品质进行检测。请简述使用润滑油质量微电脑检测仪检测机油时的操作步骤，并对测量结果进行分析。

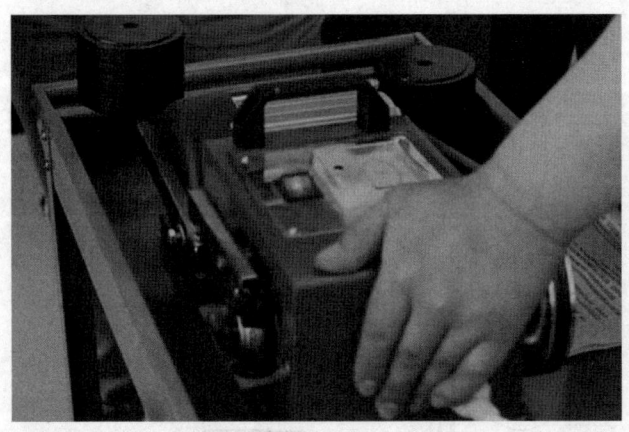

六、掌握发动机冷却系统的检测方法

17. 请简述使用压力检测仪检测冷却系统密封性的操作步骤。

18. 请简述通过冰点测试仪检测冷却液冰点的操作步骤。

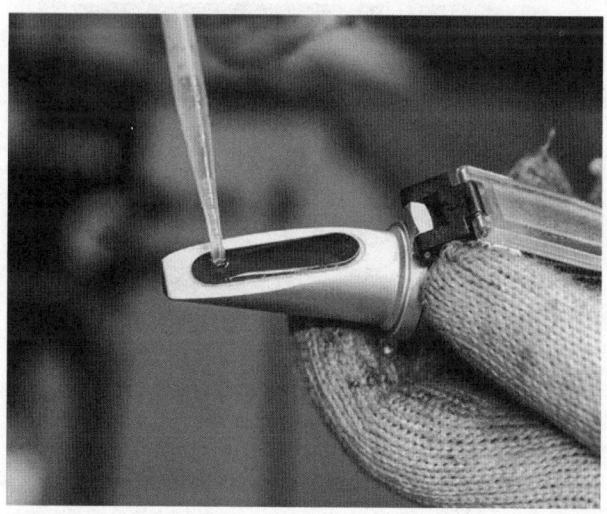

19. 检测发动机冷却系统中的散热器时，除了对外观进行检测外，还需要检测散热器盖阀门的密封性，如下图所示，请简述其检测步骤。

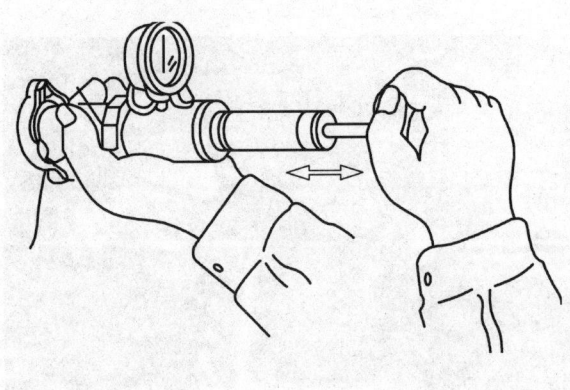

20. 膨胀水箱上刻有最高水位线和最低水位线，通过观察液面高度，可以判断出汽车冷却液是否需要加注。一辆长安逸动汽车打开发动机舱盖后，膨胀水箱的液面高度如下图所示。请同学们判断是否需要添加冷却液？如果需要，应如何添加？

21. 节温器是发动机冷却液进行循环流动过程中重要的"开关"元件，请简述应如何检测节温器质量的好坏。

_____

_____

七、掌握发动机异响的检测方法

22. 汽车行驶一定的里程后，发动机会因机械磨损等因素产生异常响声，请简述引起发动机产生异响的因素有哪些。

_____

_____

23. 汽车发动机出现异响时，可以通过听诊器判断响声来源的范围，之后可以通过对比发动机加速、升温等不同工况条件下响声的变化来详细鉴别，还可以通过发动机综合检测仪或示波器检测波形，与标准波形对比后，来诊断异响的故障原因。一所高校实训课程上，学生们检测不同故障车的异响波形如下图所示。请查阅资料，判断出下列四种异响波形对应的故障原因。

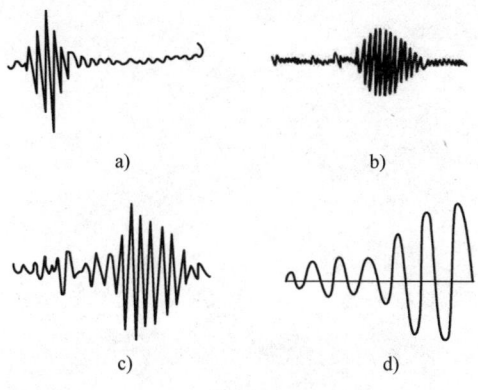

_____

_____

项目 1
汽车检测概论

 **任务描述**

小张是 4S 店实习生，在实习过程中，他发现对汽车检测设备的使用不太了解，因此，他向维修技师请教汽车检测设备基本知识。

 **学习目标**

1. 熟知汽车检测技术的概念以及发展状况
2. 了解汽车检测设备的组成与发展

汽车检测技术

知识与技能点清单

序号	学习目标	知识点	技能点
1	熟知汽车检测技术的概念以及发展状况	1.汽车检测的定义 2.汽车检测的目的 3.汽车检测的内容与分类 4.汽车检测技术的发展状况 5.检测参数 6.检测标准 7.诊断周期	能够正确描述汽车检测技术的概念以及发展状况
2	了解汽车检测设备的组成与发展	1.汽车检测设备的组成 2.测量仪表的发展阶段	能够正确识别汽车检测设备

学习信息

1.1 汽车检测诊断基础知识

现代汽车技术发展迅猛，汽车已作为现代人们必备的交通工具。随着行驶里程的增加，汽车传动机构的机械部分会随着使用时间的增加，因自然磨损而逐渐出现故障，因而必须对汽车实施定期的维护与修理。随着现代机电测控技术的发展进步，传统的检测方法已不能满足现代汽车检测需要，人们需要依靠先进的检测仪器，对汽车进行综合检测。现阶段检测人员能通过先进的仪器设备，对汽车进行不解体检测。

1.1.1 汽车检测的概念

汽车检测是为了确定汽车技术状况、工作能力而进行的检查。汽车检测技术是从汽车维修技术衍生而来的一门学科。汽车性能检测，是通过对汽车性能进行检查、测试、分析，从而对其技术状况做出评价或判断的一项技术。它涉及力学、声学、热学、电学、光学、化学等学科领域以及机械、电子、计算机、自动控制等多项技术。

微课视频
汽车检测诊断
基础知识

从实用角度而非学科角度出发，应该说，性能检测与故障诊断之间既有联系，又有区别。性能检测与故障诊断是一个问题的两个方面。它们的共同之处是，都要对汽车进行检查以了解汽车的技术状况。但是二者检查的出发点不同。

性能检测是指在汽车使用过程中，对汽车的动力性、经济性、安全性和环保性等方面进行检查测试，以便对相关的性能做出评价，对发现的问题做出及时调整，保证汽车处于良好的技术状况。

所以,性能检测是一种主动检查行为,如同健康的人去医院做体检,以便了解身体健康状况,也可以及时发现疾病隐患。

1. 汽车检测的目的

汽车检测的目的,可以归纳为以下几个方面。

(1) 保证交通安全

随着交通运输事业的发展,从 2009 年开始,我国就超过美国成为世界第一汽车产销大国。截至 2017 年年底,全国机动车保有量达 3.10 亿辆,交通事故也在日益增加。2014 年,全国共发生道路交通事故 196812 起,共造成 58532 人死亡,受伤 211882 人,直接财产损失 10.8 亿元。全世界每年因道路交通事故死亡约 25 万人,重伤 300 万人,因交通事故导致残疾者约 3000 万人。

造成交通事故的原因,大致可归纳为驾驶人、行人、车辆、道路环境和气候五个方面。其中,由于汽车制动、转向、照明等技术原因造成的事故,约占事故总量的 1/4。所以,对汽车性能进行定期检查和调整,使其处于良好的技术状况,对保证交通安全是非常必要的。

(2) 减少环境污染

对汽车实行定期和不定期的运行与环境维护方面的检测,目的是建立安全和无公害的监控体系,确保车辆具有符合要求的外观容貌、良好的平安性能和符合规定的尾气排放物,使车辆在安全、高效和低污染下运行。汽车排放的尾气中含有上百种化合物,其中对人和生物直接有害的物质主要是 CO、HC(碳氢化合物的总称)、NO_x(氮氧化合物的总称)、铅化合物以及炭烟等。这些有害气体污染了大气,破坏了人类的生存环境。特别在大城市中交通拥挤、人口密集的地区,汽车排气污染更加严重,使附近居民深受其害。另外应该指出,汽车尾气中还含有 CO_2。CO_2 是一种主要的温室气体,向大气排放过多的 CO_2,有使地球表面温度升高的作用。

汽车的噪声是另一种环境污染。在交通繁忙的十字路口,车辆噪声可达 70dB 以上。噪声会损害人体健康,造成听力下降。另外,车内噪声过大会影响驾驶人的正常操作,从而诱发汽车交通事故。国家通过对汽车进行定期检测的方法,严格限制汽车的废气和噪声污染。污染超标的汽车不准上路,必须及时修理。

(3) 改善汽车性能

对汽车实行定期和不定期综合性能方面的检测,目的是确定运行车辆的技术状况,查明故障或隐患的部位及原因。汽车使用一段时间后,性能或技术状况会逐渐变差。动力性和经济性会降低,油耗会增加,尾气排放情况会变坏,当制动性能变差时,还会引发交通事故。所以,通过定期的检查测试,既可以保持汽车经常处于良好的技术状况,改善汽车性能,还可以延长使用寿命。

2. 汽车检测的内容及分类

汽车检测是指对汽车的动力性、经济性、安全性和环保性能等方面进行检查测试,检测内容涵盖安全环保性能检测和综合性能检测中的所有内容,主要包括:发动机动力性和经济性检测、整车动力性和经济性检测、制动性能检测、转向轮侧滑检测、车轮定位检测、前照灯检测、汽车排放和噪声检测等。

汽车检测大多通过机动车检测站进行。机动车检测站是受国家有关主管部门(公安或交通运输管理部门)的委托,按国家有关法律、法规和标准规定,对机动车性能进行不解体检测的场所。

机动车检测站视其功能和规模大小，一般包括一条或几条由各种检测仪器和设备组成的检测线。根据检测对象的不同，检测线可以分为汽车检测线和摩托车检测线。其中汽车检测线按汽车吨位大小又可分为大车线、小车线等。

目前，汽车检测根据检测目的的不同可分为安全环保检测、综合性能检测、故障诊断检测三种。

（1）安全环保检测

安全环保检测是指对汽车实行定期和不定期的安全运行和环保检测。如对制动、侧滑、灯光、排放、噪声及车速表的检测，其目的是建立行车安全和环境公害的监控体系，强化汽车的安全管理，确保汽车具有符合要求的外观、良好的安全性能和规定范围内的环境污染程度，使汽车能在安全、高效和低污染状态下运行。

1）安全环保检测站的几种检验功能。

① 初次检验。《中华人民共和国道路交通安全法》第八条规定："国家对机动车实行登记制度。机动车经公安机关交通管理部门登记后，方可上道路行驶。尚未登记的机动车，需要临时上道路行驶的，应当取得临时通行牌证。"所以车主在使用汽车之前，必须首先到车辆管理部门指定的检测站对汽车做初次检验，合格之后方可办理登记申请，领取号牌、行驶证等手续。

初次检验的目的，一是保证汽车来源的合法性，二是保证汽车在技术性能方面必须符合国家有关规定的要求。目前技术上检验的依据，主要就是国家《机动车运行安全技术条件》（GB 7258—2017）等标准。

② 定期检验。定期检验就是在用汽车必须按照公安部门的要求，定期到指定的检测站进行安全技术方面的检验。许多国家都有对在用车辆进行定期检验的要求。通过定期检验，可及时发现技术上的问题。凡检查不合格的，不准上路，必须进行调整或修理。

目前，根据《中华人民共和国道路交通安全法实施条例》第十六条规定，机动车应当从注册登记之日起，按照下列期限进行安全技术检验：

a. 营运载客汽车5年以内每年检验1次；超过5年的，每6个月检验1次。

b. 载货汽车和大型、中型非营运载客汽车10年以内每年检验1次；超过10年的，每6个月检验1次。

c. 小型、微型非营运载客汽车6年以内每2年检验1次；超过6年的，每年检验1次；超过15年的，每6个月检验1次。

d. 摩托车4年以内每2年检验1次；超过4年的，每年检验1次。

e. 拖拉机和其他机动车每年检验1次。

f. 营运机动车在规定检验期限内经安全技术检验合格的，不再重复进行安全技术检验。

③ 临时检验。除定期检验之外，在某些情况下，汽车要做临时检查。例如：

a. 新车或改装车领取临时号牌时。

b. 机动车久置不用后，重新使用时。

c. 机动车受到严重损坏，在修复之后、上路之前。

d. 国外、境外汽车经批准在我国境内短期行驶时。

e. 车管部门规定的其他情况（如春运期间的营运车）等。

④ 特殊检验。这是指在特殊情况下为特殊目的而进行的检验。例如对改装车辆、事故车

辆、首长用车或外事用车等进行的检验。这类检验的内容和要求往往与一般检验有所不同。例如，对改装车辆，除按规定进行必要的检验外，还须检查其特殊性能（如密封性、绝热性等）；对首长用车和外事用车还要重点检查外观、舒适性、平顺性、操纵稳定性以及安全性能等。

2）安全环保检测站的检测项目。

按照国家标准《机动车运行安全技术条件》的要求，安全环保检测站主要检测以下项目。

① 外观检查。外观检查属于人工检查项目，要检查的项目很多。主要有：

a. 车辆外表，如喷漆、喷字是否完好，牌照是否符合规定等。

b. 各种灯光、后视镜、刮水器、喇叭、仪表等设备是否齐全有效。

c. 驾驶室及车厢的密封情况，门窗的开闭、门窗玻璃升降是否正常。

d. 转向盘、离合器、制动踏板的自由行程是否符合要求。

e. 油、水、电、气系统的泄漏情况。

f. 转向系、制动系和传动系各机件是否连接牢固、转动灵活。

g. 前后桥、传动轴、车架等装置是否有明显的断裂、损伤、变形等问题。

h. 排气管、消声器，燃油箱、蓄电池、减振器、冷却风扇等的连接是否可靠等。

这些检查项目总共达 60 项左右，可大致分成车上和车底两大部分。为了便于检查车底部分，往往需要一条地沟。

② 前轮侧滑量。使用侧滑试验台检查前轮侧滑量。

③ 轴重测量。轴重也叫轴荷，即汽车某一轴的重量。轴重测量是为了配合检查制动效能而做的一个检测项目。测量轴重使用轴重仪。有时将轴重仪与制动试验台制作在一起。

④ 制动效果检查。制动检查是安全检测站最重要的检测项目之一。一般采用制动试验台检测汽车制动力。

⑤ 车速表校验。在车速表试验台上进行车速表校验。

⑥ 噪声测量。包括车内、外噪声和喇叭声级。测量噪声使用声级计。

⑦ 前照灯检验。目前由于在检测站测量近光灯较困难，所以以测量远光为主，包括前照灯的发光强度和照射方向，使用的仪器是前照灯检验仪。

⑧ 排气污染物检测。检查废气排放，也是检测站的一项重要任务。汽油车主要检测 CO、HC 和 NO_x；柴油车主要检测排气烟度。

（2）综合性能检测

综合性能检测是指对汽车实行定期和不定期综合性能方面的检测，如对汽车动力性、安全性、燃油经济性、使用可靠性、排气污染物、噪声以及整车装备状态与完整性、防雨密封性等多种技术性能的检测。其目的是在汽车不解体情况下，确定运输车辆的技术状况和工作能力，评定车辆的技术等级，确保运输车辆具有良好的动力性、经济性、安全性、可靠性等使用性能和减少对环境的污染程度，以创造更大的经济效益和社会效益。

按照国家标准《汽车综合性能检测站通用技术条件》（GB/T 17993—2017）的规定，综合性能检测站可按其职能的不同，分为 A、B 两级。

1）A 级站：能够承担汽车技术状况检测、车辆技术等级评定检测、维修质量检测和接受有关部门委托对汽车及相关项目进行检测的汽车综合性能检测站。

2）B 级站：能够承担汽车技术状况检测和维修质量检测的汽车综合性能检测站。

可以看出，在 A、B 两级检测站中，以 A 级站功能较强。

（3）故障诊断检测

故障诊断检测是利用各种检测仪器和设备，充分利用电子控制技术的特点，获取汽车的各种数据，并根据这些数据判断汽车的技术状况，对汽车故障做出科学、准确的诊断，使汽车的故障诊断从定性诊断发展为定量诊断。

汽车是一个复杂的技术系统，是许多总成、机构和元件的有序构成。在使用过程中，由于某一种或几种原因的影响，其技术状况将随行驶里程的增加而变化，其动力性、经济性、可靠性、安全性将逐渐或迅速地下降，排气污染和噪声加剧，故障率增加，这不仅对汽车的运行安全、运行消耗、运输效率、运输成本及环境造成极大的影响，甚至还直接影响到汽车的使用寿命，因而研究汽车故障的变化规律，定期检测汽车的使用性能，及时而准确地诊断出故障部位并排除故障，就成为汽车使用技术的一项重要内容。

1）汽车故障的成因。

① 自然故障。是指在正常使用和维护条件下，由于不可抗拒的原因而形成的故障。如使用过程中零件之间的自然磨损、零件在长期交变载荷下产生疲劳、在外载荷及温度残余内应力下产生变形、非金属零件及电器元件老化等原因造成的故障。

② 人为故障。是指由于人的行为不慎而造成的故障。这类故障起因于汽车设计、制造、维护过程中的人为因素。

a. 汽车设计制造上的因素。尽管各种车辆的设计者们考虑得很周全，也难免存在薄弱环节和不足之处。如发动机水套内冷却液流向欠合理而影响散热，导致个别气缸磨损剧烈；因空气压缩机结构不合理而严重上窜机油；因总体布置不合理或其他原因导致制动侧滑；有的进口汽车不符合我国国情造成大客车车身强度不足等。

b. 维修配件质量的因素。随着我国汽车保有量的急剧增长，维修配件需求量也大大增加，由于使用单位把关不严，伪劣产品鱼目混珠，引发了各种各样的故障。如同一发动机气缸盖各燃烧室容积不等，导致发动机无力或爆燃；凸轮轴正时齿轮键槽位置超差，破坏了正常的配气相位，降低了发动机的动力性；空气滤清器滤清效果差，引起气缸早期磨损；前轮左右钢板弹簧的刚度、挠度不一致、不标准，影响了前轮定位参数，破坏了操纵稳定性等。

c. 燃料、润滑油选用因素。根据车型选用燃料和润滑油，是保证汽车正确使用的必要条件。如要求使用93号汽油的车辆，选用了90号的汽油，发动机就会产生爆燃，冲坏气缸垫或烧毁活塞顶，并使动力性下降；高压缩比、热负荷大的汽油发动机，使用与之不配套的机油，会产生气缸活塞配合副的早期磨损；柴油车在严寒地区使用高凝固点的柴油，就会起动困难等。

d. 管理方面的问题。由于使用单位和个人不了解或不严格执行车辆技术管理规定，导致车辆使用不合理、维护不定期、修理不及时，而使人为故障丛生。使用中不重视日常维护，新车或大修车不磨合，不执行出车前、行驶中、收车后的"三检"工作，不定期进行"三清"工作等，均会使随机故障频发，不但影响了汽车使用寿命，而且危及行车安全。

2）汽车故障的变化规律。

① 早期故障期。早期故障期相当于汽车的磨合期。因初期磨损量较大，所以故障率较高，但随行驶里程增加而逐渐下降。图1-1所示为汽车故障变化规律曲线。

② 随机故障期或偶然故障期。在随机故障期，其故障的发生是随机性的，没有一种特定的故障在起主导作用，多由于使用不当、操作疏忽、润滑不良、维护欠佳及材料内部隐患以及工艺和结构缺陷等偶然因素所致。在此期间，汽车或总成处于最佳状态，其故障率低而稳定，其

对应的行驶里程一般称为汽车的有效寿命。

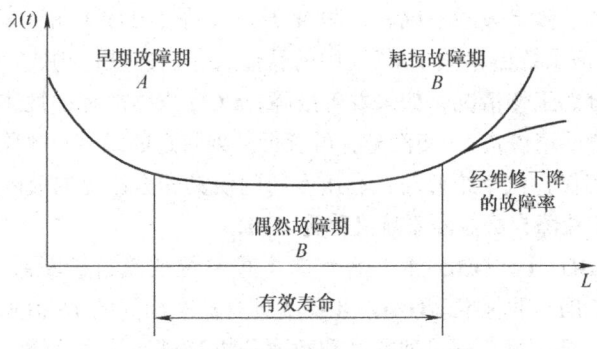

图 1-1 汽车故障变化规律曲线

③ 耗损故障期。在耗损故障期，由于零件磨损量急剧增加，大部分零件老化耗损严重，特别是大多数受交变载荷作用及易磨损的零件已经老化，因而故障率急剧上升，出现大量故障，若不及时维修，将导致汽车或总成报废。因此，必须把握好耗损点，制定合适的维修周期。

由上可知，早期故障期和随机故障期所对应的行驶里程即为汽车的修理周期或称修理间隔里程。

3）汽车故障的诊断方法。

① 汽车故障的人工经验诊断。由若干零部件、总成组成的汽车，是一个比较复杂的技术系统，各元件之间相互作用的物理量称为汽车的结构参数。当某一部分结构参数达到损坏极限，表现为局部或全部丧失工作能力，这就是汽车有了故障。汽车故障的症状有多种表现，凭人的感官和经验，对故障的原因进行分析判断，这就是汽车故障的人工经验诊断。

汽车故障的人工经验诊断的特点是不需要什么仪器或其他条件，在任何场合下都可以进行。这对于汽车使用面广、量大分散，特别是汽车在运行中的随机故障诊断，仍不失为一种行之有效的方法。使用时，一般应先了解汽车的使用、维护情况，搞清故障特征及伴随现象，然后由简到繁，由表及里，推理分析，做出判断。其诊断方法一般有望问法、观察法、听觉法、嗅觉法、触摸法、试验法等。

② 汽车故障的仪器设备诊断。汽车仪器设备诊断是在传统的人工经验诊断的基础上随着社会的进步，科学技术的提高而逐渐发展起来的。与人工经验诊断故障的方法比较，其不同点：一是借助于仪器；二是其检查结果的定量化。

目前可供利用的仪器设备有：万用表、点火正时灯、气缸压力表、真空表、油压表、声级计、流量计、油耗仪、示波器、气缸漏气量检测仪、曲轴箱窜气量检测仪、气体分析仪、烟度计，以及功能比较齐全的测功机、四轮定位仪、制动试验台、侧滑试验台、发动机综合检测仪、底盘测功机等。这些仪器设备给人们提供了可靠的依据，使汽车故障诊断从定性诊断发展为定量诊断。

现代仪器设备诊断法具有检测速度快、准确性高、能定量分析、可实现快速诊断等优点，而且采用微机控制的现代电子仪器设备能自动分析、判断、存储并打印出汽车各项性能参数。其缺点是投资大、占用厂房、操作人员需要培训、检测成本高等。这种诊断方法适用于汽车检测站和中、大型维修企业。使用现代仪器设备诊断法是汽车诊断与检测技术发展的必然趋势。

③ 汽车故障的自诊断。随着现代科学技术特别是计算机技术的进步，20 世纪末期，汽车

故障的自诊断随汽车电子控制技术而发展起来。汽车电子控制系统机理与结构的复杂性，要求其自身必须建立可靠的故障自诊断系统。1979年美国通用公司首次在汽车上运用电子控制装置（ECU）自诊断系统。该系统由存储于ECU中的软件及相应的硬件构成。当汽车运行时，ECU不断监控系统中各部分的工作情况，如果发生故障，ECU根据故障的性质和程度，首先进入失效安全模式（也称安全回家模式），使汽车有可能行驶到附近的维修点排除故障。同时，将故障信息以故障码的形式存储，汽车维修时，利用专门的仪具和方法提取故障码，据此排除故障后再将其清除。这种汽车故障自身诊断系统又称为OBD。

OBD有OBD、OBD-Ⅰ、OBD-Ⅱ三种汽车电控系统故障自诊断系统。1996年世界各汽车制造厂商全面执行OBD-Ⅱ标准。OBD-Ⅱ系统具有标准相同的16引脚诊断座，统一了各车型的故障码及其含义，具有行车记录器功能和数值分析资料的传输功能。其资料传输线有两个标准，即欧洲标准ISO和美国统一标准SAE。1996年后，许多美国生产的汽车在配备普通的OBD-Ⅱ系统的同时，又增设了加强的Enhanced OBD-Ⅱ诊断系统，它在很大程度上提高了通信速度，而且增加了对自动变速器、ABS和SRS的诊断。

汽车故障的自诊断系统能检测出汽车工作不正常的地方，并能将故障的具体位置诊断出来，既能防止带故障的车一直行驶，又能大大缩短检查故障的时间。但目前还有大部分车辆的自诊断系统是自成体系，不具有通用性，因而不利于推广，给汽车的售后服务和维修造成了很大的困难。因此，自诊断系统必须标准规范，这样其诊断模式和诊断接口便可统一，只用一台仪器便可对各种车辆进行诊断和检测，这必将大大推进汽车故障自诊断系统的发展。

1.1.2 汽车检测技术的发展概况

我国的汽车检测技术经历了从无到有，从小到大；从引进技术、检测设备，到自主研究开发推广应用；从单台设备的单一性能检测到多台设备同时工作，网络化全自动综合检测，取得了很大的进步。检测设备的研制生产也得到了快速发展，逐步缩小了与世界先进国家的差距。如今，我国检测线计算机测控系统在国际上处于领先地位，汽车检测中通用的制动试验台、侧滑检验台、底盘测功机等，我国都已经可以自产自给，而且结构形式多样。

至今，汽车检测技术在我国已有40余年的发展历史。40余年来，检测技术虽然已经取得了很大的进步，但与世界先进水平相比，还有一定距离。我国汽车检测技术要赶超世界先进水平，还应该在汽车检测技术基础、检测设备智能化和检测管理网络化等方面进行研究和发展。

1. 汽车检测技术基础规范化

在我国汽车检测技术的发展过程中，普遍重视硬件技术，忽略或不够重视难度大、投入多、社会效益明显的检测方法、限值标准科学试验等基础性技术的研究。目前，我国的检测方法和限值标准大多是采用世界发达国家的标准，而真正符合我国国情，且被国际公认的检测方法和限值标准还太少。

今后应重点开展下述汽车检测技术基础研究：

1）制定和完善汽车检测项目的检测方法和限值标准，如工况法检测排气污染物、汽车制动力测试方法的多样化、驱动轮输出功率、底盘传动系的功率损耗、发动机燃料消耗量等。

2）制定出汽车在进行不同类型的检测（如安全检测、环保检测和综合性能检测）时，技术状况检测评定细则，统一规范全国各地的检测要求和操作方法。

3）制定适用于不同类型的检测站。一些大型检测设备的型式认证规则，以保证各检测站提供的检测数据科学、准确、公开、公正。

到目前为止，为了配合汽车检测工作，我国已发布实施了有关汽车检测的国家标准、行业标准、计量检定规程等上百项。从筹建汽车检测站到汽车检测的具体检测项目，都基本做到了有法可依。

2. 汽车检测设备智能化

目前国外的汽车检测设备已大量应用光、机、电一体化技术，并采用计算机测控，有些检测设备具有专家系统和智能化功能，能对汽车技术状况进行检测，并能诊断出汽车故障发生的部位和原因，引导维修人员迅速排除故障。

我国目前的汽车检测设备在采用专家系统和智能化诊断方面与国外相比还存在较大差距。如四轮定位检测系统、电喷发动机综合检测仪等，还主要依靠进口。今后应在汽车检测设备智能化方面加快发展速度。

3. 汽车检测管理网络化

目前，检测站主要检测设备采用了计算机联网控制，但计算机测控方式千差万别，大多在检测站内部实现了网络化。

随着技术和管理的进步，今后汽车检测将实现真正的网络化。从检测站内部来讲，是一个功能齐全、检测流程合理、管理严密、工作效率和专业化程度较高的局域网。通过内部局域网，可以完成汽车检测自动化，汽车维修、检测管理，检测数据统计查询，检测结果告示，检测财务管理等功能。检测站与检测站之间，通过广域网可做到信息资源共享、硬件资源共享、软件资源共享。在此基础上，将全国的汽车安全检测站、汽车综合性能检测站、汽车质量保证检测线和汽车修理厂用检测线联成一个全国范围的广域网，使上级车辆管理部门可以及时了解各地区不同行业车辆的技术状况。

总之，汽车检测工作将朝着技术更先进、设备更智能、标准更科学、检测网络更发达、检测数据更准确、检测流程更合理、检测管理更完善的方向发展。

1.1.3 检测参数、标准、周期

检测参数是汽车检测诊断技术的重要组成部分，它是表征汽车技术状况的参数。有些结构参数（如磨损量、间隙量等）可以表征汽车的技术状况，但是在不解体情况下，直接测量往往受到限制，如气缸磨损量和气缸间隙、曲轴和凸轮轴各轴颈的磨损量、各轴向间隙与磨损量等，都无法在不解体的情况下直接测量，因此，在检测与诊断汽车技术状况时，需要采用一种与结构参数有关，而又能表征技术状况的间接指标，这些指标就称为检测参数。它是表征汽车、总成、机构技术状况的参数。检测参数与结构参数紧密相关，能够反映汽车的技术状况，是一些可测的物理或化学量。

检测参数的用途是提供一个比较尺度，如将检测结果与标准值对照后，就可以确定汽车是否能够继续使用或预测在给定行驶里程内汽车的工作能力。

1. 汽车检测参数

汽车检测参数包括工作过程参数、伴随过程参数和几何尺寸参数。

（1）工作过程参数

该参数是汽车、总成及机构工作过程中输出的一些可供测量的物理量和化学量，例如发动机功率、驱动车轮输出功率或驱动力、汽车燃油消耗量、制动距离、制动力或制动减速度、滑

行距离等，往往能表征诊断对象工作过程中总的技术状况，适合于总体诊断。

如果通过检测，底盘输出功率符合要求，说明汽车输出功率符合要求，也说明发动机技术状况和传动系技术状况均符合要求；反之，如果通过检测，底盘输出功率不符合要求，说明发动机输出功率不足或传动系功率损失太大，通过进一步深入检测与诊断才可确定是发动机技术状况不佳还是传动系技术状况不佳。工作过程诊断参数是深入诊断的基础。汽车不工作时，工作过程参数无法测量。

（2）伴随过程参数

该参数是伴随汽车工作过程中输出的一些可以测量的物理量。例如：振动、噪声、异响、过热等，可提供诊断对象的局部信息，常用于复杂系统的深入诊断。汽车不工作时，伴随过程参数无法测量（过热除外）。

（3）几何尺寸参数

该系列参数可以提供汽车总成及机构中，配合零部件之间或者独立零件的技术状况。例如，总成及机构中的配合间隙、自由行程、圆度、圆柱度、端面圆跳动、径向圆跳动等，都可以作为检测参数使用。它们提供的信息量虽然有限，但是却可以表征诊断对象的具体状态。

汽车常用的检测参数见表1-1。

表1-1 汽车常用的检测参数

检测对象	检测参数
汽车总体	最高车速（km/h）
	最大爬坡度（°）或（%）
	驱动车轮输出功率（kW）
	驱动车轮驱动力（kN）
	汽车燃料消耗量（L/km）或（L/100km）
	汽车侧倾稳定角（°）
发动机总体	额定转速（r/min）
	怠速转速（r/min）
	发动机功率（kW）
	发动机燃料消耗量（L/h）
	汽油车怠速排放 CO 体积百分数（%）
	汽油车怠速排放 HC 体积百分数（10^{-6}）
	汽油车怠速排放 NO_2 体积百分数（%）
	汽油车怠速排放 CO_2 体积百分数（%）
	柴油车自由加速烟度（m^{-1}）
曲柄连杆机构	气缸压力（MPa）
	曲轴箱气量（L/min）
	气缸漏气量（kPa）
	气缸漏气量（%）
	进气管真空度（kPa）
配气机构	气门间隙（mm）
	配气相位（°）

(续)

检测对象	检测参数
冷却系	冷却液温度（℃）
	冷却液液面高度（mm）
	风扇传动带张力（kN）
润滑系	机油压力（kPa）
润滑系	油底壳机油液面高度（mm）
	机油温度（℃）
	机油消耗量（kg/L）
	理化性能指标变化量
柴油机供给系	输油泵输油压力（kPa）
	喷油泵高压油管最高压力（kPa）
	喷油泵高压油管残余压力（kPa）
	喷油器针阀开启压力（kPa）
	喷油器针阀升程（mm）
	各缸供油不均匀度（°）
	供油提前角（°）
	各缸喷油器的喷油量（mL）
点火系	初级电路导通闭合角（°）
	各缸点火波形重叠角（°）
	点火提前角（°）
	火花塞间隙（mm）
	各缸点火电压 kV
	各缸点火电压短路值 kV
	点火系最高电压值 kV
传动系	传动系游动角度（°）
	传动系功率损失（kW）
	传动系机械传动效率
	总成工作温度（℃）
转向系与转向桥	车轮侧滑量（m/km）
	车轮前束（mm）
	车轮外倾角（°）
	车轮后倾角（°）
	车轮内倾角（°）
	转向轮最大转向角（°）
	最小转弯直径（m）
	转向盘最大自由转动量（°）
	转向盘最大转向力（N）
行驶系	车轮静不平衡量（g）
	车轮动不平衡量（g）
	车轮端面圆跳动量（mm）
	车轮径向圆跳动量（mm）
	轮胎花冠纹深度（mm）

2. 检测标准

为了定量地评价汽车、总成及机构的技术状况，确定维修的范围和深度，单有检测参数是不够的，还必须建立检测参数标准，提供一个比较尺度。这样在检测到检测参数值后，与检测参数标准对照，即可确定汽车是否能够继续运行还是需要维修。

汽车检测参数标准的制定，既要有利于汽车技术状况的提高，还要以经济为基础。如果标准制定严格，汽车的整体技术状况必定能够达到提高，但是维护和修理费用也会相应提高；反之，若标准制定宽松，维护与修理费用下降，但是整体技术状况也下降。

与其他标准一样，汽车检测参数标准可分为国际标准、国家标准、行业标准、地方标准和企业标准等几类。

（1）国际标准

国际标准是由国际某区域或国家的汽车组织制定的相关国际通用标准。如 OBD-II《汽车微机随车故障自诊断系统欧洲统一标准》，SAE-J1850《汽车微机随车故障自诊断系统美国统一标准》等。

（2）国家标准

国家标准是国家制定的标准，一般由某行业部委提出，由国家技术监督局发布，全国各级有关单位及个人都必须执行，具有强制性和权威性。如 GB 18285—2018《汽油车污染物排放限值及测量方法（双怠速法及简易工况法）》、GB 3847—2018《柴油车污染物排放限值及测量方法（自由加速法及加载减速法）》和 GB7258—2017《机动车运行安全技术条件》等。

（3）行业标准

行业标准也称为部委标准，是部级或国家委员会级制定并发布的标准，在部委系统内贯彻执行，在一定范围内具有强制性和权威性，有关单位和个人必须执行。如 JT/T198—2016《道路运输车辆技术管理规定》。

（4）地方标准

这种标准是省级、市地级、市县级制定并发布的标准，在地方范围内贯彻执行，也在一定范围内具有强制性和权威性，有关单位及个人必须贯彻执行。省、市地、市县三级除贯彻执行上级标准外，可根据本地具体情况制定地方标准或率先制定上级没有制定的标准。地方标准中的限值可能比上级标准中的限值要求还要严格。

（5）企业标准

这种标准包括汽车制造厂推荐的标准、汽车运输企业和汽车维修企业内部制定的标准、检测仪器设备制造厂推荐的参考性能标准三种类型。

汽车制造厂推荐的标准是汽车制造厂在汽车使用说明书中公布的汽车使用性能参数、结构参数、调整数据和使用极限等。可以把它们作为检测参数标准来使用。这类标准是汽车制造厂根据设计要求和制造水平，为保证汽车使用性能和技术状况而制定的。

汽车运输企业和维修企业的标准是企业内部制定的标准，只在企业内部贯彻执行。该类标准除了贯彻执行上级标准外，往往根据本企业的具体情况，制定一些上级标准中尚未规定的内容，企业标准中有些参数的限值比上级标准还要严格，以保证汽车维修质量和树立良好的企业形象。企业标准必须达到国家标准和上级标准的要求，同时允许高于国家标准和上级标准的要求。

3. 诊断周期

诊断周期是指两次诊断之间汽车的行驶里程。所谓最佳诊断周期指在这样的诊断周期下，汽车的技术完好率最高而消耗费用最少。最佳诊断周期受到以下条件影响。

1）汽车技术状况。汽车新旧程度不一、行驶里程不一、技术状况等级不一，甚至还存在使用性能、结构特点、故障规律、配件质量不一等情况，显然其最佳诊断周期也不相同。

2）汽车使用条件。包括气候条件、道路条件、装载条件、驾驶技术、是否拖挂、燃润料质量等条件。

3）费用。包括诊断检测、维护修理、停驶损耗等费用。

1.2 汽车检测设备基本知识

在汽车检测诊断作业中，为了获得诊断参数测量值，检测人员要选择合适的测量仪表、仪器或设备。这三者往往称为检测设备。这些检测设备组成检测系统，在一定的测量条件和测量方法下，对汽车进行检测、分析和判断。

1.2.1 汽车检测设备的组成

对于一个由一般仪表、仪器构成的检测系统，通常是由传感器、变换及测量装置、记录与显示装置、数据处理装置等组成。有的还配有试验激发装置，如图1-2所示。

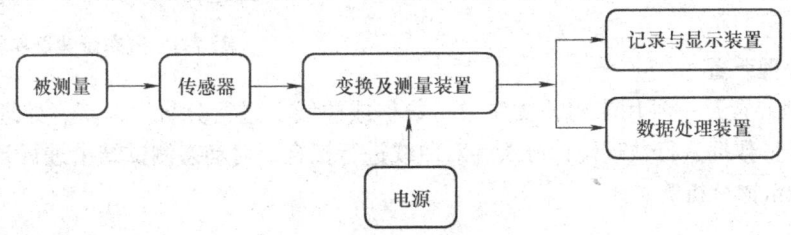

图1-2 汽车检测设备的组成

1. 传感器

传感器是一种能够把被测量（物理量、化学量、生物量等）的某种信息拾取出来，并将其转换成有对应关系的、便于测量的电信号的装置。它是一种获取信息的手段，在整个检测系统中占有首要地位。由于它处于检测系统的输入端，所以它的性能直接影响到整个检测系统的工作可靠性。也有将传感器称为变送器、发送器或检测头的，在生物医学及超声检测仪器中，常被称为换能器。

汽车检测设备使用的传感器，如果按测量性质分类，可以将传感器分为机械量传感器（如位移传感器、力传感器、速度传感器、加速度传感器等）、热工量传感器（如温度传感器等）、化学量传感器和生物量传感器等类型；如果按传感器输出量的性质分类，可以将传感器分为参量型传感器（输出的是电阻、电感、电容等无电源参量，如电阻式传感器、电感式传感器和电容式传感器等）和发电型传感器（输出的是电压和电流信号，如热电偶传感器、光电传感器、磁电传感器和压电传感器等）。

2. 变换及测量装置

变换及测量装置是一种将传感器送来的电信号变换成易于测量的电压或电流信号的装置。这类装置通常包括电桥电路、调制电路、解调电路、阻抗匹配电路、放大电路、运算电路等，能对传感器信号进行放大，对电路进行阻抗匹配、微分、积分、线性化补偿等处理工作，是检测系统里比较复杂的部分。

3. 记录与显示装置

记录与显示装置是一种将变换及测量装置送来的电信号进行记录和显示，使检测人员了解测量值的大小和变化过程的装置。记录和显示装置的显示方式一般有模拟显示、数字显示和图像显示三种。

模拟显示一般是利用指针式仪表指示被测量的大小，应用广泛。其优点是结构简单，价格低，读数方便和直观；缺点是易造成读数误差。

数字显示是直接以十进制数字形式指示被测量的大小，应用越来越广泛。该种显示方式有利于消除读数误差，并且能与计算机联机，使数据处理更加方便。

图像显示是用记录仪显示并记录被测量处于动态中的变化过程，以描绘出被测量随时间变化的曲线或图像作为检测结果，供分析和使用。常用的自动记录仪有光线示波器、电子示波器、笔式记录仪和磁带记录仪等。其中，光线示波器具有记录和显示两种功能，电子示波器只具有显示功能，磁带记录器只具有记录功能。其中常见的汽车示波器如图1-3所示。

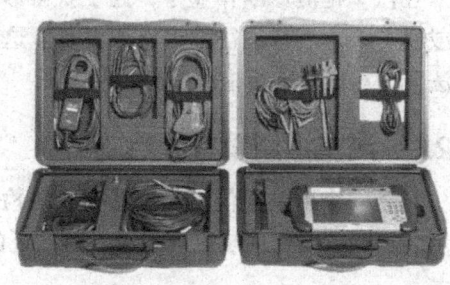

图1-3 汽车示波器实物图

4. 数据处理装置

数据处理装置是一种用来对检测结果（数据或曲线）进行分析、运算、处理的装置。例如，对大量测量数据进行数理统计分析，对曲线进行拟合，对动态测试结果进行频谱分析、幅值谱分析和能量谱分析等。

1.2.2 测量仪表简介

汽车检测设备的测量仪表经历了模拟仪表、数字仪表、智能仪表和虚拟仪表等几个发展阶段。

1）模拟仪表。基本结构是电磁式和力学式，基于电磁测量原理和力学转换原理，用指针来显示最终测量值，因而精度较低，分辨能力较差。其功能操作多采用机械旋钮实现，如真空压力表。

2）数字仪表。采用内装的模/数转换器将模拟量转化为数字信号进行测量，并以数字形式显示或打印最终结果，从而避免了读数误差。但测量过程中的量程选择、极性变换、灵敏度调节和改变显示时间等操作，还是通过增设的一些旋钮以人工方式实现，如数字万用表。

3）智能仪表。具有数据存储、运算和逻辑判断能力，能根据被测参数的变化自选量程、自动校正、自动补偿和自寻故障等，具备了一定的智能。

应用：用于检测参数较少、测量过程简单的检测设备，如车速表检验台、声级计等。图1-4所示为SB-100型车速检验台。

特点：智能仪表是用微处理器代替过去以电子线路为主体的结构，以固化在存储器内的软件来简化代替电子线路的硬件功能实现"硬件软化"。由于软件编程的灵活性，使得原来用硬件逻辑难以解决或根本无法解决的问题可以用软件解决，如使输入信号的非线性处理变得容易，因而仪表的测量精度和功能都大为提高和增强。

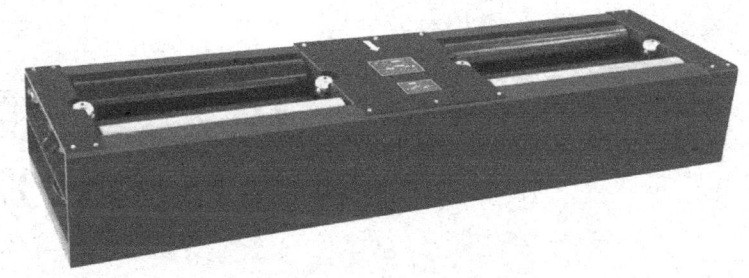

图 1-4　SB-100 型车速检验台

4）虚拟仪表。虚拟仪表是利用计算机和仪表模块为机体，加上控制软件而构成的测量仪表。

应用：用于检测参数较多、测量过程复杂的检测设备，如发动机综合检测仪、四轮定位仪等。图 1-5 所示为四轮定位仪的测试现场。

特点：虚拟仪表的硬件仅用于解决信号的输入输出，而软件才是整个仪表的关键，所以虚拟仪表有"软件就是仪器"之说。

虚拟仪表通过软件将计算机硬件资源和仪表硬件有机地融合为一体，充分利用了计算机丰富的软硬件资源。计算机和数据采集卡等硬件均为通用的外购配件，这就大大缩小仪器硬件的成本和体积。虚拟仪表开发方便，成本较低，开发周期短，而且仪表更容易升级。

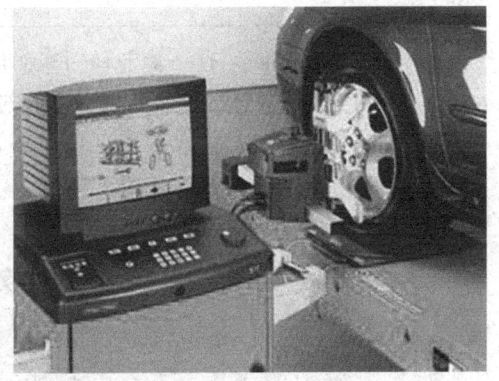

图 1-5　四轮定位仪的测试现场

项目 2
底盘技术状况检测

任务描述

宋先生有一辆宝马轿车，由于交通事故刮蹭了车身，进行钣金修复后，宋先生发现在正常行驶过程中，即使转向盘保持直行状态，汽车时不时也会偏离道路，并且感觉转向盘过于沉重，转向盘回正功能也没有之前用得流畅。于是宋先生将爱车送入维修站进行四轮定位。同学们，你们能根据自己所学的维修技能，帮助宋先生解决该故障吗？

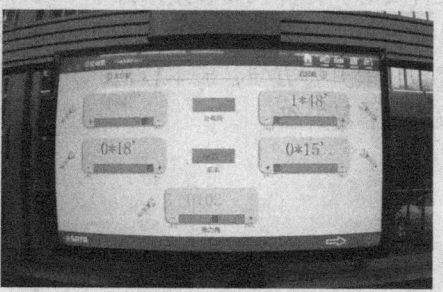

学习目标

1. 掌握汽车四轮定位的检测方法
2. 掌握汽车车轮平衡度的检测方法
3. 掌握汽车悬架装置的检测方法
4. 掌握汽车动力性能的检测方法
5. 掌握汽车制动性能的检测方法
6. 掌握汽车转向性能的检测方法
7. 掌握汽车车轮侧滑量的检测方法

项目 2 底盘技术状况检测

知识与技能点清单

序号	学习目标	知识点	技能点
1	掌握汽车四轮定位的检测方法	1. 车轮定位基准 2. 四轮定位的检测参数 3. 四轮定位仪的类型、结构 4. 四轮定位的检测步骤	能够使用四轮定位仪对车轮进行检测、调校
2	掌握汽车车轮平衡度的检测方法	1. 车轮不平衡受力分析 2. 离车式车轮平衡机结构 3. 离车式车轮平衡机的检测方法 4. 就车式车轮平衡机结构 5. 就车式车轮平衡机的检测方法	能够使用车轮平衡机对车轮进行检测、调校
3	掌握汽车悬架装置的检测方法	1. 汽车悬架性能的检测方法 2. 共振式悬架装置检测台结构 3. 共振式悬架装置检测台检测汽车悬架的步骤	能够使用共振式悬架装置检测台对悬架装置进行检测、调校
4	掌握汽车动力性能的检测方法	1. 汽车动力性能评价指标 2. 影响汽车动力性的因素 3. 汽车动力性的台架检测 4. 汽车动力性的道路检测	能够使用底盘测功机、第五轮仪对汽车的动力性能进行检测
5	掌握汽车制动性能的检测方法	1. 汽车制动时的受力分析 2. 汽车制动性能的评价指标 3. 汽车制动性能的路试检测 4. 汽车制动性能的台架检测	能够使用制动试验台对汽车的制动性能进行检测
6	掌握汽车转向性能的检测方法	1. 汽车转向系统的检测项目 2. 转向参数测量仪的结构 3. 转向盘自由转向角的检测 4. 转向盘最大转向力的检测	能够使用转向参数测量仪对汽车转向盘的自由转向角、最大转向力进行检测
7	掌握汽车车轮侧滑量的检测方法	1. 汽车车轮产生侧滑的原因 2. 侧滑试验台的结构 3. 侧滑试验台的测量原理 4. 车轮侧滑量的检测	能够使用侧滑试验台对汽车车轮的侧滑量进行检测

 鉴定

序号	学习目标	鉴定1	鉴定2	鉴定3	鉴定结论	鉴定教师签字
1	掌握汽车四轮定位的检测方法				□通过 □不通过	
2	掌握汽车车轮平衡度的检测方法				□通过 □不通过	
3	掌握汽车悬架装置的检测方法				□通过 □不通过	
4	掌握汽车动力性能的检测方法				□通过 □不通过	
5	掌握汽车制动性能的检测方法				□通过 □不通过	
6	掌握汽车转向性能的检测方法				□通过 □不通过	
7	掌握汽车车轮侧滑量的检测方法				□通过 □不通过	

备注：任课老师可以通过平时教学过程中学习者的学习态度、参与教学活动的积极性、职场安全意识及终结性鉴定结果等确定其最后的鉴定结果。每个学习者最多可以鉴定三次，鉴定老师可以把鉴定情况填写在上表中。

学习信息

2.1 车轮定位检测

车辆必须具有良好的稳定直行行驶的性能、围绕弯路行驶的转弯性能、回到直行状态的恢复力、轮胎碰击时减缓传递给悬架的振动的能力。车轮定位的目的是保证汽车的操纵稳定性、制动时的方向稳定性及最小的轮胎磨损，并在各种路况下保证这些要求的实现。

但在汽车行驶或维修过程中，由于悬架及转向系统中元件的磨损、变形、损坏甚至元件的更换都会使定位参数发生变化而失准，从而导致严重事故和轮胎磨损。因而在更换球销、摆臂、横拉杆等零件后对车轮定位参数进行调整就是必要的。

因此，对不同用途的各种悬架来说，车轮应以与地面成特定角度来安装，这称为车轮定位。车轮定位有下面五个参数：

1）车轮外倾角。

2）主销后倾角。

3）转向轴线倾斜角（主销内倾）。

4）前束角（车轮与正前方偏移的角度）。

5）转向半径（轮角，转向角）。

这些参数中如果有一个不正确，就可能出现下面的问题：

1）转向有困难。

2）转向的稳定性不好。

3）在弯路行驶时的恢复性不好。

4）缩短轮胎的使用寿命。

5）油耗增加。

进行车轮定位就是对悬架及转向系统各部件进行调整，以达到原设计功能。目前只有计算机四轮定位才是快捷、准确的定位方法。

2.1.1 车轮定位基准

任何定位都需要基准，一个好的基准，是准确定位的先决条件。进行车轮定位时就有这么一个选择最优基准的过程。很长一段时间以来，我们都是以下面几种定位基准进行车轮定位。

1. 车辆的几何轴线

车辆的几何轴线主要包括车轮中心线、几何中心线、推力线（也叫推进线），如图 2-1 所示。

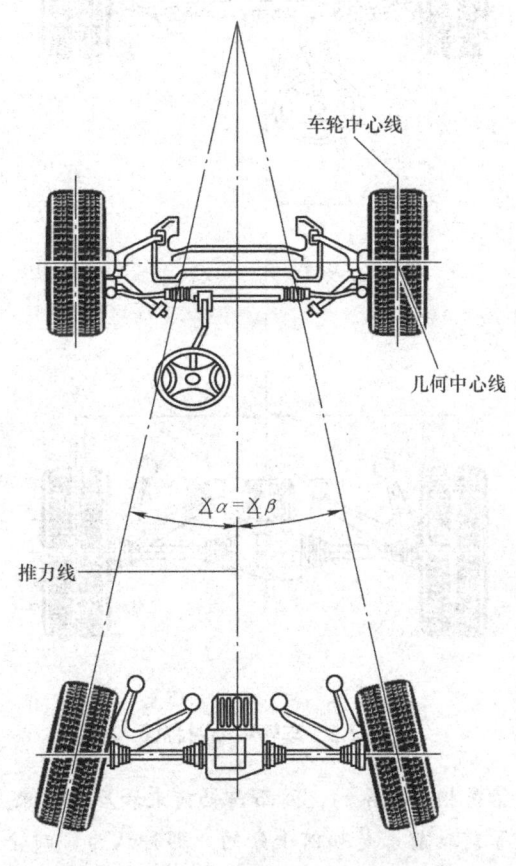

图 2-1 车辆的几何轴线

其中各基准线的含义如下：

1）车轮中心线是指轮胎上对车轮轴垂直的中心线。

2）几何中心线是指车身纵向中心平面和过前后两车轴水平面的交线，其中车轮中心线与车轮轴的交点被称为车轮接触点。

3）推力线（也叫推进线、几何轴线）是指后轮总前束的角平分线（后轴的前束是以前面中心对称面为基准测出的）。基于前轮的测量都与此有关。几何中心线由后轴前束决定，是车辆行驶时的推力线，也是前轮前束的测量基准。

2. 车辆中心对称面

车辆中心对称面是汽车几何中心平面，如图 2-2 所示，其垂直于行驶平面并通过前后轴的轮距中点，同时它也是后轮前束的测量基准。

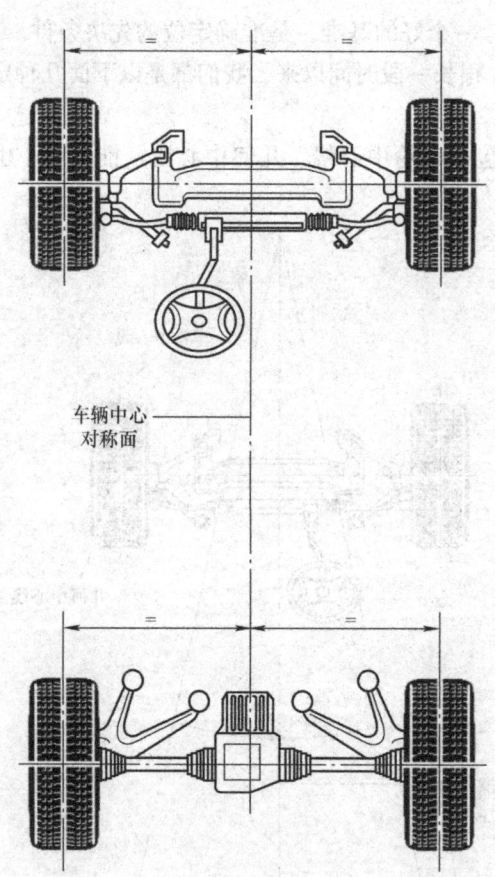

图 2-2 车辆中心对称面

提示：车辆的四个轮胎是相互联系的，因而前轴前束和后轴前束是相互关联的，不是孤立的。可以说后轴前束决定了前轴前束是如何平分的。那种认为"四轮定位就是调整前轮前束"的说法是错误的。

3. 几何驱动轴线偏角

几何驱动轴线偏角是车辆中心对称面与几何轴线所形成的夹角（如果两个后轮成某一角度）。如图 2-3 所示，当几何轴线位于车轴的中心对称面左侧时为正值，右侧时为负值。它是由后轴的前束、横向偏移和斜向偏位产生的。

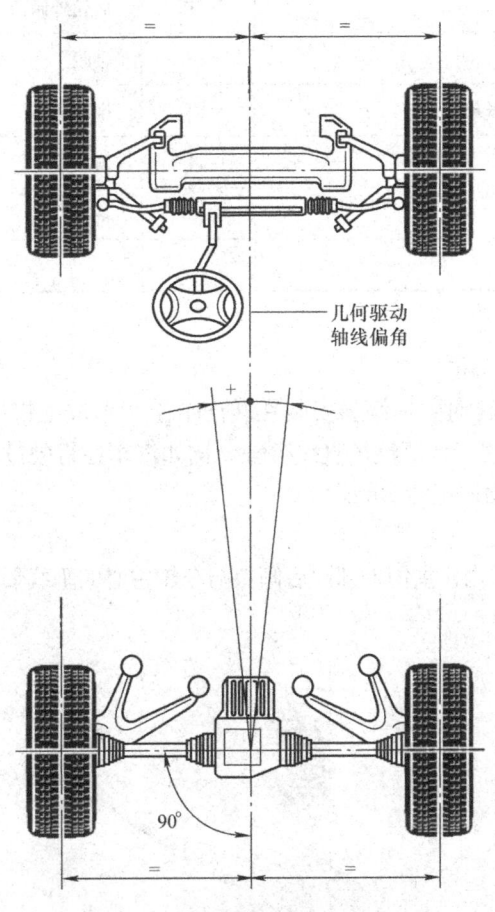

图 2-3 几何驱动轴线偏角

提示：实际车辆是按照几何轴线方向行驶的。

不正常的推力线和推力角的定位问题有：跑偏/转向盘不对中，斜行轮迹；转向问题有：过度或不足/轮胎磨损问题。推力角不正确造成的轮胎磨损与车轮前束造成的类似。

2.1.2 四轮定位的检测项目

为了提高汽车的转向操纵稳定性，使操纵轻便，保证车辆自动直线行驶和自动回正的能力及减少轮胎磨损，汽车车轮和主销都设计有多重角度参数，统称车轮定位（wheel alignment）。以前，车轮定位主要指转向轮前束（或前张）、车轮外倾、主销后倾和主销内倾等角度参数，统称为前轮定位。现代汽车对后轮前束（或前张）和后轮外倾也提出要求，称为后轮定位。所以一般车轮定位包括前后轮定位，统称为四轮定位。四轮定位的检测项目见表 2-1。

表 2-1 四轮定位的检测项目

序号	项目名称	序号	项目名称
1	转向轮前束值/角及前张角	9	转向轮外倾角
2	主销后倾角	10	主销内倾角
3	后轮前束值/角	11	后轮外倾角
4	轮距	12	轴距
5	转向20°时的前张角	13	推力角
6	轴距偏差	14	横向偏位
7	轨迹宽度偏差	15	轴偏位
8	轮轴偏移		

1. 车轮定位参数

（1）前轮定位

汽车设计转向桥时，转向主销倾斜安装在转向节上，形成主销后倾角 γ 和主销内倾角 β，使转向轮具有自动回正作用，保证汽车直线行驶。比如汽车在行驶过程中，转向轮碰到石块而偏离直线行驶时，有着自动回正的功能。

1）主销后倾角 γ。

定义：在汽车纵向平面内，主销上部向后倾斜与车轮中心的垂线形成的角度，如图 2-4 所示。

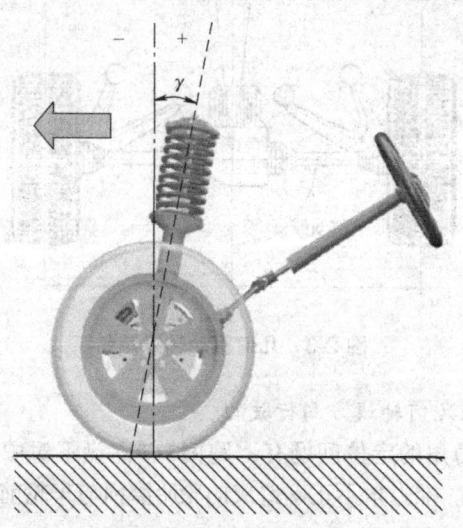

图 2-4 主销后倾角 γ

作用：转向后转向盘自动回正，增加直线行驶的稳定性。

自动回正：车轮主销延长线与地面的交点 a 为车轮摆动的支点（图 2-5），位于车轮与路面接触点 b 的前方，当汽车行驶时，如果遇到外力而发生偏转，由于离心力的作用，在车轮与路面接触点 b 处，路面对车轮作用的侧向反作用力 F 形成绕主销轴线的回正力矩 FL，力矩方向与车轮偏转的方向相反，回正力矩将使车轮回复到原来的位置，保证汽车能够直线行驶。

γ 为 2°～3°，γ 不宜过大，角度过大会造成转向盘沉重。乘用车广泛采用低压胎，轮胎与地面接触面增大，而引起回正力矩增加，γ 角可减小到接近于零，甚至为负值，但不超过 -1°。

2）主销内倾角 β。

定义：在汽车横向平面内，主销上部向内倾斜与垂线形成的角度，如图 2-6 所示。

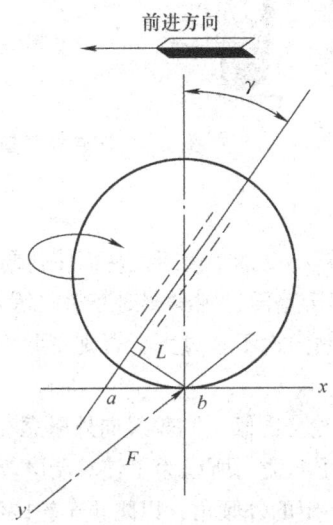

图 2-5 自动回正力矩示意图

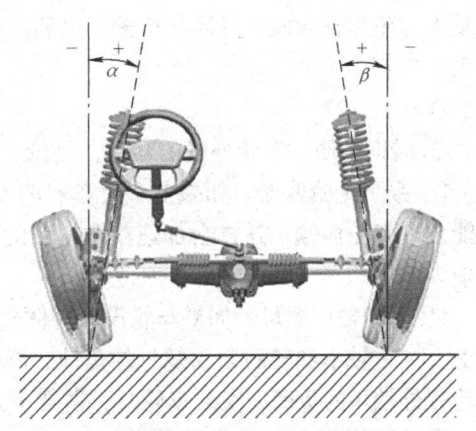

图 2-6 主销内倾角 β

作用：主销内倾角 β 增大，主销轴线与路面交点到车轮中心平面与地面交线的距离 c 减小，转向时驾驶人加在转向盘上的力降低，转向轻便，如图 2-7 所示。

自动回正：外力作用下，转向车轮由中间位置偏离一角度，车轮最低点有陷入路面的趋势，转向轮连同汽车前部向上抬起一高度，转向轮回复到原来中间位置。如图 2-8 所示。

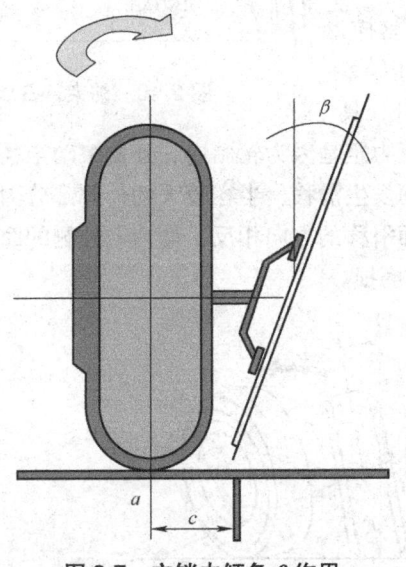

图 2-7 主销内倾角 β 作用

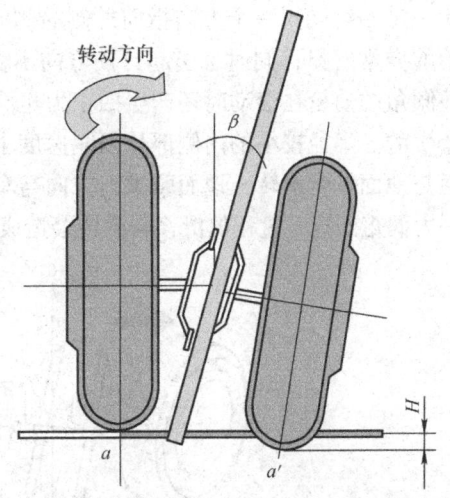

图 2-8 自动回正

3) 车轮外倾角 α。

定义：从汽车的前方看，车轮中心线与铅垂线的夹角，如图 2-9 所示。车轮外倾角有正、负之分，车轮上部离开汽车中心线的为正的车轮外倾角；反之为负的车轮外倾角。比较老的车辆具有比较大的正的车轮外倾角，目的是保证车轮垂直于那时的表面弧度比较大的单车道路面。现代汽车将外倾角一般设定为 1° 左右，用于修正承载时因负重而导致车轮内倾，具体与车辆用途和悬挂结构设计有关系。

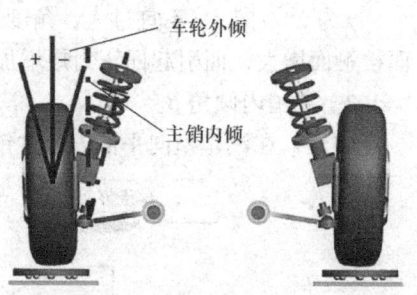

图 2-9　车轮外倾角 α

作用：

① 转向轻便。车轮外倾的存在，是轮胎接地点向内缩小以减小偏距，从而使转向轻便。

② 减小轮胎偏磨。如果空车时车轮的安装正好垂直于路面，则满载时车桥将因承载变形，可能出现车轮内倾，这样会加速汽车轮胎的偏磨损。外倾角也不宜过大，否则轮胎也会产生偏磨损。

③ 保护轴头螺母。如果车轮没有外倾角，满载后车轮会内倾，则轮毂向外压靠在轮毂外轴承上，加重轴承和轮毂紧固螺母的负荷，降低它们的使用寿命。所以为了使轮胎磨损均匀和减轻轮毂外轴承的负荷，安装车轮时，需要预先使车轮有一定的外倾角，以防止车轮内倾。

④ 保持轮胎与拱形路面垂直，减少轮胎偏磨损。车轮外倾角一般为 1°~30°。

4) 前束 A-B。

定义：前轴左、右车轮的旋转平面不平行，车轮前端胎面中心线间的距离 B 小于车轮后端胎面中心线间的距离 A，如图 2-10 所示。

具有外倾角的前轮在行驶时，如果不受约束，它会像圆锥那样绕旋转轴线与地面的交点 O' 旋转，如图 2-11 所示。但实际上，车轮受车轴的约束，只能向前滚动。这样，轮胎一定始终受到一个方向指向外侧的侧向力，从而导致轮胎的异常磨损；同时也引起行驶方向不稳定。另外，具

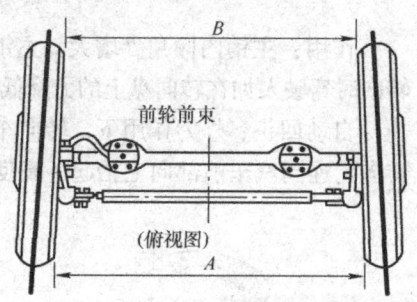

图 2-10　前束 A-B

有外倾角的前轮在滚动时还产生回正力矩。这个回正力矩是因为轮胎内、外侧滚动半径不相同而产生的。半径较小的内侧部分因线速度小而与地面发生滑移，半径较大的外侧部分因线速度大而与地面发生滑转，地面摩擦力方向与车轮对地面滑移的方向相反，使内、外侧的摩擦力形成一力偶矩。这一过程的滑移与滑转会造成轮胎异常磨损。

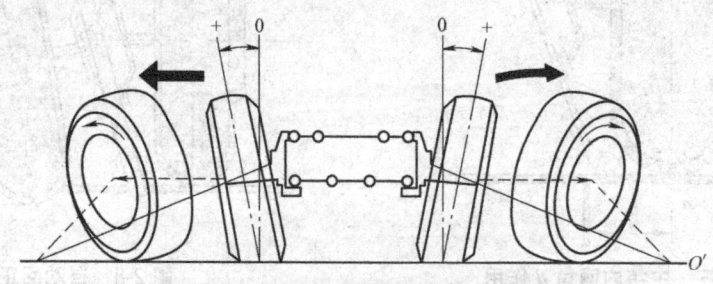

图 2-11　具有外倾角前轮的滚动趋势

如果可以根据外倾角的大小来配置合适的前束值，就能够使车轮的滚动方向趋于正前方，因为前束给车轮所产生的滚动趋势与外倾角的效果相反，如图 2-12 所示。

（2）后轮定位

随着道路条件的改善，现代的轿车行驶速度越来越高，随着前轮驱动、四轮独立悬架、承载式车身结构的汽车出现，不仅要求前轮定位，还需有后轮定位。其原因是对于前轮驱动汽车和独立后悬架汽车，如果后轮定位不当，即使前轮定位良好，还是会有不良的操纵性和轮胎早期磨损。为了防止高速行驶时汽车出现的"激转"及自动转向现象，在结构设计上应确保汽车具有不足转向的特性。汽车后轮具有一定程度的外倾角和前束使后轮具有合适的侧偏角，提高高速行驶的操纵稳定性。

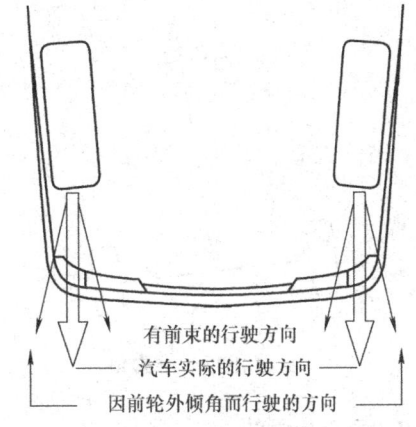

图 2-12　前轮前束与外倾角作用的互抵作用

后轮驱动：整体式后桥结构、非承载式车身结构，无后轮定位。

前轮驱动：四轮独立悬架、承载式车身结构，有后轮定位。

1）后轮外倾角。像前轮外倾角一样，后轮外倾角也对轮胎磨损和操纵性有影响。理想状态是四个车轮的运动外倾角均为零，这样轮胎和路面接触良好，能得到最佳的牵引性能和操纵性能。后轮外倾角是动态的，随悬架的上下移动而变化。车辆加载后，悬架下沉就会引起车轮外倾角改变。

2）后轮前束。和前轮前束一样，后轮前束也是后轮定位的一个重要项目。如果前束不当，后轮轮胎也会被擦伤，另外还会引起转向不稳定及降低制动效能（对于防抱死制动系统，切记此点）。跟后轮外倾角一样，后轮前束也不是一个静态量，悬架摇动和反弹时，它就会变化。滚动阻力和发动机转矩对它也有影响。

3）推力角。推力角也叫推进角或驱动偏向角，是指推力线和汽车的纵向几何中心线不重合时，推力线与纵向几何中心线形成的夹角，如图 2-13 所示。其中汽车的纵向几何中心线是一条假想线，指的是通过汽车前桥和后桥中心线的直线。推力线是过后桥中心且和后桥中心线垂直相交的一条假想线，指向汽车前进方向。

推力角是一种故障参数，非设计参数。后轴的左、右轮前束不等，后轴安装偏斜，车轴偏角等情况都会产生推力角，从而使汽车行驶发生偏斜。例如：推力线朝右，后轮将使汽车逆时针转向，若驾驶人松脱转向盘，汽车向左转；若使汽车保持直线行驶，需不断向右偏转转向盘进行补偿，将造成轮胎的羽片状磨损，如图 2-14 所示。

2. 车轮定位的检测

随着汽车行驶速度的提高，对行驶系统的要求也越来越高。车轮定位参数的变化、悬架系统松旷、主销与衬套磨损等，都可以影响汽车乘坐的舒适性和行车安全性。前轮定位参数的变化对行车安全性的影响十分重要。汽车车轮定位检测的目的是要保证车辆的操纵稳定性，减少轮胎和机件的磨损，降低燃油消耗，减轻驾驶人的疲劳强度。

车轮定位的检测有动态检测法和静态检测法。

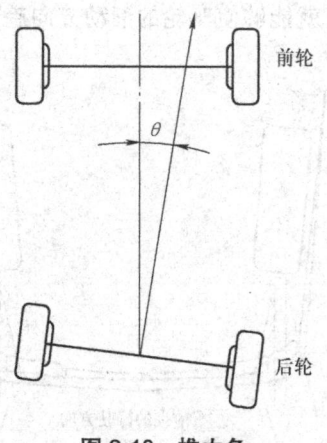

图 2-13 推力角

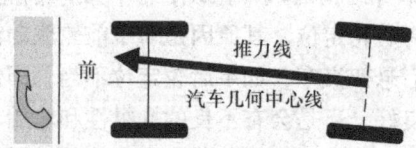

图 2-14 后桥安装偏斜

(1) 动态检测法

动态检测是汽车在低速直线行驶状态下,测量车轮作用在测试设备上的侧向力或由侧向力产生的侧滑量来检测车轮定位参数。其特点是无须辅助的安装作业,操作简便;反映各定位参数的综合作用,可保证汽车严格按直线行驶,适于汽车转向轮定位参数的快速检测。

动态检测设备主要有汽车车轮侧滑检测台和滚筒式车轮定位检测台。

车轮侧滑检测台如图 2-15 所示,在上板和下板之间有滚棒。上板可以横向自由移动,纵向不能移动,横移时带动指针在刻度尺上偏转,指示出侧滑量。

滚筒式车轮定位检测台是在上、下板之间装有球轴承,如图 2-16 所示,车轮滚动时的侧向力会使上板转动而牵连指针摆动,从而指示出车轮的侧滑量。用旋转式侧滑板检测车轮侧滑量,车轮不必驶过侧滑板的全长,只要车轮在侧滑板上滚动,即可测出侧滑量。

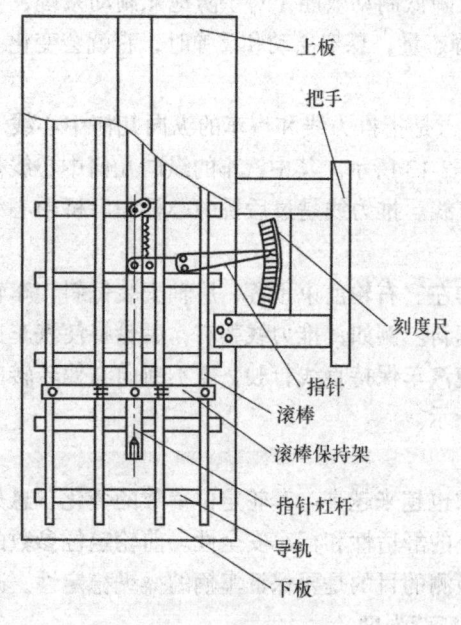

图 2-15 车轮侧滑检测台

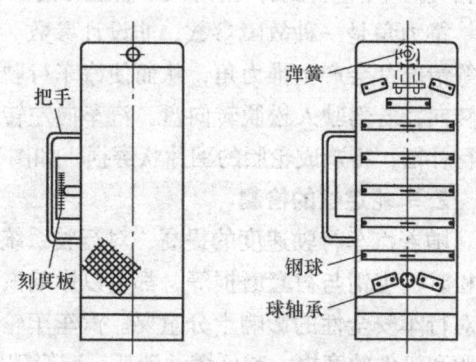

图 2-16 滚筒式车轮定位检测台

（2）静态检测法

根据轮胎旋转平面与车轮各定位参数间存在的直接或间接关系，在汽车车轮静止不动的状态下对车轮定位值进行几何检测。

静态检测法的特点：操作较繁，不适合快速检测，且在静止状态测量各轮定位值；难以保证汽车严格按直线行驶。

静态检测使用的设备有气泡水准仪及光学式或激光式、电子式、微机式车轮定位仪（四轮定位仪），统称为车轮定位仪。这些设备是利用前轮旋转平面与各定位角间存在的直接或间接的关系进行测量的。其中气泡水准仪、四轮定位仪应用最广泛。

气泡水准仪由水准仪、支架、转盘组成。水准仪由壳体、水泡管、水泡调节装置和刻度盘等组成，可以测得前轮外倾角、主销后倾角、主销内倾角。支架是水准仪与轮辋之间的连接装置。转盘一般由固定盘、活动盘、扇形刻度尺、游标指示针、锁止销和若干滚珠等组成，如图2-17所示。

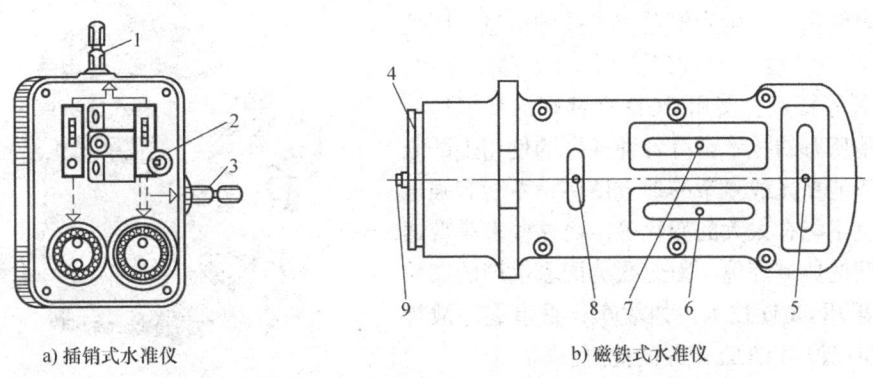

a) 插销式水准仪　　　　　b) 磁铁式水准仪

图 2-17　水准仪

1、3—定位销　2—旋钮　4—永久磁铁　5—测量主销内倾角的水泡管　6—测量前轮外倾角的水泡管
7—测量主销后倾角的水泡管　8—校正水准仪水平状态的水泡管　9—定位针

四轮定位仪是专门用来测量车轮定位参数的设备。四轮定位仪可检测的项目有：前轮前束、前轮外倾角、主销后倾角、主销内倾角、后轮前束、后轮外倾角、轴距、轮距、推力角和左右轴距差等。目前使用的四轮定位仪主要有光学式和计算机式，它们的测量原理基本是一致的，但不同类型的四轮定位仪的使用方法有一定的差异，使用时应严格按使用说明书的要求和方法进行操作。

如图2-18所示，计算机式四轮定位仪由主机、显示器、打印机、前后车轮检测传感器、传感器支架、转盘、制动锁、转向盘锁及导线等零件构成，配有专用软件和数据光盘，记载着近十年来世界各地汽车四轮定位参数并且可以更新。

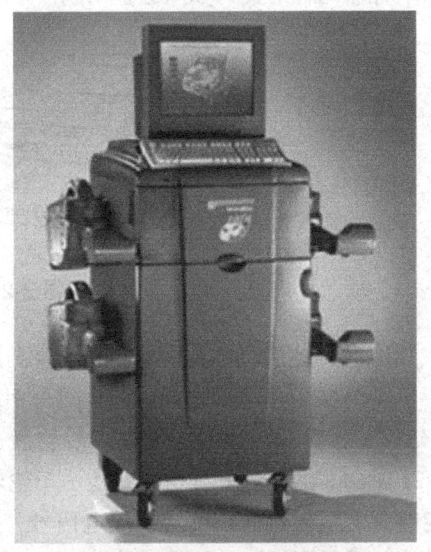

图 2-18　计算机式四轮定位仪

2.1.3 四轮定位仪的结构和检测原理

四轮定位仪有前束尺和光学水准定位仪、拉线定位仪、CCD 定位仪、激光定位仪和 3D 定位仪等几种。其中 3D、CCD 和激光定位仪是目前市场上的三大主流产品。3D 产品是目前市场上最先进的四轮定位,测量方式先进,测量时间仅为传统定位仪的五分之一,已渐渐进入成熟阶段。下面重点介绍 CCD 定位仪和 3D 定位仪。

微课视频
四轮定位仪
的使用

1. CCD 四轮定位仪

CCD 是一种半导体数字元器件(又称光电耦合器件),CCD 四轮定位仪如图 2-19 所示,它分为线阵 CCD 和面阵 CCD 两种。CCD 是 20 世纪 70 年代初发展起来的新型半导体集成光电器件,它是在一块硅面上集成了数千个各自独立的光敏单元,当光照射到光敏面上时,受光光敏单元将聚集光电子,通过移位的方式,将光量输出,产生光位置和光强的信息,因此 CCD 具有测量精度高(0.05°以内)、无温度系数、使用寿命长等特点。使用 CCD 有良好的环境适应能力。其他所有的技术都有各种各样的使用上的限制,比如不能在光线复杂的地方使用、不能有强电磁场、温度不能有太大的变化等,而这些都是普通的修车车间的典型环境。因此欧美国家生产的四轮定位仪均采用 CCD 技术,如战车、百事霸、战神等,这也足以说明 CCD 产品的优势。

图 2-19 CCD 四轮定位仪

(1) CCD 四轮定位仪的结构组成

CCD 四轮定位的组成部分包括:定位平台、转盘、夹具、测量头 CCD、附件和测量仪表。

1)定位平台。定位平台是汽车四轮定位在检测和调整时所提供符合要求的场地,有地沟和举升器两种形式,如图 2-20 所示。

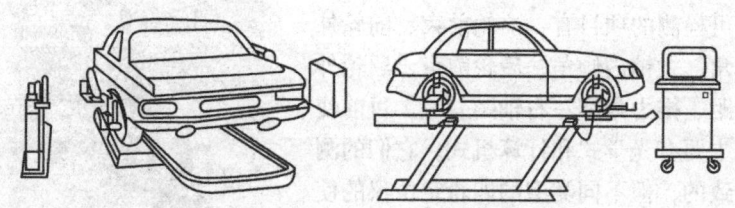

图 2-20 测试用地沟和举升器

地沟:结构简单,造价低,适合高度较低、不能使用举升器的车间,但需挖地坑。

举升器:造价较高,要求车间有相应的高度,操作人员使用方便。

2)转盘。转盘由固定盘、活动盘、扇形刻度尺、游标指针、锁止销、钢球等组成,如图 2-21 所示。活动盘上有指针,指示车轮转过的角度。有的转盘装有位移传感器,构成电子转盘,能够将转盘转过的角度转换成电信号,并通过电缆传送给计算机。检测时需将锁止销取下,但是检测前后可用锁止销将活动盘锁止,便于前轮上下转盘。

转盘的作用：

① 在主销倾角的检测中，便于静止汽车转向轮转向，并转至规定的角度。

② 测试两转向轮的最大转向角。

3）夹具。用于将测量头固定在车轮上的装置，有3～4个卡爪，转动手柄自动定心固定在轮辋圈内侧，轴销处安装测量头，如图2-22所示。

4）附件。包括转向盘固定器和制动踏板固定器等，用于测量时固定转向盘和制动踏板，如图2-23和图2-24所示。

5）测量头CCD。测量头CCD是一种用电荷量表示信号大小，用耦合方式传输信号的探测元件，光源发出的光照射到光学成像系统CCD的光敏面的感光单元上，相应的感光单元产生电荷，附加电路进行处理，随后输出视频信号，如图2-25所示。

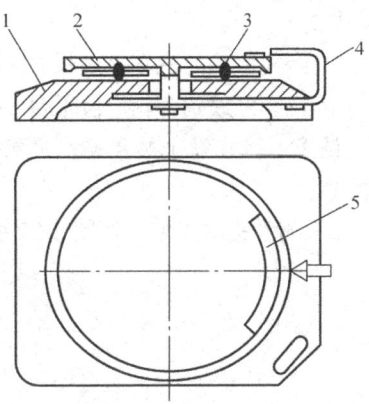

图 2-21 转盘的结构

1—固定盘 2—活动盘 3—钢球
4—游标指针 5—扇形刻度尺

图 2-22 夹具

图 2-23 转向盘固定器

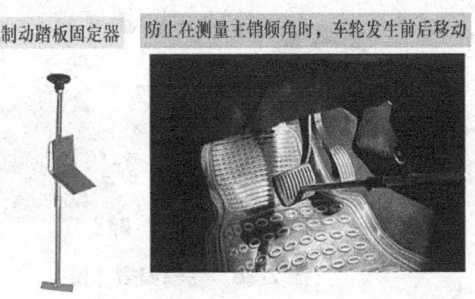

图 2-24 制动踏板固定器

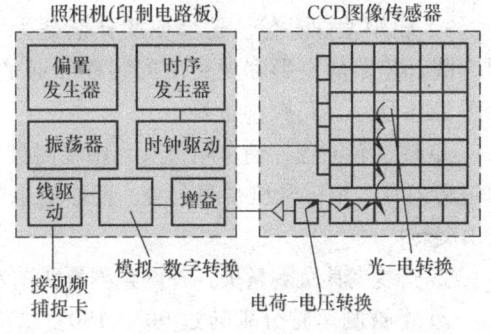

图 2-25 CCD原理

6）测量仪表。组成测量仪表的结构有：计算机、仪表模块、接口电路、电源、机柜，采用计算机构成的虚拟仪表作主机，进行数据处理和测量结果的数显。

（2）CCD四轮定位仪的测量原理

1）汽车的准备工作，如图2-26所示。

检测车身底盘状况，确保以下几点：

① 车轴状况、车轮轴承间隙、转向间隙和主销间隙均须检查并经过调整，且轮胎气压符合

出厂要求。

②经碰撞后的汽车，大梁必须校正，保证车身左右对称点处于同一水平面上。

③汽车停放到车轮定位平台，前轮正好位于转盘的中心。

注意：汽车驶上转盘前，用锁紧销将转盘锁紧，防止转动；汽车驶下转盘后，松开转盘的锁紧销。

2）测量头的安装，如图2-27所示。

图2-26 汽车定位检测前的准备

图2-27 测量头的安装

①将夹具安装在被测车轮上，并旋转手柄以锁紧夹具。

②将测量头安装在夹具的轴销上。

③调节测量头，使水平仪气泡处于中间位置。

3）轮辋偏摆补偿。轮辋偏摆补偿是为了减小因钢圈、轮胎的变形和轮夹的安装而引起的误差，如图2-28所示，其操作如下：

①转动转向盘，使车轮平直，用转向盘固定架固定转向盘，用举升机举起车身，使车轮悬空并可自由旋转。

②安装夹具及测量头，并调整测量头的水平。

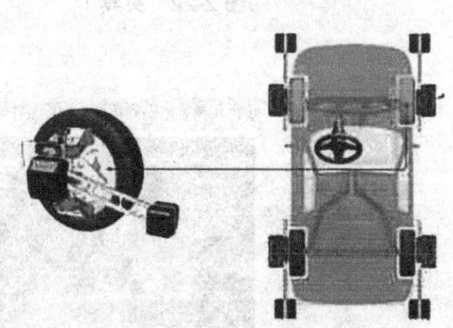

图2-28 轮辋偏摆补偿

③将被测车轮分别转过90°、180°、270°，然后保持测量头水平，计算机通过这几个位置倾角传感器输出信号，运算得到偏摆补偿量。

④放下车轮，注意保持车轮在0°位置。

4）车轮前束和推力角的测量。测量头的前束和横角光学测量系统发出的8条光束形成一个测量场，如图2-29所示，可以测量出前轮前束、后轮前束、轴差距、推力角等。

当前束为零时，在车轮上的前束测量装置接收的光应照在零点位置，但是当车轮存在前束时，如图2-30所示，其测量机头的前束测量装置的红外光电管发出的光束照射在左后轮测量机头的前束测量CCD上，会偏离原来的零点位置形成一个偏差值，该偏差值即表示左前轮的前束角。

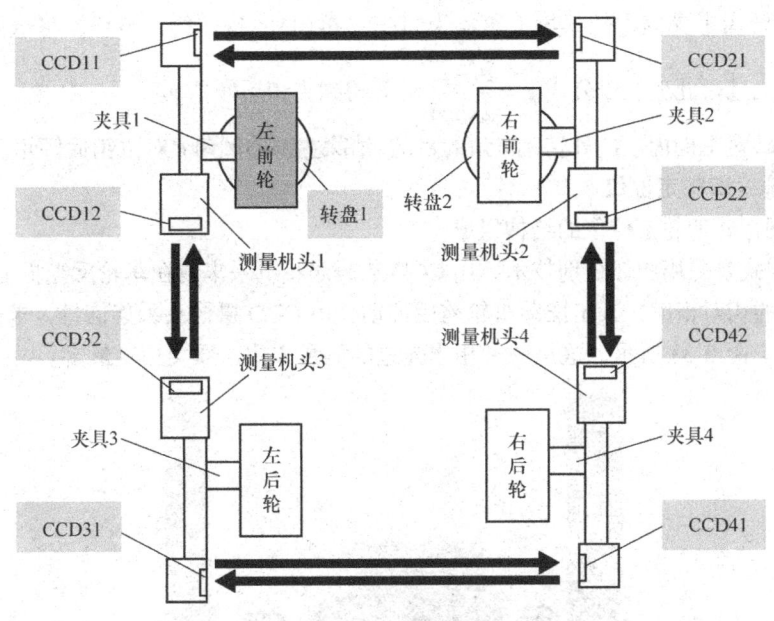

图 2-29 测量场的形成

如果同轴左、右轮测量机头的横角测量装置发出的两条光束互相平行但不重合,说明左右两车轮不同轴,发生了错位。根据左、右轮测量机头的横角测量装置 CCD 上的偏差量,可算出同轴左、右轮的轴差距。

5)车轮外倾角的测量。测量头内的外倾角传感器以重力方向作为参考基准,测出夹具轴销与水平面的夹角 α',由于车轮外倾角 $\alpha=\alpha'$,故车轮外倾角可直接测出,如图 2-31 所示。

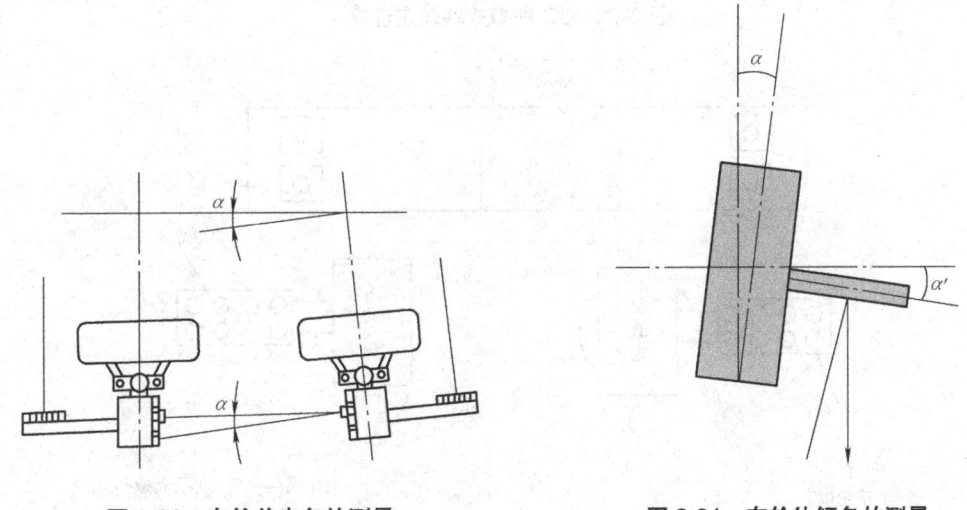

图 2-30 车轮前束角的测量   图 2-31 车轮外倾角的测量

6)主销后倾角和主销内倾角的测量。主销后倾角和主销内倾角不能由车轮的静止状态直接测得,需要用车轮绕主销转动的方法建立几何关系间接测得。我们以主销后倾角 γ 为例进行说明。

转向轮在转盘上先向内转 δ 角（通常为 20°），再向外转 $-\delta$ 角，传感器将这两种情况下的信号均送计算机进行处理，以公式 $\gamma = \dfrac{a_i - a_1}{2\sin\delta}$ 计算得到主销后倾角 γ。

转向轮在转盘上向内、向外转动 δ 角的目的：消除主销内倾角 β 对主销后倾角 γ 测量的影响。

2. 3D 图像式四轮定位仪

（1）3D 图像式四轮定位仪的结构组成

3D 测量方式是采用图像识别技术，用 CCD 数码照相机采集装在车轮反光板上的图像信息，以测量出车轮的相对精度，人工推动车轮前后移动，由 CCD 摄像头采集信息，求出其坐标和角度，如图 2-32、图 2-33 所示。这是一种相当先进的测量方式，欧美用得最多。

图 2-32　3D 图像式四轮定位仪

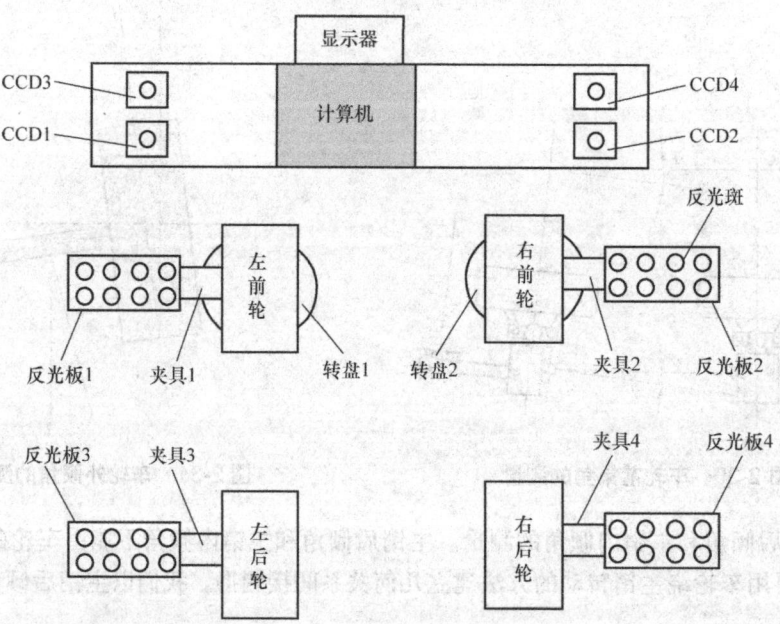

图 2-33　3D 图像式四轮定位仪的结构

1)反光板。反光板为有机玻璃,上面有若干个规定大小的反光斑,由夹具安装在被测车轮上。其作用是作为 CCD 摄像机监测的目标,如图 2-34 所示。

2)CCD 摄像机。CCD 摄像机固定在定位仪主机旁的两个立柱上,其原理是 CCD 摄像机内的发光二极管发出的光经过柱面镜、光平面、反光板,然后反射到 CCD 摄像机内的 CCD 内,获取反光板的图像,交由计算机进行数据处理,如图 2-35 所示。

图 2-34 反光板

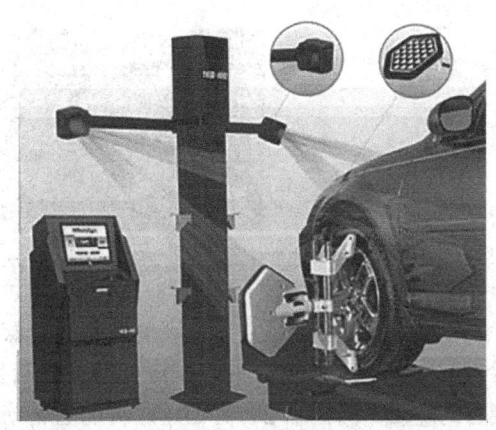

图 2-35 CCD 摄像机

3D 图像式的主要特征有:

① 夹具上装的是反光板,它用有机玻璃制成,上面无传感器,不易损坏。

② 不需进行反光板的水平调整和轮辋偏摆补偿,定位时间可以节省 20~30min。

③ 高精密度三维成像技术加计算机图像处理技术,实现非接触测量。

④ 轮辋钢圈的好坏和反光板的安装不影响测量精度。

⑤ 测量时不需碰反光板,测量重复性、可靠性好。

⑥ 检测速度快,工作效率高(测试一辆汽车,5min 即可)。

(2)3D 图像式四轮定位仪的测量原理

1)车轮前束角、车轮外倾角的测量原理。前后移动汽车,测量机头会随车轮转动,用 CCD 图像摄像头拍摄装在车轮上的测量机头(即多点反光板)随车轮滚动和转向的空间运动图像,如图 2-36 所示。有计算机三维图像处理系统对空间运动图像进行处理和坐标变换,通过比较测量机

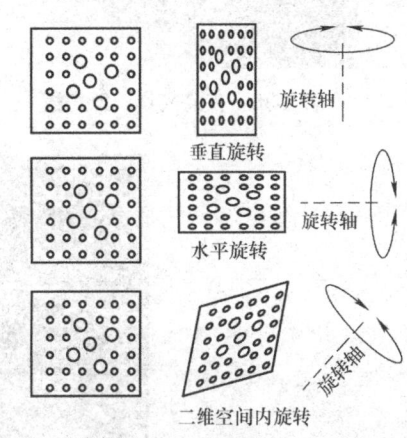

图 2-36 多点反光板随车轮转动时的运动图像

头的起始位置和终点位置图像,计算出每个车轮的转动轴线,直接计算出车轮前束角、车轮外倾角。

2)主销内倾角、主销后倾角的测量原理。左、右转动转向盘,反光板会随着车轮一起转动,CCD摄像机拍摄反光板随车轮滚动的空间运动图像,然后三维图像处理技术比较反光板的起始位置和终点位置图像,最后计算出主销内倾角、主销后倾角。

(3)3D图像式四轮定位仪的测量步骤

1)车轮前束角、车轮外倾角的测量步骤。按CCD四轮定位仪的方式进行汽车的准备,然后安装夹具、反光板,安装时要保证反光板的中心与每个车轮的中心处在同一轴线上,使反光板的接收面朝向信号发射源,确保在反光板和接收器之间无遮挡。然后用转向盘固定器固定转向盘,如图2-37所示,接着前后移动汽车20cm,等待显示结果。

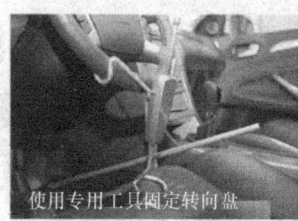

图2-37 固定转向盘

2)主销内倾角、主销后倾角的测量步骤。按CCD四轮定位仪的方式进行汽车的准备,然后安装夹具、反光板,如图2-38所示,然后用制动踏板固定器固定制动踏板,如图2-39所示,接着向左转动转向盘20°并回正,再向右转动转向盘20°,然后回正,最后显示结果,如图2-40所示。

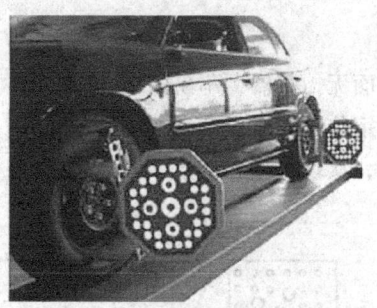

图2-38 安装夹具、反光板

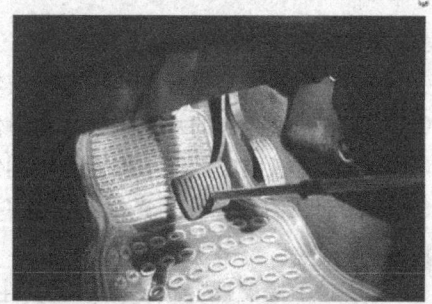

图2-39 固定制动踏板

图2-40 测量的结果

2.2 车轮平衡度检测

随着道路质量的提高和高速公路的普及，汽车行驶速度越来越高，所以对于汽车车轮平衡度的要求也越来越高。车轮高速旋转时，不平衡质量会引起车轮上下跳动和横向摆振，不仅影响汽车行驶的平顺性、乘坐舒适性和操纵性，还会影响行车安全。车轮的上下跳动和横向摆振还会加剧轮胎的磨损，缩短汽车使用寿命，增加运输成本。所以，车轮平衡问题越来越引起人们的重视，成为汽车检测项目之一，而且确保车轮平衡不仅是汽车技术发展的需要，在经济运输和安全可靠方面也是至关重要。

车轮不平衡的原因主要有：

1）前轮定位不当，特别是前束和主销倾角，不仅影响汽车的操纵性和行驶稳定性，而且会造成轮胎偏磨，这种胎冠的不均匀磨损与轮胎不平衡形成恶性循环。所以使用中出现车轮不平衡，也可能是车轮定位角失准的反应。

2）轮胎和轮辋、挡圈等因几何形状失准或密度不均匀而先天形成的质心偏离。

3）因为轮毂和轮辋定位误差使安装中心与旋转中心难以重合。

4）维修过程中拆装破坏了原有的整体综合重心。

5）轮辋直径过小，运行中轮胎相对于轮辋在圆周方向滑移，从而发生波状不均匀磨损。

6）车轮碰撞造成的变形引起的质心位移。

7）轮胎翻新中因为定位精度不高而造成新胎冠厚度不均匀使质心改变。

8）高速行驶中制动抱死引起的纵向和横向滑移，能够造成局部的不均匀磨损。

2.2.1 车轮不平衡的分析

车轮不平衡按照其性质分为车轮静不平衡与动不平衡。判断车轮是否处于静平衡时，我们可以支起车轴，调整好轮毂轴承松紧度，用手轻转动车轮，使其自然停转。车轮停转后在离地最近处作一标记，然后重复上述试验多次。若车轮经几次转动自然停转后，所做标记的位置各不一样，或强迫停转后，消除外力车轮也不再转动，则车轮为静平衡。静平衡的车轮，其旋转中心与车轮中心重合。

微课视频
车轮的不平衡分析

如果每次试验的标记都停在离地最近处，则车轮为静不平衡。静不平衡的车轮，其旋转中心与车轮中心不重合。处于静不平衡的车轮在旋转的时候，因为存在不平衡的质量，将会产生离心力，如图 2-41 所示。该离心力 F 可分解为一个水平分力 F_X 和一个垂直分力 F_Y。车轮每转一周，当不平衡的质点通过车轮旋转中心垂直线的 a、b 两点时，则 F_Y 达到最大值且方向相反，易引起车轮的上下跳动；而当不平衡的质点通过旋转中心水平线上 c、d 两点的时候，F_X 达到最大值且方向相反，这就容易引起车轮的前后窜动。对于转向轮，它将产生绕主销来回摆动的转矩，造成转向轮摆振。当左右转向轮的不平衡质量相互处于 180° 位置时，前轮摆振将最为严重，从而影响汽车行驶的操纵稳定性。

静平衡的车轮，若车轮的质量分布相对于车轮纵向中心面不对称的话，则会造成车轮的动不平衡。如图 2-42 所示，假设 a 点和 b 点上分别具有两个质点 m_1 和 m_2，其质量相等方向相反，车轮质心若与车轮旋转中心重合，则车轮处于静平衡状态。

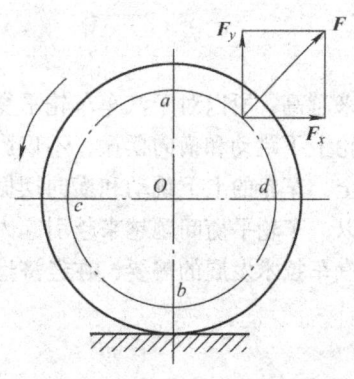
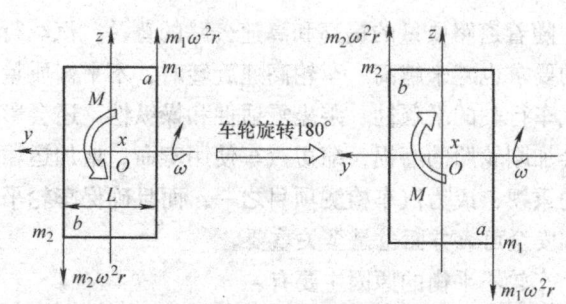

图 2-41　车轮静不平衡受力分析　　　　图 2-42　车轮动不平衡受力分析

当车轮旋转时，质点 m_1 和 m_2 将分别产生离心力，虽其离心力合力为零，但离心力作用于不同平面内，二力的合转矩却不为零。因此，在车轮旋转时，由于离心力作用而产生的方向反复变化的力矩 M，使车轮处于动不平衡中。动不平衡的前轮由于力矩 M 的作用将绕主销摆振，如图 2-43 所示。

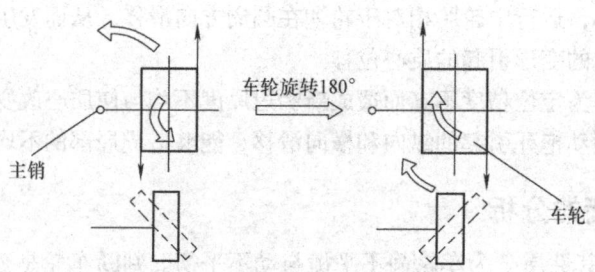

图 2-43　动不平衡引起转向摆动

车轮不平衡的检测方法按车轮不平衡的性质可分为静不平衡检测和动不平衡检测。由于动平衡的车轮肯定是静平衡的，而静平衡的车轮却不能保证动平衡，因此对于车轮平衡状况的检测，大多数是采用动不平衡检测方法。尤其是对于转向轮，只有当车轮外径和轮宽之比大于等于 5 时，才采用静不平衡检测方法。

车轮不平衡的检测方法按检测方式可分为离车式和就车式两种。离车式检测方法是将车轮从车上拆下安装到车轮平衡机上检测其平衡状况，其特点是影响因素少，检测精度高，易于平衡，但其拆装麻烦。而就车式检测方法是指在不拆卸车轮的情况下，直接在车上检测车轮的平衡状况。其特点是可以对车轮及其连接的旋转零件进行综合检测，它包括对制动鼓或制动盘的不平衡检测，同时就车式检测方法不需拆装车轮，可提高检测效率。本书将重点讲述离车式平衡机进行车轮平衡度检测的原理。

2.2.2　离车式车轮平衡机结构和检测原理

离车式车轮平衡机（如图 2-44 所示）既可以检测不平衡力，也可以测定不平衡力矩，车轮拆离车桥装于平衡机主轴上，一切结构和安装基准都已经确定，因此无须自标定过程。

微课视频
车轮平衡度的
检测 1

1. 离车式车轮平衡机结构

离车式平衡机的构造和电测系统都比较简单，平衡操作时，只要将被测车轮的轮辋直径和轮胎宽度及安装尺寸输入电测电路即可完成平衡作业，平衡机仪表就会自动显示轮胎两侧的不平衡质量及其相位。如图 2-45 所示。

图 2-44 离车式车轮平衡机

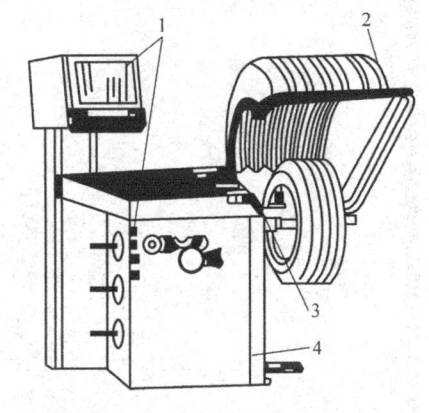

图 2-45 离车式车轮平衡机

1—显示与控制装置　2—车轮防护罩　3—转轴　4—机箱

（1）卧式平衡机

离车式平衡机的主轴为卧式布置称为卧式平衡机，卧式平衡机最大的优点是被测车轮装卸方便，机械结构和传感装置比较简单，造价较低廉，所以深受修理保养厂家的欢迎，同时也是制造厂家的首选机型。但是，因为车轮在悬臂较长的主轴上形成很大的静态力矩，会影响传感系统的初始设定状态，尤其是垂直传感器的预紧状态，长时间使用后，精度难以保证，零点漂移也较大，但是其平衡精度仍然能满足一般运营车辆的要求，其灵敏度能达到 10g。

卧式平衡机一般由驱动装置、转轴与支承装置、显示与控制装置、制动装置、机箱、车轮防护罩和测量卡钳、平衡块、车轮锁紧锥套等组成，如图 2-46 所示。驱动装置一般由电动机、传动机构等组成，可驱动转轴旋转。转轴由两个滚动轴承支承，每个轴承均有一能将动反力变为电信号的传感器。转轴的外端通过锥体和大螺距螺母等固装被测车轮。驱动装置、转轴与支承装置等均装在机箱内。车轮防护罩可防止车轮旋转时其上的平衡块或花纹内夹杂物飞出伤人。制动装置可使车轮停转。

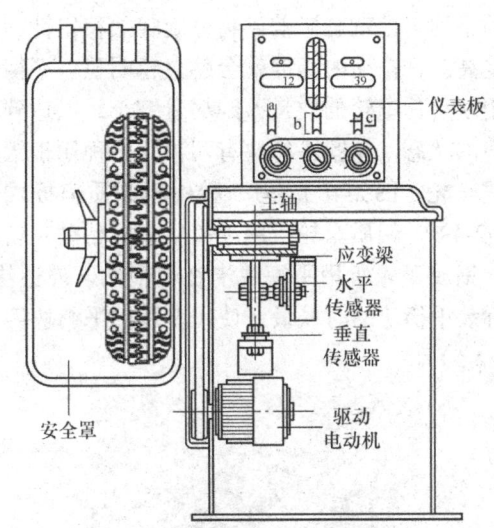

图 2-46 卧式车轮平衡机

显示仪（仪表板）上有多个功能按键及指示灯，负责面板操控与数据显示，如图2-47所示。

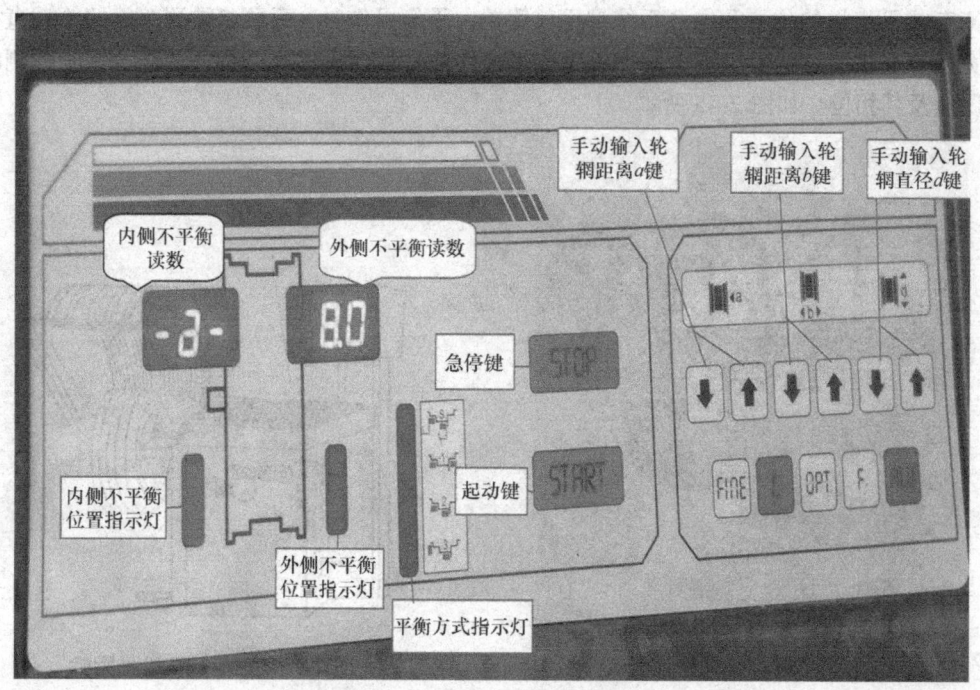

图2-47 卧式车轮平衡机显示仪

同一物体的不同部位也是存在质量差的，而当质量不够均匀的物体在转动的时候，由于质量的不均匀性就会影响到物体旋转的稳定性，当转速越高时，振动的幅度就会越大越明显。平衡块的作用就是让车轮的质量差距尽量缩小，以达到相对平衡的状态。轮胎平衡块有两种，一种用于铝质辐板式车轮（图2-48），另一种用于钢质辐板式车轮（图2-49）。铝质车轮所用平衡块直接粘贴到轮辋内侧。钢质车轮所用平衡块卡在轮辋内、外边缘处。在拆装平衡块的时候最好使用专用的平衡块拆装钳（图2-50）。

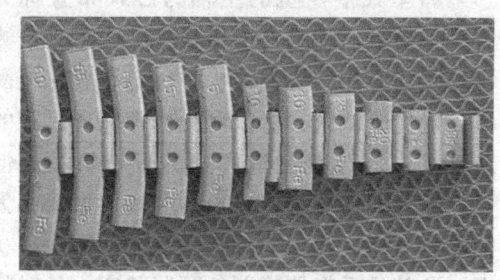

图2-48 铝质车用平衡块

图2-49 钢质车用平衡块

图2-50 平衡块拆装钳

为了方便用户，离车式平衡机都随机配备一个专用卡尺，如图 2-51 所示，以供用户测量轮辋直径 D 和轮胎宽度 B，因为轮胎宽度用直尺是难以测量的。为了适应不同计量制式和刻度，平衡机上的所有标尺一般都同时标有英制和公制刻度。

车轮在平衡机主轴上的定位至关重要，为了确保不同形式和不同规格的车轮的中心都能与主轴中心严格重合，所有离车式车轮平衡机均配有数个大小不等的定位锥体，如图 2-52 所示。

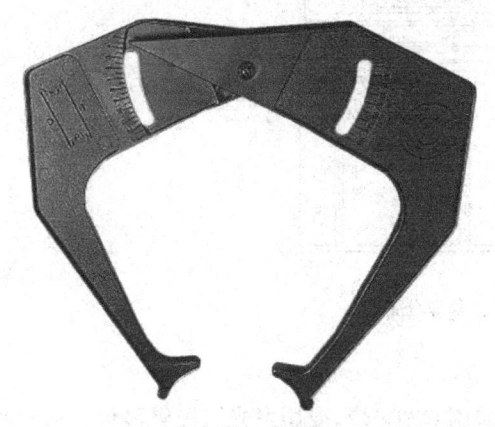

图 2-51 平衡机的专用卡尺

图 2-52 定位锥体

为了保护操作者，以防在工作时，车轮上的石子、平衡块等杂物飞出伤人。每次操作须放下轮罩（图 2-53），且放下轮罩，主轴即开始旋转。

其他附属配件还有快锁螺母，如图 2-54 所示，用于装夹锁紧车轮。

图 2-53 轮罩

图 2-54 快锁螺母

（2）立式平衡机

立式平衡机的主轴垂直布置，如图 2-55 所示。立式车轮平衡机虽然装卸车轮不如卧式车轮平衡机方便，但是车轮重量直压在主轴中心线上，不但不形成强大的力矩，垂直传感器受到的静载反而比车轮重量还小。应变件是一块与工作台面同大的方形应变板，水平传感器设计成左、右各一个，比卧式平衡机的单个水平传感器的力学结构要稳定得多。方形应变板上开有多个空槽以减小应变板的刚性，从而大大提高了传感系统的灵敏度。因此，立式平衡机的精度极高，灵敏度可达 3g，并且具有良好的重复性和稳定性。

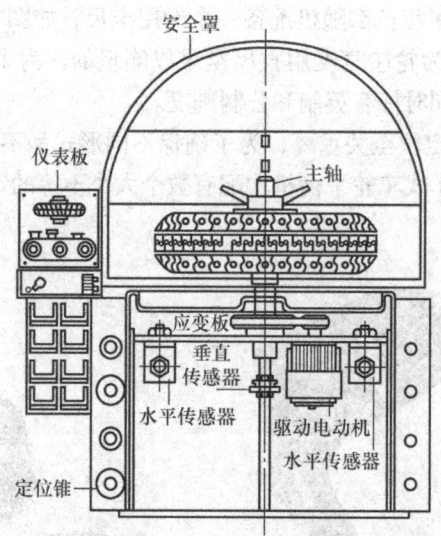

图 2-55 立式车轮平衡机

2. 离车式车轮平衡机的使用

离车式车轮平衡机的参数显示和操作系统因采用 CRT 显示或用发光二极管显示，其外形结构差异很大，但是基本操作的内容大同小异。

1）清除被测车轮上的泥土、石子和旧平衡块，如图 2-56、图 2-57 所示，拆掉的旧平衡块不可随便丢弃。

图 2-56 清除车轮上的石子

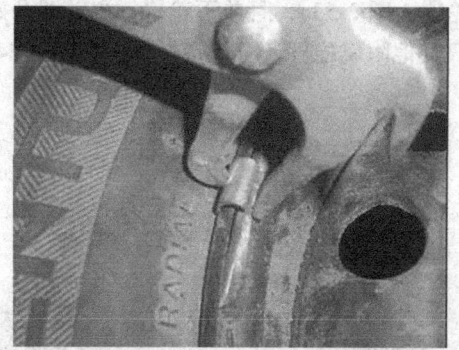

图 2-57 拆卸车轮上的旧平衡块

2）如图 2-58 所示，检查轮胎气压，若胎压过低，则将轮胎充气至规定值，注意在被测轮胎上找出允许的最大充气压力值。

3）如图 2-59、图 2-60 所示，根据轮辋中心孔的大小选择锥体，仔细地装上车轮，用大螺距螺母拧紧。用锥度盘和夹具将车轮固定住，固定后要保证车轮不左右摇晃，保证轮胎不偏心。

4）打开电源开关，检查指示与控制装置的面板是否指示正确。

图 2-58 检查轮胎气压

图 2-59　锥套套入主轴　　　　　图 2-60　车轮锁紧扳手锁紧

5）用卡尺测量轮胎宽度 b（图 2-61）、轮胎直径 d（图 2-62），用平衡机上的标尺测量轮辋边缘至机箱距离 a（图 2-63），用键入或选择器旋钮对准测量值的方法，将 a、b、d 直接输入指示与控制装置中。为了适应不同计量制式，平衡机上的所有标尺一般都同时标有英制和公制刻度。

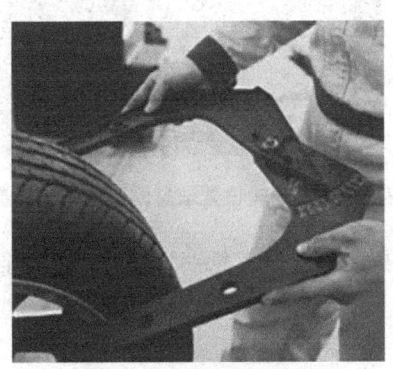 

图 2-61　测量轮胎宽度　　　　　图 2-62　测量轮胎直径

6）放下车轮防护罩，按下起动键，车轮旋转，平衡测试开始，微机自动采集数据。

7）车轮自动停转或听到"嘀"声，按下停止键并操纵制动装置使车轮停转后，从指示装置读取车轮内、外不平衡量和不平衡位置，如图 2-64 所示。

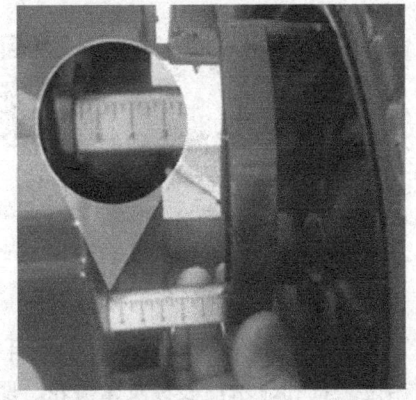 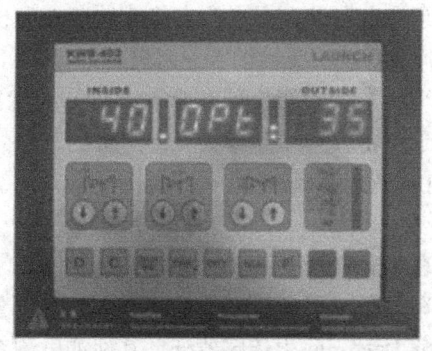

图 2-63　测量轮辋边缘距离机箱的距离　　图 2-64　车轮内、外不平衡量和不平衡位置信息显示

8）抬起车轮防护罩，用手慢慢转动车轮。当指示装置发出指示（音响、指示灯亮、制动、显示点阵或显示检测数据等）时停止转动。在轮辋的内侧或外侧的上部（时钟 12 点位置）加装指示装置显示的该侧平衡块质量。内、外侧要分别进行，平衡块装卡要牢固，如图 2-65 所示。

9）安装平衡块后有可能产生新的不平衡，应重新进行平衡试验，直至不平衡量 <5g，指示装置显示"00"或"OK"时才能满意。当不平衡量相差 10g 左右时，如能沿轮辋边缘左右移动平衡块一定角度，将可获得满意的效果。

10）轮胎两侧配重镶嵌完毕后，重新对轮胎进行动平衡测试，直到操作面板显示数据为"0"时，操作完成，如图 2-66 所示。

图 2-65　装卡平衡块

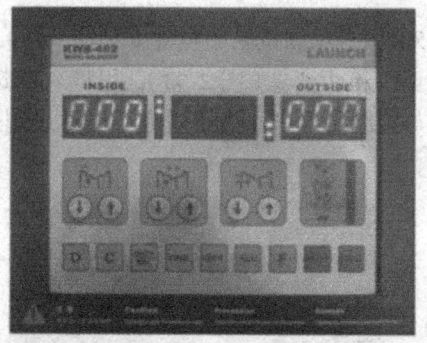

图 2-66　车轮位置信息调整后的显示数据

11）车轮即达到动平衡要求。轮胎动平衡操作完毕后，松开车轮锁紧扳手，拆除锥套，取下轮胎，切断电源，擦洗平衡机设备。

注意事项：

1）动平衡误差值一般在 5g 内。

2）避免主轴或平衡机本体强烈的振动。

3）避免重物敲击平衡机的任何部件。

2.2.3　就车式车轮平衡机结构和检测原理

利用就车式车轮平衡机（图 2-67）检测车轮平衡时，因为不平衡车轮是在其原车桥上振动，不平衡力传感器装在车桥支架内，同制动鼓和车轮紧固件甚至传动系统（驱动轴）一起进行平衡。

就车式车轮平衡机可在车轮不拆卸的状况下对它的平衡状态进行检测，更接近于车轮的实际工作状况，能检测车轮的不平衡度及车轮转动部分的好坏，但在车轮下安装就车式平衡机很不方便，测试时操作烦琐，且精度不易保证。

微课视频
车轮平衡度的
检测 2

1. 就车式车轮平衡机的结构

就车式车轮平衡机一般由驱动装置、测量装置、指示与控制装置、制动装置与小车组成，如图 2-68 所示，除力传感器外，其他如电测系统、观点相位装置和显示仪表板及摩擦轮、驱动电动机等，都安装在一个驱动小车内。

图 2-67 就车式车轮平衡机

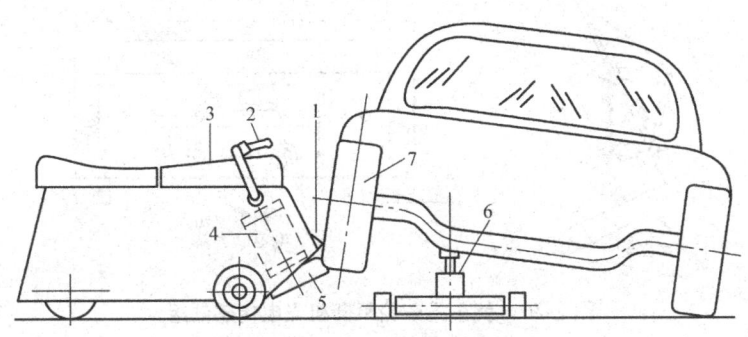

图 2-68 就车式车轮平衡机的结构

1—光电传感器　2—手柄　3—仪表板　4—驱动电动机　5—摩擦轮　6—车桥支架　7—被测车轮

（1）摩擦轮驱动系统

摩擦轮驱动系统由三相交流电动机、摩擦轮和正反转起停开关组成。车轮支离地面，摩擦轮紧贴车轮外侧胎面，带动车轮以 110km/h 的车速旋转。当被测车轮为驱动轮时，如果传动系统阻力较大，可能摩擦轮不能带动车轮转至规定转速，这时可用发动机直接驱动车轮。

（2）车桥支架

车桥支架是一个复杂的力传感器，它有两种形式，一种是供轻型小客车使用（图 2-68 中的 6 所示），另一种是为中型车设计，如图 2-69 所示。

车架高度可由顶杆 2 和销钉 3 来调整适应不同车型的要求，支架在车桥下就位，车桥压下后，小轮弹簧 4 即被压下缩入，底板 7 直接接触地面，来增加支架的承受能力，车体重量和不平衡振动力的主要部分由应变梁 9 通过支柱 8 和底板 7 传向地面，小部分力由传感器 6 感知，达不到不平衡力采样的目的。应变梁 9 不仅能够减小传感器受力来避免压损，而且更重要的

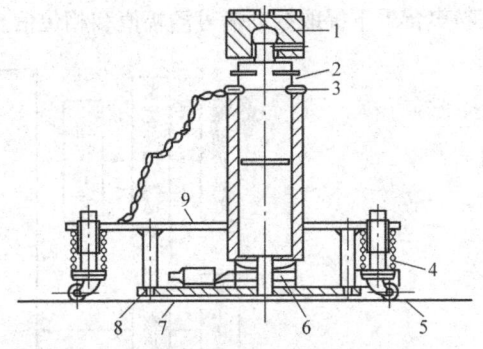

图 2-69 传感器支架

1—顶靴　2—顶杆　3—销钉　4—弹簧　5—脚轮
6—传感器　7—底板　8—支柱　9—应变梁

是应变梁必须正比地将不平衡力传递给传感器6。

所以，应变梁由应变线性良好的材料制成，使用中要严格避免锤击和加热，因为任何改变应变梁弹性模量的操作都将危及应变梁的线性特性，完全破坏电测系统软件所预设的标定系数。

传感器支架的安装位置随被测车型和操作人员的习惯及现场条件而定，完全随机。所以，就车平衡机电测系统的计算机软件必须具有自标定功能。这一功能是智能化的，它能根据事先预定的已知不平衡量值反算出支架支点与车轮的悬臂和轮毂直径等参数，这是就车平衡机的一大特点。

（3）光电相位装置

驱动小车前下部靠近被测轮胎处装有光电传感器组，包括一个指示灯4和两个光电二极管3，如图2-70所示。

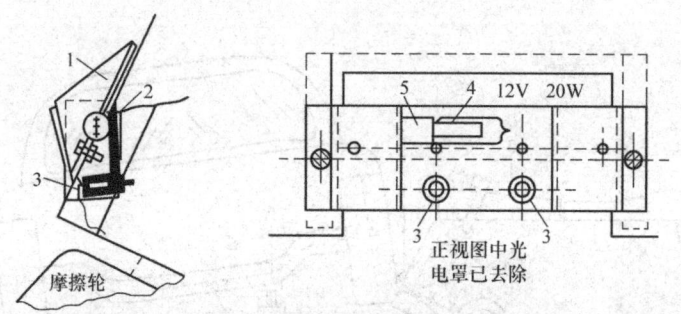

图2-70　就车式车轮平衡机光电传感器组

1—光电罩　2—光电线路板　3—光电二极管　4—指示灯　5—灯座

指示灯用来照射轮胎上的反光标志，为光电二极管提供相位信号来供计算机识别，计算机同时根据两个光电二极管接收反光信号的前后来判断车轮的旋转方向。

（4）测量系统

测量系统一般是以单片机为核心的检测系统，由信号处理电路、单片机接口电路、单片机及显示仪表板等组成，如图2-71所示。振动传感器含有不平衡量产生的振动、滚动轴承的噪声，假如摩擦轮未脱开被测车轮，摩擦轮施力引入干扰，所以与离车式车轮平衡机相同，除在硬件电路上对振动传感器的输出信号进行低通滤波和放大外，软件上应进行相关滤波技术实现从噪声背景下提取振动信号的幅值和相位信息。

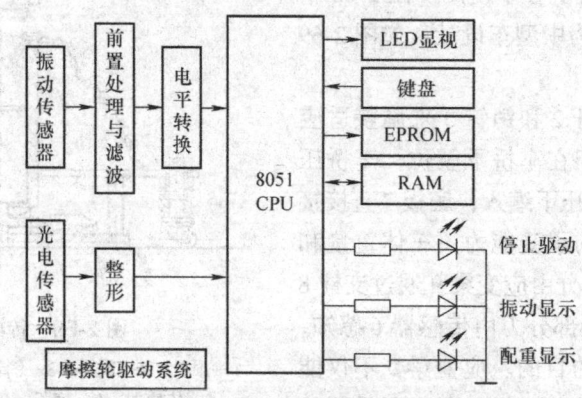

图2-71　就车式平衡机的测量系统

2. 就车式车轮平衡机的使用

被测车轮事先由举升器举离地面，并将车桥坐落于传感器支架上。

操作人员骑在小车上，推动手把，使摩擦轮紧压在被测车轮上，起动电动机带动摩擦轮拖动车轮以相当于 110km/h 的车速旋转，这时，车轮的不平衡质量产生的不平衡力随即被力传感器感知并转变成电量，这一电信号由电缆传入驱动小车内的电测系统予以计量和处理。

光电传感器拾取车轮的初相位信号和转速信号，经电测电路处理后得到不平衡质量的数值和相位值，通过显示面板的 4 和 5 两组数码管进行显示，如图 2-72 所示。

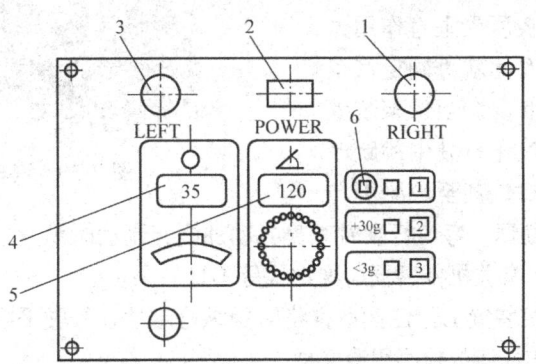

图 2-72 就车式车轮平衡机显示面板
1—右转按钮 2—电源开关 3—左转按钮 4—质量显示 5—相位显示 6—显示灯

测试前须在被测轮胎侧面任意处贴装白色反光标志，为使光电元件正常工作，胎侧距光电管不得超过 5cm，检测程序分 3 步。

1）待摩擦轮与轮胎压紧后按下右转按钮（左转按钮也行），同时按压第一次试验按钮，驱动车轮旋转，待转速上升到适当值时，即分离摩擦轮同时释放按钮，电路即记录与不平衡力及其相位有关的原始数据并存入 CPU，仪表板的质量显示数码管与相位显示数码管闪烁，显示这组未经标定的不平衡数值和相位。

2）在反光标志处加装计算机预设的标定质量块（小客车为 30g），按下第二次试验按钮，重复上述操作步骤（用加装的已知预设质量对平衡机振动系统参数计算）。当转速上升到预定值时，显示灯点亮，计算机将第一次试验测得的变量处理成常量显示于仪表板上。将此显示常量的质量加装在所显示的相位处，然后除去标定质量块。

3）按下电动机起动按钮，按压第三次试验按钮，进行剩余不平衡量检测（检测剩余不平衡量大小，以及是否满足有关法规要求）。如果达不到要求，可进行重复测试操作。假如仍达不到标准要求，可拆下轮胎用较高精度的离车式车轮平衡机进行平衡。

4）如果测试驱动桥车轮，可用发动机拖动车轮旋转，其他操作同上述步骤。对于平衡要求较高的车辆，为了消除阻尼造成的相位误差，平衡时可令车轮左右各转一次，取两次的平均值为最后测定值。

注意：所有平衡机都有最大不平衡量限值，严重失衡的车轮是不能上平衡机平衡的。

2.3 悬架装置检测

随着汽车设计、生产水平的提高和道路条件的改善，汽车的行驶速度已大大提高。在高速行驶状态下，汽车的操纵稳定性、行驶平顺性和安全性尤为重要，这些状态都与汽车的悬架装置（图 2-73）有着直接的联系。

汽车的悬架系统是由弹性元件、导向装置和减振器组成的振动系统，在制动惯性力作用下，其振动衰减具有一定的规律性。若悬架系统中三大部分中出现了性能不良，必然引起振动过程的改变，因此通过检测制动时各测试平板所受垂直作用力变化过程，进行分析、对比就可确定汽车悬架系统各装置的技术状况。当悬架装置工作不正常时，会出现汽车行驶中跳跃严重，车轮轮胎接地力减少，甚至轮胎不与

图 2-73 汽车悬架系统

地面接触，汽车转向盘发飘，弯道行驶时车身晃动加剧，制动时易发生跑偏或侧滑，轮胎磨损异常，乘坐舒适性降低，有关机件磨损速度加快等不良后果。

由上可知，汽车悬架装置工作性能不良将对操纵稳定性、行驶平顺性和安全性产生不良影响。所以，悬架装置工作性能的检测很有必要。

2.3.1 悬架性能的检测方法

汽车悬架装置工作性能的检测方法主要有人工外观检视、按压车体法和试验台检测法三种类型。

1. 人工外观检视

一般来说，悬架弹簧不易损坏，而且一旦出现故障，也容易察觉。当车身高度过低或一边有明显偏斜，就应该检查悬架弹簧，如图 2-74 所示。主要从外部检查悬架装置的弹簧是否有裂纹，弹簧和导向装置的连接螺栓是否松动，减振器是否漏油、缺油和损坏等项目。如果发现螺旋弹簧有裂纹和变形，钢板弹簧有断裂缺损，都应该及时更换。如果测量螺旋弹簧自由长度比标准长度减少了 5% 以上，就表明弹簧已经产生永久变形，必须更换。

图 2-74 检查汽车悬架弹簧

悬架的减振器是易损部件，如图 2-75 所示。使用过程中会逐渐磨损以至于完全损坏，一般比汽车整体的使用寿命要短得多。其中，主要的故障现象是严重磨损和漏油所导致的减振效能降低。如果紧急加速或紧急制动时发现车头俯仰增大、振动衰减缓慢，应该检查减振器。方法是：拆下减振器将其直立，把下端连接环夹在台虎钳上，用力拉压减振器杆，检查上下阻力。正常时应该是压缩时的阻力小而拉伸时阻力大，如果发现阻力过大或过小，均应该修复或更换。

人工检查的项目还应该包括检查支座橡胶弹簧是否老化失效、导向机构连接螺栓是否松动等。

2. 按压车体法

按压车体法是比较传统的就车检查方法，如图 2-76 所示。维修人员用力压下车身，然后突然松开，观察车身的上下运动。如果车身有 2~3 次的跳动，说明减振器工作良好；如果车身上下振动不止，就应该仔细检查减振器进行必要更换。

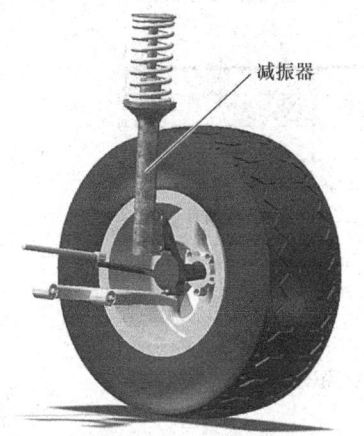
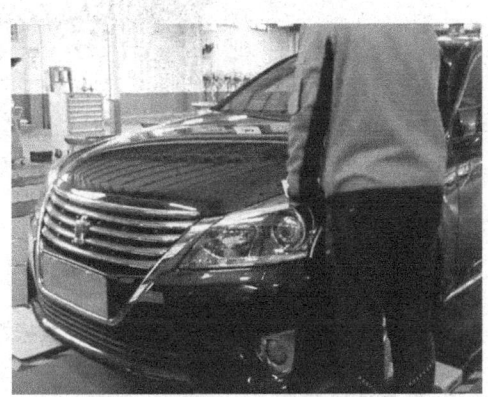

图 2-75　减振器　　　　　　　　　　图 2-76　按压车体法

3. 试验台检测法

悬架性能的试验台检测法是根据测量原理的不同，目前主要有共振法和制动法两种，使用的设备分别是共振式试验台和跌落式试验台。共振式试验台根据检测参数的不同，又可分为测力式和测位移式两种，如图 2-77 所示。

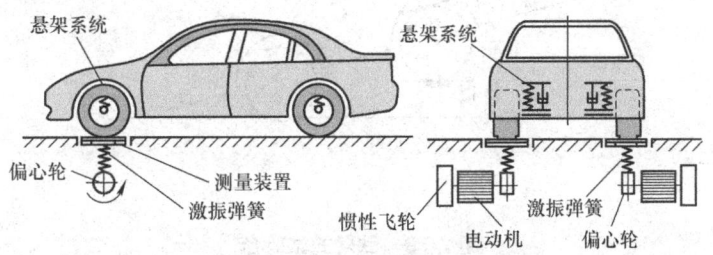

图 2-77　共振式试验台检测示意图

通过试验台的电动机、偏心轮、惯性飞轮和弹簧组成的激振器，迫使试验台台面及其上被检汽车悬架装置产生振动。在开机数秒后断开电动机电源，从而由惯性飞轮产生扫频激振。由于电动机的频率比车轮固有频率高，因此惯性飞轮逐渐降速的扫频激振过程总可以扫到车轮固有振动频率处，从而使台面与汽车系统产生共振。通过检测激振后振动衰减过程中力或位移的振动曲线，求出频率和衰减特性，便可判断悬架装置减振器的工作性能。

检测时，将轮胎规格、气压符合规定值的车辆驶上支承平台（车辆空载，包括驾驶人在内不乘坐任何人），启动测试程序，驱动电动机带动偏心结构使整个汽车与台面系统振动。激振数秒，达到角频率为 w_0 的稳定强迫振动后，断开驱动电动机电源，接着由惯性飞轮以起始频率在 w_0 和 0 之间，所以惯性飞轮的扫频激振总能使汽车与台面系统产生谐振。断开驱动电动机电源的同时，启动采样测试装置，记录数据和波形，然后进行分析、处理和评价，如图 2-78 所示。

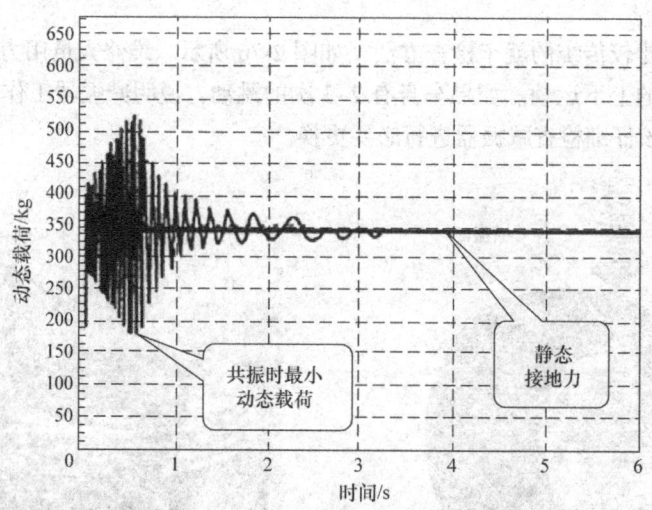

图 2-78 共振式悬架试验台测试曲线

4. 跌落式试验台

如图 2-79 所示,测试时,先通过举升装置将汽车升起一定高度,然后突然松开支承机构或撤去垫块,车辆落下时产生自由振动,然后用测量装置测量车体振幅或用压力传感器测量车体对台面的冲击压力,对振幅或压力分析处理后,评价汽车悬架装置的工作性能。

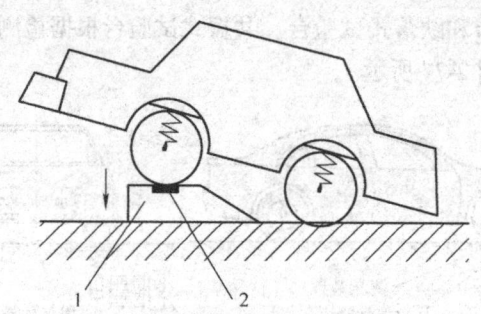

图 2-79 跌落式试验台
1—垫块 2—测量装置

2.3.2 共振式试验台结构和检测原理

自 20 世纪 80 年代以来,悬架装置试验台已被广泛应用在检测汽车悬架装置工作性能上。欧洲使用的悬架装置试验台主要的生产厂家有德国的 HOF-MANN 公司和意大利的 CEMB 公司等。它们生产的悬架试验台在检测中,悬架试验台台板连同其上的被检汽车按正弦规律作垂直振动,激振振幅固定而频率变化。力传感器感应到车轮作用到台板上的垂直作用力,并将力信号存入存储器。当对全车所有车轮悬架装置检测完后,微机将力信号进行分析和处理,便可获得车轮的接地性指数。欧洲减振器制造协会(EUSAMA)推荐的评价车轮接地性指数的参考标准见表 2-2,可供我国检测悬架装置工作性能时参考。

微课视频
汽车悬架的检测

表 2-2 车轮的接地性指数

车轮接地性指数 (%)	车轮接地状态	车轮接地性指数 (%)	车轮接地状态
60~100	优	20~30	差
45~60	良	1~20	很差
30~45	一般	0	车轮与路面脱离

1. 共振式试验台结构

共振式试验台一般由机械部分和电子电器控制部分组成。共振式试验台的机械部分,是由箱体和左右两套相同的振动系统组成,如图 2-80 所示。由于一套振动系统左右对称,所以另一侧省略。每套振动系统由上摆臂、中摆臂、下摆臂、支承台面、激振弹簧、驱动电动机、惯性飞轮、偏心惯性机构和传感器等构成。传感器一端固定在箱体上,另一端固定在台面上。

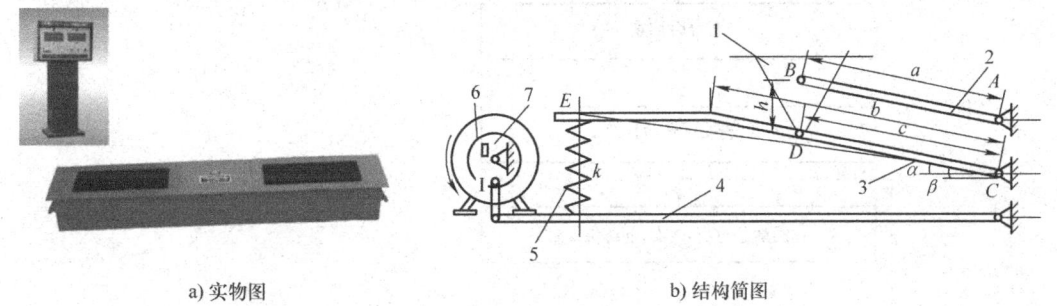

a) 实物图   b) 结构简图

图 2-80 共振式试验台

1—支承台面 2—上摆臂 3—中摆臂 4—下摆臂 5—激振弹簧 6—驱动电动机 7—偏心惯性结构

(1) 机械部分

上摆臂、中摆臂和下摆臂通过三个摆臂轴和六个轴承安装在箱体上。上摆臂和中摆臂与支承台面连接,并构成平行四边形的四连杆机构,以保证上下运动时能平行移动及台面受载时始终保持水平。中摆臂和下摆臂之间装有弹簧。

驱动电动机的一端装有惯性飞轮,另一端装有凸缘,凸缘上有偏心轴,连接杆一端通过轴承和偏心轴连接,另一端和下摆臂端部连接。

(2) 电子电器控制部分

共振式试验台电子电器控制部分,主要由计算机、传感器、A/D 转换器、电磁继电器及控制软件等组成。通过传感器测量汽车的振动参数(振动幅值、振动频率、相位差),将采集的数据通过信号放大、低通滤波等前期处理后输入计算机,进行信号处理和分析。控制软件是悬架试验台电子电器控制部分与机械部分联系的桥梁。软件不仅实现对试验台测试过程的控制,同时也对悬架试验台所采集的数据进行分析和处理。分析系统接到采样信号后,对采样信号进行快速傅里叶变换,得到汽车在衰减振动过程中不同频率时振幅等参数,并最终将检测结果显示并打印出来。控制软件流程如图 2-81 所示。

2. 共振式试验台的测量步骤

(1) 准备工作

1) 将待检车辆停放在维修区域,车辆轮胎气压应符合各自的规定值(出厂标准),检查并清除轮胎上的油污、水渍和嵌入的石子、杂物等。

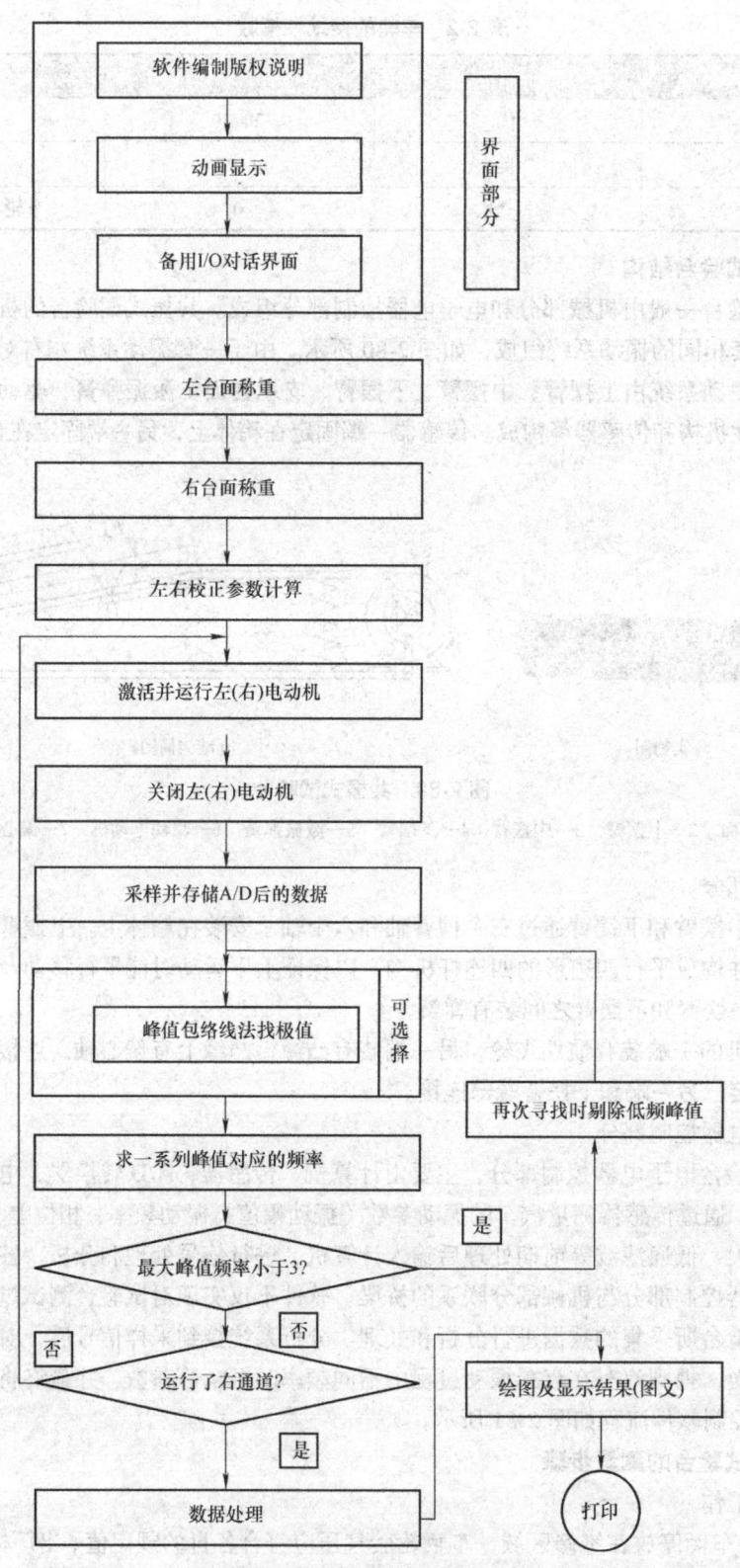

图 2-81 控制软件流程图

2）检查试验台工作是否正常、安全机构工作是否正常。

3）检查试验台及周围场地有无机油、石子、泥污等杂物，并清除干净。

4）车辆空载，不搭乘人员。

（2）检测工作过程

1）合上总电源开关。

2）按下电气控制柜上的按钮，接通检测台控制系统电源。

3）预热 10min，打开控制计算机和打印机电源，若计算机显示屏出现检测程序画面，则表示系统已进入测试状态。

4）汽车轮胎规格、气压应符合规定值，车辆空载，不乘人(含驾驶人)。

5）如图 2-82 所示，将被测车辆居中停放在试验台上，切勿倾斜和偏移，关闭发动机，松开驻车制动器手柄，另外变速杆需要放在空档位置。

6）根据计算机界面提示输入相关的汽车资料。

7）试验台先检测出前轴左右轮的轴重，如图 2-83 所示。

图 2-82　测试前轴左右轮

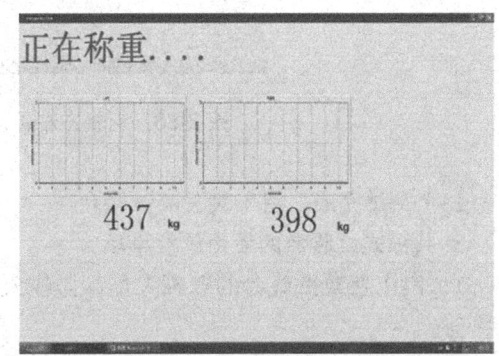

图 2-83　前轴左右轮的轴重信息显示

8）起动试验台，使激振器迫使汽车悬架产生振动，振动频率逐步增加至超过共振频率。

9）在共振点过后，将激振源关断，振动频率减少，并将通过共振点。

10）如图 2-84 所示，记录衰减振动曲线，纵坐标为动态轮荷，横坐标为时间，测量共振时的动态轮荷，计算并显示动态轮荷与静态轮荷的百分比及其同轴左右轮这个百分比的差值。

11）将车辆后轮驶入试验台，如图 2-85 所示，检测后轴左右轮的轴重。

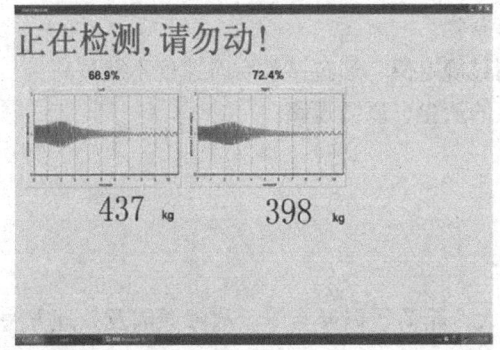

图 2-84　前轴左右轮衰减振动曲线测试信息显示

图 2-85　测试后轴左右轮

12）与前轴测量类似，起动试验台，使激振器迫使汽车悬架产生振动，振动频率逐步增加至超过共振频率，在共振点过后，将激振源关断，振动频率减少，并将通过共振点，记录衰减振动曲线，如图2-86所示，纵坐标为动态轮荷，横坐标为时间，测量共振时的动态轮荷，计算并显示动态轮荷与静态轮荷的百分比及其同轴左右轮百分比的差值。

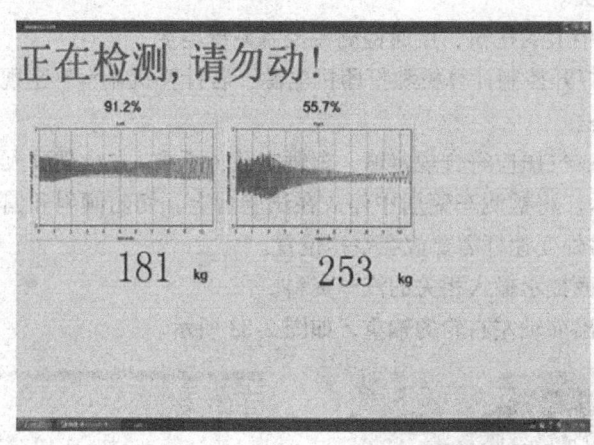

图2-86　后轴左右轮衰减振动曲线测试信息显示

13）测试完成，将车辆驶离试验台。

3. 共振式试验台的使用注意事项

1）汽车悬架试验台的管理人员、操作人员、引车员、维修人员必须通过上岗培训并取得合格证。

2）使用汽车悬架试验台进行测试时，操作人员和引车员必须按试验台软件界面和点阵屏提示进行操作。

3）开机前必须按使用说明书的要求对悬架试验台与被测车辆做好准备工作，运行程序时必须按使用说明书来进行。

4）操作人员在测试过程中应注意有无异常现象，如异响、异常振动等。

4. 共振式试验台的维护

1）设备不应受潮和强烈阳光的直射，应保持各部分的清洁。

2）不可把水弄到试验台内，特别是控制装置内。

3）使用前清除设备盖板上的油、水、泥沙等杂物。

4）被检车辆一般应为空载，最大载荷不得超过规定值，通过试验台时速度不能过高。

5）每周检查机柜内的接线，清理各线路板上的灰尘，以防短路。

6）每月检查一次承载板螺栓是否有松动。

7）每半年给机体内各轴承加注一次润滑油。

8）每半年检查一次传感器是否松动。

5. 共振式悬架装置常见故障分析与排除

共振式悬架装置常见故障一般为工作噪声过大、轮荷数据异常等。故障原因及处理方法如表2-3所示。

表 2-3 共振式悬架装置常见故障分析表

故障现象	故障原因	处理方法
悬架检测台工作噪声大	振动板面螺钉松动	检查、拧紧
	传感器固定螺钉松动	检查、拧紧
	联轴器胶圈损坏	更换
悬架检测台轮荷数据异常	传感器固定螺钉松动	检查、拧紧
	传感器损坏	检查、更换
	四个传感器不在同一平面	调整传感器水平

2.4 汽车动力性检测

汽车是一种高效率的交通工具,其运输效率的高低在很大程度上取决于汽车的动力性能。

2.4.1 汽车动力性评价指标

动力性是汽车各种性能中最基本、最重要的性能。汽车的动力性又被称为汽车的牵引性,是汽车克服行驶阻力的能力。汽车驾驶人都希望汽车具有良好的动力性,以便能多拉快跑,提高运输效率和能力,同时也可减少交通阻塞,保证道路畅通。在运行条件(地理、道路、气候条件及运输组织条件等)一定时,汽车的平均运行技术速度主要取决于汽车的动力性,显然汽车动力性越好,汽车运行的平均技术速度就越高,汽车运行效率也就越高。

在汽车工程界,汽车具有什么样的动力性算好、如何评定,观点不同,评价的依据也就不同,目前尚无统一公认的评价指标,更无标准。汽车工程界基于具有最高的平均行驶技术速度的观点,以汽车的最高行驶速度、加速时间和最大爬坡度为量标,评定、比较汽车动力性的优劣。

对于新车的动力性,人们基本上认同这三个指标。对于在用汽车动力性的评价量标就各不一样了。在用汽车固有动力性在使用过程不是恒定不变的,是随着运行过程中部件、零件的磨损、老化等逐渐衰退变差,直至跑不动,丧失工作能力。这样的动力性衰退便是汽车技术状况变差的征兆。汽车运行过程、零部件磨损、老化等的进程受运行环境条件的影响有快有慢,即便是运行环境条件相同、累计行程一样的同型汽车,由于使用水平的差异,其零部件磨损、老化的进程也不一样,汽车动力性衰退变差的进程也因此千差万别。而比较汽车在使用过程的动力性与固有动力性,即可判别在用汽车的技术状况。

1. 最高车速

最高车速是指在风速不大于 3m/s 的条件下,汽车在干燥、清洁、平坦的混凝土或沥青路面上能够达到的最高稳定行驶速度。

这里要特别指出,通常发动机的最大功率越大,汽车的最高车速就越高。汽车最高车速是汽车能够连续稳定行驶时的最高车速,而不是瞬时达到的最高车速。

一般情况下，一般的轿车最高车速为 200~260 km/h；客车最高车速为 90~130 km/h；货车的最高车速为 80~110 km/h。美国一家公司制造的音速之风陆地极速车，简称为"LSRV"，如图 2-87 所示。该车在理论上其发动机将产生约 60000lbf（267kN）的推进力，最高车速可达 1400~2000mile/h（约 2253~3218km/h）。

2. 加速能力

加速能力是指汽车在行驶中迅速增加行驶速度的能力，通常用加速时间和加速距离来表示，它对汽车平均行驶速度影响很大。

图 2-87　LSRV

（1）加速时间

加速时间是指汽车以厂定最大质量状态，在风速不大于 3m/s 的条件下，在干燥、清洁、水平的混凝土或沥青路面上，由原地或某一低速加速到最高车速的 80% 所需的时间，单位为 s。加速时间分为原地起步加速时间和超车加速时间。

1）原地起步加速时间。原地起步加速时间亦称起步换档加速时间，是指用规定的低档起步，以最大的加速度（包括选择适当的换档时机）逐步换到最高档后，加速到某一规定的车速所需的时间，其规定车速各国不同，对轿车常用 0—80 km/h、0—100 km/h，或用规定的低档起步，以最大加速度逐步换到最高档后，达到一定距离所需的时间，其规定距离一般为 0—400m、0—800m、0—1000m。在我国轿车的技术指标中，一般给出的是 0—100 km/h 的加速性能。起步加速时间越短，动力性能越好。如图 2-88 所示的布加迪威航，该车装配 W16 型 8.0L 四涡轮增压发动机，0—100 km/h 的加速时间仅需 2.9 s。

2）超车加速时间。超车加速时间亦称直接档加速时间，是指用最高档或次高档，由某一预定车速开始，全力加速到某一高速所需的时间。超车加速时间越短，其高档加速性能越好。

图 2-88　布加迪威航

（2）加速距离

加速距离分为原地起步加速距离和超车加速距离。

1）原地起步加速距离。汽车由 1 档或 2 档起步，以最大的加速强度，选择恰当的换档时间，逐步换档至最高档位，达到预定车速所经过的路程。可用汽车从静止状态加速行驶至 100km/h 速度所经过的路程表示汽车原地起步的加速能力。

2）超车加速距离。用最高档或次高档由预定的车速，以最大的加速强度，加速到某规定车速所经过的路程。超车加速能力通常采用以最高档或次高档从 30km/h 或 40km/h 的速度全力加速至某预定高速所需的距离。

为了使汽车安全地从有坡度的匝道驶入高速公路，也有以汽车在规定坡道上达到规定车速所经过的加速时间来表示汽车的加速性能。

3. 最大爬坡度

最大爬坡度是指汽车满载时，以 1 档在良好的混凝土或沥青路面的坡道上所能爬上的最大坡度（由于受道路坡道条件的限制，汽车综合性能检测站通常不做汽车爬坡测试）。

汽车的最大爬坡度表征汽车的爬坡能力。爬坡度可通过爬坡角度和百分比坡度表示。两者之间的关系如下：

$$i_{max} = \tan\theta$$

式中，i_{max} 指百分比坡度；θ 指坡度角度值。

最大爬坡度是载货汽车和越野汽车的一个非常重要的指标。载货汽车经常在各种不同的道路上行驶，必须具有足够的爬坡能力。越野汽车行驶道路的路况多样，时常需要克服松软坡道路面的较大阻力以及凹凸不平路面的局部较大阻力。要求载货汽车的最大爬坡度在 30%（16°）左右，越野汽车的最大爬坡度一般不得小于 60%（30°）。

4. 发动机最大输出功率

发动机最大输出功率是指发动机在全负荷状态下，仅带维持运转所必需的附件时所输出的功率，又称总功率。此时被测试发动机一般不带空气滤清器、冷却风扇等附件。新出厂发动机的最大输出功率一般是指发动机的额定功率。额定功率是制造厂根据发动机具体用途，发动机在全负荷状态和规定的额定转速下所达到的总功率。在国外有些厂家所谓的额定功率是指发动机在额定转速下输出的净功率，常在额定功率后注有"净"字，以示区别。净功率是指在全负荷状态下，发动机带全套附件时所输出的功率。汽车发动机最大输出功率是汽车动力性的基本参数。汽车在使用一定时期后，技术状况发生变化，发动机的最大输出功率变小，所以用其变小的差值评价发动机技术状况下降的程度。

5. 底盘输出最大驱动功率

底盘输出最大驱动功率是指汽车在使用直接档行驶时，驱动轮输出的最大驱动功率（相应的车速在发动机额定转速附近）。

底盘输出最大驱动功率一般简称底盘输出最大功率，是实际克服行驶阻力的最大能力，是汽车动力性评价的一项重要指标。汽车在使用过程中，发动机本身、发动机附件及传动系的技术状况都会下降，其底盘输出的最大功率将因此减小。

2.4.2　影响汽车动力性的因素

在汽车的使用过程中，为提高汽车的运行效率，动力性是非常重要的一个方面。为了提高汽车的动力性，使汽车具有合理的动力性参数，必须对影响汽车动力性的各种因素进行分析。而实际工程中，我们一般从汽车自身结构和使用环境两方面进行考量。

1. 结构性因素

（1）发动机功率和转矩的影响

一般来说发动机的最大功率、最大转矩及外特性曲线的形状对汽车的动力性影响最大。在附着条件允许的前提下，发动机功率和转矩越大，汽车的动力性就越好。但是过多偏重增加发动机功率，以期达到提升汽车动力性也是不合理的。

一方面发动机功率过大，会导致发动机尺寸、质量、制造成本增加和常用工况下发动机负荷率太低，不利于降低汽车的整车质量、整车成本和提高汽车的燃油经济性。另一方面，从前面分析汽车行驶的驱动、附着条件可知，汽车驱动力的提高受到道路附着条件的制约，不能无限制地增大，所以过分地增大发动机功率和转矩对汽车的动力性是无益的。

这里要特别指出一个名词，比功率。比功率（单位：kW/t）是衡量汽车动力性能的一个综合指标，具体是指汽车发动机最大功率与汽车总质量之比。一般来讲，对同类型汽车而言，比功率越大，汽车的动力性越好。

（2）主减速器传动比的影响

传动系总传动比是传动系各部件传动比的乘积。传动比的选择应使发动机发出最大功率时车速小于等于汽车最高车速。货车的传动比稍大，最高车速虽稍有下降，但后备功率增加较多，有利于加速和上坡。赛车的传动比正好使最大功率车速与最高车速相等。

为了保证汽车在最小传动比档位上具备的上坡、加速能力，传动比的选择应使汽车在最高档上有足够大的最大动力因数，以保证汽车以最高档行驶于普通路面。

传动系最小传动比的选择还应考虑对燃油经济性的影响。

（3）变速器传动比的影响

变速器1档传动比对汽车动力性的影响最大。对普通汽车来说，变速器1档传动比与主减速器传动比的乘积，决定了传动系的最大传动比。若1档传动比增大，则1档最大动力因数增大，它应能保证汽车的最大爬坡度。

1档最大动力因数应在附着条件的限制以内，这样汽车的动性才能充分发挥。1档传动比还要保证汽车的最低稳定车速。特别是越野汽车，1档传动比应保证汽车能在极低速下稳定行驶，以免松软地面的土壤受到冲击破坏而使附着力减小。

另外，变速器档位数增加时，发动机在接近最大功率工况下工作的机会增加，发动机的平均功率利用率增大。

（4）空气阻力与轮胎的影响

空气阻力在汽车低速时，对汽车动力性影响较小；汽车高速行驶时，空气阻力在汽车行驶阻力中占很大比重，对汽车动力性影响较大。改善汽车流线形，减小空气阻力，对高速行驶的汽车十分有益。

目前在良好水平路面上行驶的汽车，轮胎半径有减小的趋势。汽车在良好水平路面上行驶时，附着力较大，允许用小直径的轮胎，这样可以得到较大的驱动力。车速的提高可以用减小主减速器传动比的方法来解决。轮胎尺寸和主减速器传动比的减小，使汽车质心高度降低，提高了汽车行驶的稳定性，有利于汽车的高速行驶。在松软路面上行驶的汽车，车速不高，要求轮胎半径大些，主要是为了增大附着系数。

2. 使用环境性因素

1）发动机技术状况。发动机技术状况不良，则其功率、转矩下降，汽车动力性下降。

2）汽车底盘技术状况。汽车传动系各传动元件的松紧与润滑、前轮定位的调整、轮胎气压、制动性能的好坏、离合器的调整、传动系润滑油的质量等都直接影响汽车的动力性。

3）驾驶技术。熟练地驾驶，适时和迅速地换档及正确选择档位等，对发挥和利用汽车动力性有很大影响。

4）汽车行驶条件。长时在高温条件下工作，发动机过热，功率下降，致使汽车动力性下降。高原地区行驶，由于充气量与压缩压力下降，功率下降，也导致汽车动力性下降。坏路或土路上行驶，不仅滚动阻力增加，更主要的是附着系数减小，使汽车动力性大大下降。

5）汽车质量的影响。除空气阻力外，其他行驶阻力都与汽车质量成正比。动力因数与汽车质量成反比。汽车质量增加，动力性变差，行驶的平均速度下降。减轻质量，可以减小汽车行驶时的阻力，使汽车动力性得到改善。

2.4.3 汽车动力性的台架检测

汽车动力性室内台架试验的方式，主要是用无外载测功仪检测发动机功率，底盘测功机（图 2-89）检测汽车的最大输出功率、最高车速和加速能力。室内台架试验不受气候、驾驶技术等客观条件的影响，只受测试仪本身测试精度的影响，测试条件易于控制，所以汽车检测站广泛采用汽车动力性室内台架试验方式。为了取得精确的测量结果，底盘测功机的生产厂家，应在说明书中给出该型底盘测功机在测试过程中本身随转速变化机械摩擦所消耗的功率，对风冷式测功机还需给出冷却风扇随转速变化所消耗的功率。另外，由于底盘测功机的结构不同，对汽车在滚筒上模拟道路行驶时的滚动阻力也不同，在说明书中还应给出不同尺寸的车轮在不同转速下的滚动阻力系数值。

微课视频
汽车动力性的检测

1. 底盘测功机的结构及工作原理

（1）底盘测功机的结构

底盘测功机是一种不解体检验汽车性能的检测设备，它是通过汽车在室内台架上模拟道路行驶工况的方法来检测汽车的动力性，而且还可以测量多工况排放指标及油耗，同时能方便地进行汽车的加载调试和诊断汽车在负载条件下出现的故障等。如图 2-90 所示，底盘测功机一般由滚筒装置、功率吸收装置、测量装置、辅助装置等组成。

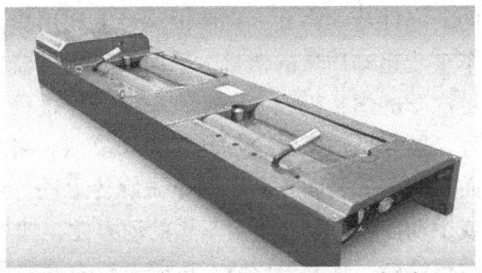

图 2-89 底盘测功机

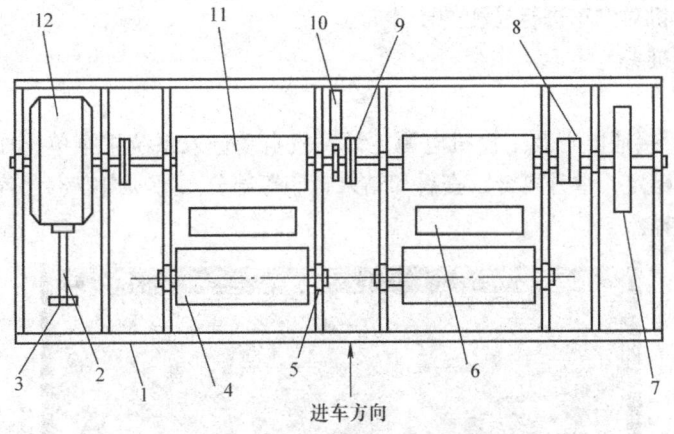

图 2-90 底盘测功机的结构

1—机架 2—测力杠杆 3—压力传感器 4—副滚筒 5—轴承座 6—举升装置 7—飞轮 8—离合器
9—联轴器 10—速度传感器 11—主滚筒 12—测功机

1）滚筒装置。滚筒转动用来模拟连续移动的路面，被测汽车的车轮在其上滚动。滚筒表面可以是光滚筒、带槽滚筒、滚花滚筒、带涂敷层滚筒等，可结合使用情况适当选择，尽量使滚筒的附着力接近于道路的实际情况,其中光滑滚筒是目前应用最多的一种形式。

2)功率吸收装置。功率吸收装置用来模拟汽车运行中所受的空气阻力、非驱动轮的滚动阻力及爬坡阻力等。在汽车检测线上所用的底盘测功机功率吸收装置的类型有:电涡流式、水力式和电力式。由于一般水力式功率吸收装置的可控性较电涡流式差,而电力式测功机的成本较高,电涡流式加载装置可控性好、结构简单、体积小、重量轻、便于安装,因而国内所生产的汽车底盘测功机大多数采用电涡流式功率吸收装置。

3)测量装置。测量装置包括测速装置、测力装置、测距装置和功率指示装置。对于测速装置,在进行测功、加速、滑行、燃油消耗等试验时,都需要准确地测量车速。对于测力装置,主要是测出驱动车轮产生的驱动力。对于测距装置,主要是测量单位时间内汽车行驶距离。在进行加速距离、滑行距离、燃油经济性检测时,需要测距装置。

4)辅助装置。辅助装置包括举升器、电磁离合器、大小飞轮、挡轮、电动机、联轴器、引导系统等。

(2)底盘测功机的工作原理

汽车在道路上运行过程中存在着运动惯性、行驶阻力,要在试验台上模拟汽车道路运行工况,首先要解决模拟汽车整车的运动惯性和行驶阻力问题,这样才能用台架测试汽车运行状况的动态性能。为此,在该试验台上利用惯性飞轮的转动惯量来模拟汽车旋转体的转动惯量及汽车直线运动质量的惯量,采用电磁离合器自动或手动切换飞轮的组合,在允许的误差范围内满足汽车的惯量模拟。至于汽车在运行过程中所受的空气阻力、非驱动轮的滚动阻力及爬坡阻力等,则采用功率吸收加载装置来模拟。路面模拟是通过滚筒来实现的,即以滚筒的表面取代路面,滚筒的表面相对于汽车做旋转运动。通过控制系统可对加载装置及惯性模拟系统进行自动或手动控制,以实现对车辆的动力性,如加速性能、汽车底盘输出功率、底盘输出最大驱动力、滑行性能、车速表校验、里程表校验等项目的检测。

2. 运用底盘测功机对汽车进行检测的步骤

运用底盘测功机对汽车进行检测的步骤有:

(1)测试操作准备

1)设备准备。

① 起动系统。接通电气及工控机电源,计算机自动进入系统主菜单,如图2-91所示,包括系统录入、系统标定、举升离合、查看和结果打印等部分。每项内容包含若干下拉式子菜单,可根据需要进行选择。

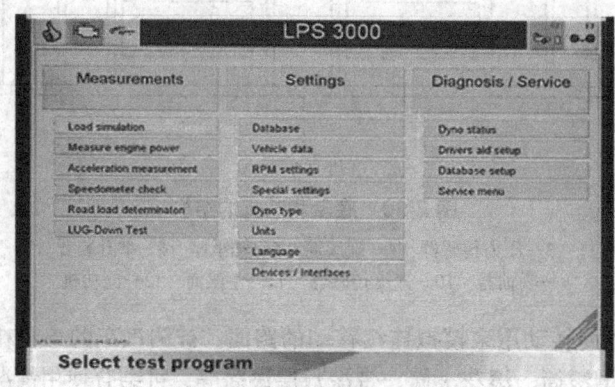

图2-91 进入系统主菜单

② 车辆数据录入。根据子菜单的提示，输入被测车辆的车牌号、车辆型号等项目。

③ 检测项目输入。根据子菜单的提示，选择底盘测功、滑行测试、加速测试等项目并输入相关参数。

④ 举升器与离合器控制。在对应项目的子菜单中，"举升"用于控制举升器升降动作。汽车驶上滚筒前，按"举升"按钮使举升器处于上升状态。"离合"用于控制滚筒结合或脱离飞轮。

⑤ 汽车驶上举升器板。应保证车轮与滚筒成垂直状态。再选"举升器降"，令举升器下降，如图2-92所示。

⑥ 安放车轮挡块。汽车停稳后，用车轮挡块顶住非驱动轮，如图2-93所示的汽车为后轮驱动，所以用车轮挡块抵住前轮，或选用牵引绳索拉住汽车。

图 2-92　降下举升器

图 2-93　安放车轮挡块

⑦ 开启鼓风机。如图2-94所示，将鼓风机放置在汽车前方并开启，使风吹向汽车以冷却发动机。在试验后应将设备空转1min以上再停止，以保证测功机散热。

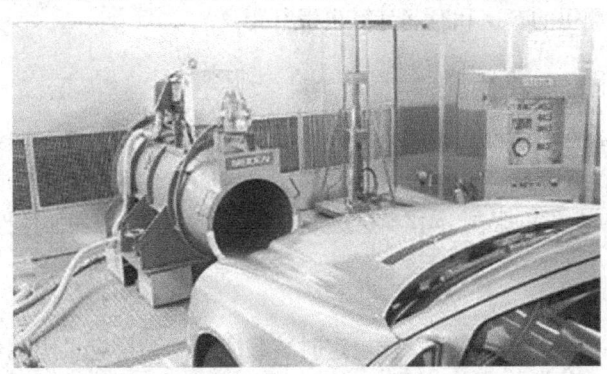

图 2-94　开启鼓风机

2）被测车辆准备。

① 车辆外部清洁干净，被测汽车空载。

② 轮胎花纹中不得夹有石粒，胎面和胎壁不应有破裂或割伤，轮胎的规格和气压符合标准。

③ 发动机机油油面和机油压力应在允许范围内。

④ 发动机冷却系统的工作应正常。
⑤ 自动变速器的液面应在规定的范围内。
⑥ 汽车发动机和底盘经过维护，供油系和点火系处于最佳工作状态。
⑦ 起动走热全车。
⑧ 关闭汽车运行过程中不必要的耗能装置，如空调等。

（2）测量操作

1）功率测量。

① 确认飞轮处于脱离状态。
② 操作计算机系统开始测试。
③ 起动汽车，驾驶人根据显示屏的提示，由低档逐步换入高档，将加速踏板踩到底，测试将自动进行，汽车被逐渐加载，并可分别测量最大功率和最大驱动力。
④ 测量结束后，显示屏将显示测量结果，并可以打印。

2）加速性能测试。

① 确认飞轮处于结合状态。
② 操作计算机系统进入测试状态。
③ 起动汽车，驾驶人根据显示屏的提示，逐步提高车速至预定的初速度时，即迅速将加速踏板踩到底，当车速升到终止速度时，便停止加速。
④ 测试结束后，显示屏将显示出从初速度到终止速度期间的加速时间。

3）滑行性能测试。

① 确认飞轮处于结合状态。
② 操作计算机系统进入测试状态。
③ 起动汽车，驾驶人将车速提高，当车速超过规定的初始速度后，即根据屏幕提示，切断动力，令车轮滑行直到停止。
④ 计算机可根据测得的车速和时间计算出滑行距离。

2.4.4 汽车动力性的道路检测

道路检测对汽车动力性的检测不同于台架检测，主要是测量汽车的最高车速、最低稳定车速、加速能力、最大爬坡度及牵引性能等。室内试验可测量汽车的驱动力和各种阻力。但道路测试会受到道路和环境条件的限制，本节主要介绍最高车速、滑行和加速性能的检测。

1. 检测环境

（1）装载质量

装载质量均匀分布，装载物（无特殊规定时装载质量均为厂定最大装载质量或使被测车辆处于厂定最大装载质量状态）应固定牢靠，检测过程中不得晃动和颠离；不应因潮湿散失等条件变化而改变其质量，以保证装载质量的大小、分布不变。除此之外，还应计入乘员质量。

（2）轮胎气压

检测过程中，轮胎冷充气压力应符合该车技术条件的规定，误差不超过10kPa。

（3）气象

检测时应是无雨无雾天气、相对湿度小于95%、气温0~40℃、风速不大于3m/s。另外，对气象有特殊要求的试验项目，由相应试验方法规定。

（4）道路

除另有规定外，各项性能检测应在清洁、干燥、平坦、用沥青或混凝土铺装的直线道路上进行。道路长度2~3km，宽度不小于8m，纵向坡度在0.1%以内。

（5）燃料、润滑油

检测用的燃料和润滑油的牌号、规格，应符合该车技术条件的规定。若技术条件无相关规定时，发动机冷却液的温度为80~90℃，发动机机油温度为50~90℃，变速器、驱动桥润滑油温度为50℃以上，必要时可在试验前进行20~30min较高车速的预热行驶。为实现上述热状态，可采取保温措施。

2. 检测仪器

以车速为主要检测目标，人工手动的检测器具如：计时器（包括秒表，也可使用光电管式等其他计时装置，最小读数为0.01s）、钢卷尺、标杆。自动的检测仪器如：第五轮仪、非接触式速度仪（雷达测速仪）、GPS车速试验仪器等。

（1）第五轮仪

如图2-95所示，第五轮仪主要用在机动车辆的道路检测中，用于检测车辆的行程、速度和时间等参数。运用第五轮仪检测时将仪器的机械部分固定在被测车辆的尾部或侧面，随车一起行驶，形成第五轮，因此得名第五轮仪。

第五轮仪在使用中有很大局限性，若路面状况不佳，可能造成车辆打滑，导致测试结果不准确，因而不适合做高速测试。

（2）非接触式速度仪（雷达测速仪）

如图2-96所示，非接触式速度仪不需要与路面接触或设置任何测量标志，而是采用光电空间相关滤波技术。安装在车辆上的光电速度传感器（简称光电头）照射路面，把路面图像变换为与车速成正比的频率信号。仪器会显示速度、距离、时间，计算机会自动进行各种数据处理。若配有流量传感器还能测量燃油消耗。非接触式速度仪可用于测量车辆的最高车速、原地起步加速、超车加速、滑行、爬坡度等各种基本性能试验，并适合各种车辆。

图2-95　第五轮仪

图2-96　非接触式速度仪

3. 滑行检测

滑行是指汽车加速到指定车速后，转入空档，断开动力，利用汽车的动能继续行驶直至停车的过程。滑行检测的目的是为了检测汽车车轮滚动阻力、空气阻力、动力传动系的各种阻力。

检测步骤为：

1）在长约 1000m 的检测路段两端立上标杆作为滑行区段，汽车在进入滑行区段前车速应稍大于 50km/h。

2）汽车驶入滑行区段前，驾驶人将变速杆放入空档（松开离合器踏板），汽车开始滑行。

3）当车速为 50km/h（汽车应进入滑行区段）时，用仪器监视并进行记录，直至汽车完全停住为止。

在滑行过程中，驾驶人不得转动转向盘。用第五轮仪或非接触式速度仪记录滑行初速度和滑行距离，其中滑行初速度应为（50±0.3）km/h，检测至少往返各滑行一次，往返区段尽量重合。

4. 最高车速检测

最高车速是汽车以厂定最大总质量状态，在无风条件或风速小于 3m/s 下，在水平、良好的沥青或水泥路面上，汽车所能达到的最高稳定行驶速度。检测步骤为：

1）在符合检测条件的道路上，选择中间 200m 为测量路段，并用标杆做好标志，测量路段两端为试验加速区间。根据被测汽车加速性能的优劣，选定充足的加速区间（包括试车场内环形高速跑道），使汽车在驶入测量路段前能够达到最高的稳定车速。

2）被测汽车在加速区间以最佳的加速状态行驶，在到达测量路段前保持变速器（及分动器）在汽车设计最高车速的相应档位，节气门全开，使汽车以最高的稳定车速通过测量路段。试验往返各进行一次，测定汽车通过测量路段的时间。

5. 加速性能检测

加速性能是指汽车从较低车速加速到较高车速时获得最短时间的能力，通过加速时间衡量。道路检测中常采用起步换档加速时间和超越加速时间两项指标评价汽车的加速能力。

（1）最高档和次高档加速性能试验

在检测道路上，选取合适长度的路段作为加速性能检测路段，在两端各放置标杆作为记号（一般选取 400m 长度直道）。汽车在变速器预定档位，以预定的车速（从稍高于该档最低稳定车速起，选 5 的整数倍速度（如 20km/h、25km/h、30km/h、35km/h、40km/h）作等速行驶，用仪器监督初速度，当车速稳定后（偏差 ±1km/h），驶入检测路段，迅速将加速踏板踩到底，使汽车加速行驶至该档最大车速的 80% 以上，对于轿车应达到 100km/h 以上。用第五轮仪或非接触式速度仪记录汽车的初速度和加速行驶的全过程，检测往返各进行一次，往返加速检测的路段应重合。

对于装备自动变速器的汽车，全节气门超越加速性能试验应按 GB/T 12543-2009《汽车加速性能试验方法》所规定的，使用 D 位（允许在变速控制器的控制下换档）进行检测。检测前，车辆加速到 58~60km/h 内保持匀速行驶至少 2s，当达到 60km/h 时触发记录装置。

（2）起步连续换档加速性能检测

试验路段同最高档和次高档加速性能检测。汽车停于检测路段之一端，变速器置入该车的起步档位，迅速起步并将加速踏板快速踩到底，使汽车尽快加速行驶，当发动机达到最大功率转速时，力求迅速无声地换档，换档后立即将节气门全开，直至最高档最高车速的 80% 以上，对于轿车应加速到 100km/h 以上。用第五轮仪或非接触式速度仪测定汽车加速行驶的全过程，往返各进行一次，往返检测的路段应重合。

2.5 汽车制动性的检测

汽车制动性能（braking properties of motor）是指汽车在行驶中能强制地减速以至停车，或在下坡时保持一定速度行驶的能力，也包括了在坡道上长时间保持停驻的能力。

汽车制动系应具有行车制动、应急制动和驻车制动三大基本功能。行车制动俗称脚制动或脚刹车，驻车制动俗称手刹车或手制动。

2.5.1 汽车制动时的受力分析

汽车的制动过程是人为地增加汽车的行驶阻力，借助于车轮制动器、发动机或专门的辅助制动器来进行。制动时，通过制动车轮（通常汽车的前后车轮均为制动轮）与道路路面的相互作用而产生与汽车行驶方向相反的路面对车轮的切向反作用力（即制动力），减缓汽车行驶速度，其最大值取决于轮胎与路面间的附着力。下面我们对汽车制动时的受力情况进行分析。

1. 地面制动力

地面制动力是由制动力矩引起的、地面作用在车轮上的切向力，汽车在这一外力作用下迅速地降低车速以至停车。地面制动力大小取决因素：制动摩擦片与制动鼓（盘）间的摩擦力及轮胎与地面间的附着力。

汽车在良好的路面上制动时的车轮受力情况如图2-97所示，图中 ω 为车轮滚动方向，T_μ 为车轮制动器对车轮的摩擦力矩，F_{xb} 地面制动力，F_p 为车轴对车轮的推力，W 为车轮的垂直载荷，F_z 是地面对车轮的法向反作用力。

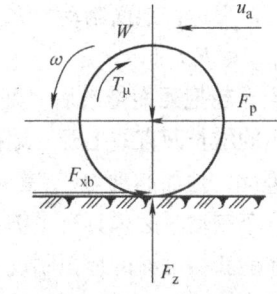

图 2-97 制动时车轮受力分析

在制动过程中，滚动阻力矩和惯性力矩相对较小时可忽略不计。此时，地面制动力 F_{xb} 可写为：

$$F_{xb} = \frac{T_\mu}{r}$$

式中，r 为车轮的半径。

地面制动力 F_{xb} 是汽车制动时地面作用于车轮外力，F_{xb} 值取决于车轮的半径与制动器的摩擦力矩 T_μ，但其极限值受到轮胎与地面间附着力 F_φ 的限制。

2. 制动器制动力

在轮胎周缘克服车轮制动器摩擦力矩所需的力称为制动器制动力 F_μ，即：

$$F_\mu = \frac{T_\mu}{r}$$

制动器制动力等于把汽车架离地面，踩住制动踏板后，在车轮边缘扳动车轮直至车轮能转动所施加的切向力。

制动器制动力由制动系的设计参数所决定，即取决于制动器的型式、结构尺寸、摩擦系数、车轮半径、制动传动系的油压或气压等。在结构参数一定的情况下，制动器制动力主要取决于制动踏板与摩擦副的表面状况，如接触面积大小，表面有无油污等。一般制动器制动力与制动系的油压或气压成正比。

3. 地面制动力、制动器制动力与附着力的关系

汽车的地面制动力首先取决于制动器制动力，同时又受地面附着条件的限制。只有制动器制动力足够，同时地面附着力较高时，才能获得较高的地面制动力。

在不考虑附着系数 φ 变化的制动过程中，地面制动力 F_{xb} 及附着力 F_φ 随制动器制动力 F_μ 变化关系如图 2-98 所示。车辆制动时，车轮有滚动或抱死滑移两种运动状态。当制动踏板力 N 较小时，踏板力和制动摩擦力矩不大，地面与轮胎摩擦力即地面制动力 F_{xb} 足以克服制动器摩擦力矩使车轮滚动。车轮滚动时的地面制动力等于制动器制动力（$F_{xb}=F_\mu$）时，且随踏板力 N 的增长成正比增长。

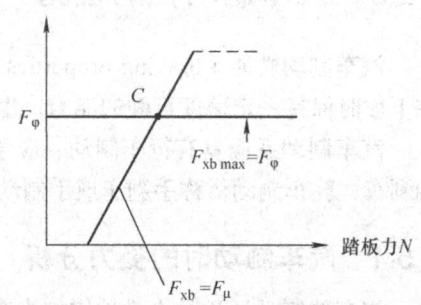

图 2-98 地面制动力 F_{xb}、制动器制动力 F_μ 与附着力 F_φ 的关系

当制动踏板力 N 增长到点 C，地面制动力 F_{xb} 等于附着力 F_φ 时，车轮即抱死不转而出现拖滑现象，显然，地面制动力 F_{xb} 受轮胎与路面附着条件的限制，其最大值 F_{xbmax} 不可超过附着力，即 $F_{xbmax} \leq F_\varphi$。

当车轮抱死而拖滑后，随着制动踏板力继续增大（$N\uparrow$），制动器制动力 F_μ 由于制动器摩擦力矩的增长而直线上升，地面制动力 F_{xb} 达到极限值 $F_{xbmax}=F_\varphi$ 后不再增长。

因此，地面制动力 F_{xb} 首先取决于制动器制动力 F_μ，但同时又受到地面附着条件 F_φ 的限制。所以汽车制动时必须具有足够的制动器制动力（制动器摩擦力矩），同时路面又能提供高的附着力，才能获得足够的地面制动力。

仔细观察汽车的制动过程可发现，轮胎留在地面上的印痕从车轮滚动到滑动是一个渐变的过程，如图 2-99 所示。

第一阶段：单纯滚动。印痕的形状基本与轮胎胎面花纹相一致。

第二阶段：边滚边滑。可辨别轮胎花纹的印痕，但花纹逐渐模糊，轮胎胎面相对地面发生一定的相对滑动，随着滑动成分的增加，花纹越来越模糊。

第三阶段：拖滑。车轮抱死拖滑，粗黑印痕，看不出花纹。

2.5.2 汽车制动性能评价指标

汽车制动性能评价指标主要有制动力、制动距离、制动减速度和制动时间等。

1. 制动力

图 2-99 车轮滚动印痕

制动器制动力是评价汽车制动性能的基本指标之一。通过对制动力的检测，不仅可以测得各车轮的制动力的大小，还可以了解汽车前后轴制动力合理分配，以及各轴两侧车轮制动力平衡状况。若同时测得制动协调时间便能全面地检验车辆的制动性能。

在试验台检验车轮制动时，与车辆行驶中情况类似，车轮也会出现两种运动状态。一种是

车轮转动状态，此时试验台将测得与制动踏板力相应的最大车轮制动力（等于制动器制动力）；另一种是车轮处于停转（试验台滚筒相对车轮轮胎滑转）状态，此时试验台测得的车轮制动力（相当于前述的地面制动力）将等于轮胎与试验台滚筒之间的附着力。附着力若小于车轮制动器制动力，则无法测得车轮制动器制动力的最大值。因为附着力大小和轮胎与滚筒之间的正压力及附着系数有关。正压力与轴荷大小以及车轮在试验台上与滚筒之间的安置角有关，在试验检测时该轴荷多半是车辆空载状态。为排除这种检测的不确切性，在GB 7258-2017《机动车运行安全技术条件》内规定可通过增加相应车轴上的附加质量和作用力来获得足够的附着力。

2. 制动距离

制动距离是指汽车在一定的初速度下制动，从脚接触制动踏板到汽车停住，汽车所驶过的距离。它是一个简单、直观的指标，与汽车行驶安全直接相关，应越短越好。制动系调整状态的好坏，制动器反应时间的长短，制动力上升速度的快慢、制动力使汽车产生制动的快慢、制动力使汽车产生减速度的大小，均可以在这个指标中来反应。

制动距离与行车安全有直接关系，而且最直观。驾驶人可按预计停车地点来控制制动强度，故政府职能部门通常按制动距离的要求来制定安全法规。各国对制动距离的定义不一致，在我国道路交通安全法中，是指在指定的道路条件下，机动车在规定的初速度下急踩制动踏板时，从脚接触制动踏板（或手触动制动手柄）时起至车辆停止，车辆驶过的距离。制动距离与制动过程的地面制动力以及制动传动机构与制动器工作滞后时间有关，而地面制动力与检验时在制动踏板上的踏板力或制动系的压力（液压或气压）以及路面的附着条件有关。因此，测试制动距离时必须对制动踏板力或制动系的压力以及轮胎与地面的附着条件做出相应的规定。

3. 制动减速度

制动减速度反映了地面制动力的大小。制动减速度 j 与制动力 F_{xb} 的关系为：

$$j = \frac{g}{\delta \times G} F_{xb}$$

式中，G 为汽车总重力；g 为重力加速度；δ 为汽车旋转质量换算系数。

对某一具体车辆而言，制动减速度与地面制动力是等效的。因此也常用制动减速度作为评价制动效能的指标。制动减速度 j 在一次制动过程中是变化的，当车辆制动到全部车轮抱死滑移时，回转质量换算系数 δ 等于1，由此可得最大减速度。

通常，车辆检测时用平均减速度或最大减速度作为制动效能的评价指标，在我国的道路交通安全法中则采取充分发出的平均减速度 MFDD（Mean Fully Development Deceleration）。

在实际测试中，用非接触式速度仪（或第五轮仪）测得汽车的速度和驶过的距离，如图2-100所示。

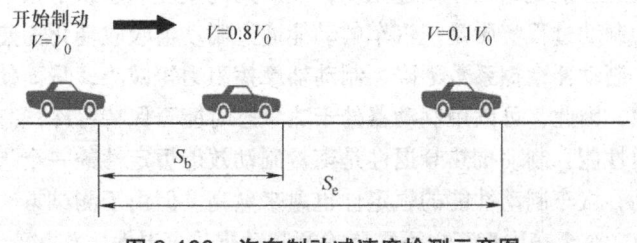

图2-100 汽车制动减速度检测示意图

然后通过下式计算得到 MFDD：

$$MFDD = \frac{(v_b^2 - v_e^2)}{25.92(S_e - S_b)}$$

式中，MFDD 是充分发出的平均减速度，单位为 m/s²；v_b 是车辆的速度，即 $0.8v_0$，单位为 km/h；v_e 是车辆的速度，即 $0.1v_0$，单位为 km/h；v_0 是制动初速度，单位为 km/h；S_b 是试验车速从 v_0 到 v_b 时驶过的距离，单位为 m；S_e 是试验车速从 v_0 到 v_e 时驶过的距离，单位为 m。

4. 制动时间

制动过程所经历的时间即制动时间，它很少作为单纯的评价指标。但是作为分析制动过程和评价制动效能又是不可缺少的参数。如对于同一型号的两辆汽车产生同样的制动力所经历的时间不同，则两辆汽车的制动距离就可能相差很大，这对行驶安全将产生不同效果。因此通常把制动时间作为一辅助的评价指标。制动过程各阶段的时间分布大致如图 2-101 所示。

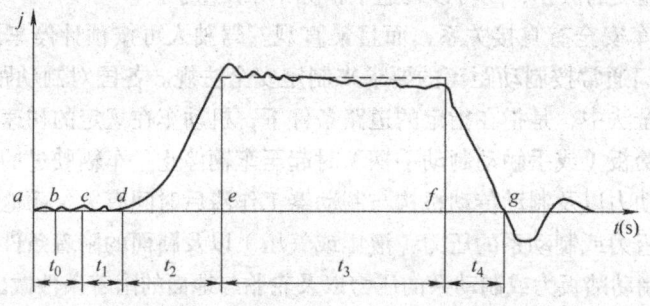

图 2-101　制动减速度 – 时间变化曲线

图 2-100 中所示时间 t_0 为驾驶人反应时间，从接受制动信号到脚踩到制动踏板为止，一般需要 0.7~1.0s。该时间车辆按原车速继续行驶。

t_1（制动器反应）~ t_2（制动器制动力 F_μ 上升）为制动器作用时间（又称制动协调时间），一般为 0.2 ~ 0.8s，主要取决于驾驶人踩制动踏板的速度和制动系的形式和结构，该期间制动减速度逐渐增大，直至达到最大制动减速度。

t_3 为持续制动时间，该期间制动减速度基本不变。

t_4 为制动释放时间，一般在 0.2~1.0s 之间。

在我国道路交通安全法规中还采用制动协调时间评价制动效能。该法规中所提到的制动协调时间，是指在急踩制动踏板时从踏板开始工作至车辆减速度（或制动力）达到《制动减速度和制动稳定性要求》中规定的车辆充分发出的平均减速度 75% 时所需时间。

5. 制动抗热衰退性

汽车制动抗热衰退性能是指汽车高速制动、短时间内重复制动或下长坡连续制动时制动效能的热稳定性。因为制动过程实质是把汽车的动能通过制动器吸收转化为热能。制动过程中制动器温度不断升高，制动器摩擦系数下降、制动器摩擦阻力矩减小，从而使制动能力降低，这种现象称热衰退现象。因此，可以用制动器处于热状态时能否保持有冷状态时的制动效能来评价汽车制动抗热衰退性能。制动抗热衰退性是衡量制动效能恒定性的一个指标。随着高速公路的发展和车速的提高，汽车制动性能的恒定性也愈来愈高。但由于测试方法复杂，在一般汽车综合检测中较难实施。对于在用汽车也不需要检测制动抗热衰退性。

6. 制动稳定性

制动稳定性是指制动时汽车的方向稳定性。通过制动时汽车按给定轨迹行驶的能力来评价，即汽车制动时维持直线行驶或预定弯道行驶的能力。制动稳定性良好的汽车，在试验时不会产生不可控制的效能使汽车偏离一定的试验通道。我国安全法规中对制动稳定性有相应的规定。

汽车丧失制动稳定性表现为制动跑偏和车轴侧滑现象，特别是后轴侧滑是造成交通事故的重要原因。

汽车跑偏是指汽车制动时不能按直线方向减速停车，而无法控制地向左和向右偏驶的现象。汽车制动时出现某一轴或两轴的车轮相对地面同时发生横行移的现象称为制动侧滑现象。

产生制动跑偏的主要原因是汽车左右车轮制动时制动力增长快慢不一致或左右车轮制动力不等，特别是转向轮左右车轮制动器制动力不相等。另外轮胎的机械特性、悬架系统的结构与刚度、前轮定位、道路状况、车辆轮荷分布状况等因素也会影响制动跑偏。为了控制制动跑偏，在安全法规中对左右车轮制动力的平衡有相应要求。

汽车在制动过程中，当车轮未抱死制动时，车辆具有承受一定侧向力的能力。汽车在一般横向干扰力的作用下不会发生制动侧滑现象。当车轮抱死制动时，车轮承受侧向力的能力几乎全部丧失，汽车在横向干扰力作用下极易发生侧滑。

制动时前后轮抱死的顺序取决于设计时制动力在各轴之间的合理分配及道路状况。为了改善制动稳定性，在有的汽车上装有制动力分配调节装置，如限压阀、比例阀、感载阀等，目前发展到采用计算机控制的汽车防抱死装置。汽车制动跑偏与汽车制动时车轮侧滑也是有联系的。严重的跑偏常会引起后轮侧滑。

上述几方面的评价指标主要评价汽车制动时制动性能的好坏，然而一旦需要解除制动力时，制动装置能否迅速、彻底解除制动往往也会影响行车安全，严重时也会造成交通事故。例如当车轮抱死制动而汽车又失去控制时，驾驶人通过放松制动踏板不能迅速解除制动，此时汽车将可能丧失制动稳定性。

在行车中，若踩下制动踏板后再抬起踏板而不能迅速解除制动，这种现象称为制动拖滞。除上例外，一般情况下这种现象不会立即引起行车事故，但如果不及时排除其故障，将会导致制动系统损坏，特别时引起制动系过热，制动蹄片烧蚀，降低车辆制动性能，增加车辆行驶阻力。因此车轮阻滞力也应列入汽车制动性能检测项目。需要指出的是这里所检测的车轮阻滞力除包含制动系的因素外，还与车轮安装有关，如轴承安装紧度、车轴变形以及车轮与试验台滚筒之间的安置角等。

影响汽车制动性能的因素有：

1）轴荷分配的影响。
2）制动力的调节和车轮防抱死。
3）汽车载质量的影响。
4）车轮制动器的影响。
5）制动初速度的影响。
6）利用发动机制动。
7）道路条件的影响。
8）驾驶技术的影响。

2.5.3 汽车制动性能标准规定

汽车制动性能标准主要涉及台试检测标准和路试检测标准。

1. 台试检测标准

（1）行车制动检测标准

1）制动力。台试检测时，若对空载检测制动力有质疑，则用规定的满载检测制动力要求进行检测。台试检测制动力要求如表2-4所示。若对台试检测的制动性能有质疑，则用路试检测方法进行复检，并以满载路试的检测结果为准。

表2-4 台试检测制动力要求

车辆类型	制动力总和与整车质量的百分比（%）		轴制动力与轴荷的百分比（%）	
	空载	满载	前轴	后轴
三轮汽车	≥45	—	—	≥60[b]
乘用车、总质量不大于3500kg的货车	≥60	≥50	≥60[b]	≥20[b]
其他汽车、列车	≥60	≥50	≥60[b]	—

2）制动力平衡。在制动力增长全过程中同时测得的左右轮制动力差的最大值，与全过程中测得的该轴左右轮最大制动力大者之比要达到下列要求。

前轴：不得大于20%。

后轴（及其他轴）。

①轴制动力不小于该轴轴荷的60%时，不得大于24%。

②轴（及其他轴）制动力小于该轴轴荷的60%时，不应大于该轴轴荷的8%。

3）制动协调时间。

液压制动的汽车：≤0.35s。

气压制动的汽车：≤0.60s。

汽车列车和铰接客车、铰接式无轨电车：≤0.80s。

4）车轮阻滞力。进行制动力检测时，汽车各车轮的阻滞力均不应大于该轴轴荷的5%。

5）制动释放时间。汽车制动从松开制动踏板到制动消除所需的时间，不应大于0.8s。

（2）驻车制动检测标准

车辆空载，乘坐一名驾驶人，使用驻车制动装置，则要求：

①驻车制动力的总和不小于（≥）该车在测试状态下整车重量的20%。

②总质量为整备质量1.2倍以下的车辆，驻车制动力总和不小于（≥）该车测试状态下整车重量的15%。

2. 路试检测标准

（1）行车制动检测标准

行车制动检测分为制动距离法和制动减速度法。

1）制动距离法检测标准。汽车在规定的初速度下急踩制动时：

① 制动距离应符合要求。
② 制动距离检测时,制动踏板力和制动气压应符合要求。
③ 对空载检测制动距离有质疑时,按标准规定的满载检测制动性能要求进行。
④ 车辆任何部位不得超出试车道宽度。
⑤ 在空载和满载状态下,应急制动距离和操纵力应符合要求。

制动距离和制动稳定性要求如表 2-5 所示。

表 2-5 制动距离和制动稳定性要求

车辆类型	制动初速度 /(km/h)	满载检测制动距离要求 /m	空载检测制动距离要求 /m	制动稳定性要求,车辆任何部位不得超出的试车道宽度 /m
三轮汽车	20		≤ 5.0	2.5
乘用车	50	≤ 20.0	≤ 19.0	2.5
总质量不大于 3500kg 的低速货车	30	≤ 9.0	≤ 8.0	2.5
其他总质量不大于 3500kg 的汽车	50	≤ 22.0	≤ 21.0	2.5
其他汽车、汽车列车	30	≤ 10	≤ 9.0	3.0

应急制动性能要求如表 2-6 所示。

表 2-6 应急制动性能要求

车辆类型	制动初速度 /(km/h)	制动距离 /m	充分发出的平均减速度 /(m/s²)	手操纵力 /N	脚操纵力 /N
乘用车	50	≤ 38.0	≥ 2.9	≤ 400	≤ 500
客车	30	≤ 18.0	≥ 2.5	≤ 600	≤ 700
其他汽车(三轮汽车除外)	30	≤ 20.0	≥ 2.2	≤ 600	≤ 700

制动性能检测时制动踏板力或制动气压要求如表 2-7 所示。

表 2-7 制动性能检测时制动踏板力或制动气压要求

状态	型式	空载	满载
气压制动系气压表指示气压 /kPa		≤ 600	≤ 额定工作气压
液压制动系踏板力 /N	乘用车	≤ 400	≤ 500
	其他汽车	≤ 450	≤ 700
	三轮汽车	≤ 600	—

2)制动减速度法检测标准。汽车在规定的初速度下急踩制动时:

① 充分发出的平均减速度（MFDD）应符合要求。
② 制动踏板力和制动气压应符合要求。
③ 对空载检测有质疑时，按标准规定的满载检测制动性能要求进行。
④ 车辆任何部位不得超出试车道宽度。
⑤ 在空载和满载状态下，应急制动时充分发出的平均减速度（MFDD）和操纵力应符合要求。
⑥ 制动协调时间要求：
a. 液压制动的汽车：≤0.35s。
b. 气压制动的汽车：≤0.60s。
c. 汽车列车和铰接客车、铰接式无轨电车：≤0.80s。

制动减速度和制动稳定性要求如表2-8所示。

表2-8 制动减速度和制动稳定性要求

车辆类型	制动初速度/(km/h)	满载检验MFDD/(m·s⁻²)	空载检验MFDD/(m/s²)	制动稳定性要求，车辆任何部位不得超出的试车道宽度/m
三轮汽车	20	≥3.8		2.5
乘用车	50	≥5.9	≥6.2	2.5
总质量不大于3500kg的低速货车	30	≥5.2	≥5.6	2.5
其他总质量不大于3500kg的汽车	50	≥5.4	≥5.8	2.5
其他汽车、汽车列车	30	≥5.0	≥5.4	3.0

（2）驻车制动路试检测标准

在空载状态下，车辆使用驻车制动装置时：

① 总质量为整备质量的1.2倍以上的车辆，在坡度为20%、轮胎与路面附着系数不小于0.7的坡道上正、反两个方向保持固定不动的时间应不少于5min。

② 总质量为整备质量的1.2倍以下的车辆，在坡度为15%、轮胎与路面附着系数不小于0.7的坡道上正、反两个方向保持固定不动的时间应不少于5min。

③ 检测时，操纵力应符合规定。

空载状态驻车制动性能要求如表2-9所示。

表2-9 空载状态驻车制动性能要求

车辆类型	轮胎与路面间附着系数	停驻坡道坡度（车辆正反向）/%	保持时间/min
总质量/整备质量小于1200kg	≥0.7	15	≥5
其他车辆	≥0.7	20	≥5

驻车制动性能检测时操纵力要求如表2-10所示。

表 2-10 驻车制动性能检测时操纵力要求

车辆类型	手操纵时操纵力 /N	脚操纵时操纵力 /N
乘用车	≤ 400	≤ 500
其他车辆	≤ 600	≤ 700

2.5.4 汽车制动性能的路试检测

汽车制动性能的路试检测方法有制动距离法和制动减速度法。

1. 制动距离法

路试时采用速度仪、第五轮仪或其他仪器检测汽车的制动距离和制动稳定性。

（1）检测方法

① 道路准备。应在平坦（坡度不应大于 1%）、干燥和清洁的硬路面（轮胎与路面之间的附着系数不应小于 0.7）上进行，在试验路面上画出与制动稳定性要求相应宽度的试验车道边线。

② 车辆准备。在被测汽车的制动踏板上安装提供信号用的踏板套，在汽车适当位置装上速度仪或第五轮仪等检测仪器。

③ 路试检测。将被测汽车沿着试验车道的中线行驶至高于规定的初速度后，置变速器于空档（自动变速汽车可置变速器于 D 位），当滑行到规定的初速度时，急踩制动踏板，使汽车停住，并同时操作速度仪或第五轮仪等检测仪器，测出汽车的制动距离。在紧急制动的同时，检查汽车制动的稳定性，看制动时汽车是否超出试车道边线。对除气压制动外的汽车还应同时测取制动踏板力。

（2）检测特点

① 检测制动性能直观、简便，能真实反映汽车在实际行驶过程中的动态制动性能。

② 能充分体现整车的制动效果，可综合反映汽车其他系统（如转向系、行驶系）的结构、性能对汽车制动性能的影响。

③ 只能检测整车制动性能，不能定量检测各车轮的制动状况及制动力分配，因而对制动性能不合格的汽车，对故障发生的具体部位不易诊断。

④ 制动距离长短对制动的初始车速以及驾驶人的操作方法依赖性较高。

⑤ 紧急制动时轮胎磨损严重，同时其冲击载荷对汽车各部件均有不利影响。

⑥ 路试要求有良好的道路条件及气候条件。

2. 制动减速度法

（1）检测方法

利用仪器检测汽车制动时充分发出的平均减速度，同时检测制动协调时间和制动时的稳定性。

试验条件与制动距离法相同，利用仪器测出汽车充分发出平均减速度公式中的相关参数，经计算确定 $MFDD$。

（2）检测特点

① 检测仪器结构简单，使用方便。

② 检测的 $MFDD$ 与瞬时减速度相比具有良好的稳定性，其重复性较好，检测精度较高。

③ 能根据制动协调时间的长短判断制动系的调整情况。

④ $MFDD$ 只能反映整车制动效果，而不能具体反映各车轮制动器的技术状况。

需要注意的是路试法仅反映整车的制动性能，受气候条件限制，测试条件不易精确控制，消耗燃料，磨损轮胎且不安全。路试法逐步被台试法所代替。

2.5.5 汽车制动性能的台架检测

汽车制动试验台主要有滚筒式与平板式两种类型，其中滚筒式制动试验台又分为反力式滚筒制动试验台与惯性式滚筒制动试验台。

微课视频
汽车制动性的检测

1. 反力式滚筒制动试验台检测制动性能

（1）反力式滚筒制动试验台的结构

常用的反力式滚筒制动试验台是一种低速静态测力式试验台，主要检测制动力。其结构组成包括驱动装置、滚筒装置、测量装置、举升装置、指示与控制装置。

单轴反力式滚筒制动试验台结构组成如图 2-102 所示。

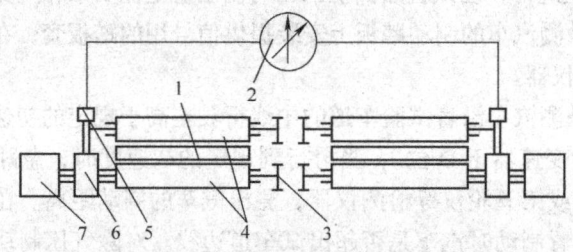

图 2-102 单轴反力式滚筒制动试验台

1—举升装置 2—指示装置 3—链传动 4—滚筒装置 5—测量装置 6—减速器 7—电动机

1）驱动装置。驱动装置由电动机、减速机和链传动组成，其传动关系为电动机→减速器→主动滚筒→链传动系统→从动滚筒→车轮。

2）滚筒装置。滚筒装置由左、右独立设置的两对滚筒构成。被测车轮置于两滚筒之间，滚筒相当于活动的路面，用来支承被检车轮并在制动时承受和传递制动力。

3）测量装置。测量装置由测力杠杆和传感器组成。测力杠杆一端与减速器浮动壳体连接，另一端与传感器相连。

4）举升装置。举升装置主要作用是便于汽车平稳出入制动试验台。

5）指示与控制装置。指示与控制装置主要是对检测信号进行采集处理并输出。

为同时测试左、右车轮的制动力，滚筒装置、驱动装置和测量装置左右对称，独立设置。第三滚筒用来测量车轮转速，当被检测车轮制动时，转速下降至接近抱死时，向控制装置发出信号使驱动电动机停止转动，以防止滚筒刮伤轮胎、保护驱动电动机。由于对汽车制动性能进行评判时与轴重有关，有些制动试验台配有轴重仪。

（2）反力式滚筒制动试验台的检测原理

在制动过程中，当左、右轮制动力之和大于某一数值时，开始采集数据，经历规定的采集时间后，控制装置发出指令使电动机停转，以防止车轮刮伤。同时可完成制动协调时间的检测，由套装在制动踏板上的开关发出计时开始信号，当制动力达到标准规定的 75% 时，计时结束。车轮阻滞力在行车和驻车制动装置处于释放状态，变速器置于空档位置时进行，由电动机通过减速器、链传动及滚筒带动车轮维持稳定转动时，由测力装置读出。

（3）反力式滚筒制动试验台的检测方法

1）做好试验台的准备工作，滚筒表面应干燥，没有松散物质及油污，滚筒表面当量附着系数不应小于0.75。

2）将试验台电源开关打开，并使举升器在升起位置。

3）将汽车垂直于滚筒方向驶入试验台，使前轴车轮处于两滚筒之间的举升平板上。

4）汽车停稳后，置变速器于空档，使行车制动、驻车制动处于完全放松状态，把脚踏开关套装在制动踏板上。

5）降下举升器，至轮胎与举升器完全脱离为止。

6）带有轴重测量装置的试验台，此时测量轴重。

7）起动电动机，使滚筒带动车轮转动，2s后测得车轮阻滞力。

8）踩下制动踏板，测取制力增长全过程中的前轴左右轮制动力和各轮制动力的最大值，同时也测出了制动协调时间。

9）升起举升器，驶出已测车轴，驶入下一车轴，按上述同样方法检测后轴车轮阻滞力、制动力、左右轮制动力差和制动协调时间。

10）当与驻车制动相关的车轴在试验台上时，检测完行车制动后，应重新起动电动机，在行车制动完全放松的情况下，用力拉紧驻车制动器，检测驻车制动性能。

11）所有车轴的行车和驻车制动性能检测完毕后，升起举升器，汽车驶出试验台。

12）切断制动试验台电源。

（4）反力式滚筒制动试验台检测注意事项

1）为了防止制动时车轮容易抱死而难以测出制动器能够产生的制动力，允许在汽车上增加足够的附加质量或施加相当于附加质量的作用力，但附加质量或作用力不计入轴荷。

2）检测制动力时，可以在非测试车轮上加三角垫块或采取牵引方法阻止车辆移动。

3）检测制动力时，通过采取措施后，仍出现车轮抱死并在滚筒上打滑或整车随滚筒向后移出现象，而制动力仍未达到合格要求时，应改用平板试验台检测或路试检测。

（5）反力式滚筒制动试验台检测特点

1）检测迅速、经济、安全，不受外界条件的限制，测试车速低，测试条件稳定，重复性较好。

2）检测参数全面，能定量测得各车轮的制动力、左右轮制动力差值、制动协调时间、车轮阻滞力，因而可全面评价汽车的制动性，并给制动系的故障诊断、维修和调整提供可靠依据。

3）检测时，由于汽车没有平移运动，因而实际制动时因惯性作用而引起的轴负荷前移效应完全没有，这往往使得前轴车轮容易抱死而难以测到前轴制动器能够提供的最大制动力，从而导致整车的制动力不够，易引起误判。

4）检测时，由于汽车没有实际的行驶，因而其制动性检测结果不能反映其他系统（如转向、行驶系）的结构、性能对制动性的影响。

5）对于装备有防抱死制动系的汽车，由于检测时车轮防抱死不起作用，因而无法测得实际制动时的最大制动力，不能准确反映防抱死制动系统汽车的制动性能。

2. 惯性式滚筒制动试验台检测制动性能

惯性式滚筒制动试验台利用其旋转飞轮的动能模拟车辆在道路上行驶的动能，使车辆在试验台上能呈现道路制动时的工况来检测制动性能，主要检测制动距离、制动减速度和制动时间。

惯性式制动试验台的滚筒相当于移动的路面，试验台上各对滚筒分别带有飞轮，其惯性应与受检汽车的惯性质量相当。检测时，先使滚筒与车轮一起高速旋转，然后切断驱动滚筒旋转的动力，踩制动踏板，制动后的车轮对滚筒表面产生切向阻力，而滚筒在其飞轮系统的惯性作用下继续旋转，其转动的圈数相当于车轮的制动距离。

惯性式制动试验台检测特点有：

1）可以在任意车速下进行检测，检测条件接近汽车行驶实际情况。

2）试验台旋转部分的转动惯量较大，使其结构复杂，占地面积大。

3）不适应多车型检测。

3. 平板式制动试验台检测制动性能

（1）平板式制动试验台的结构

平板式制动试验台主要由前引板、前测试平板、过渡板、后测试平板、控制和显示装置、后引板、拉力传感器、压力传感器、面板、钢球、底板等结构组成，如图 2-103 所示。

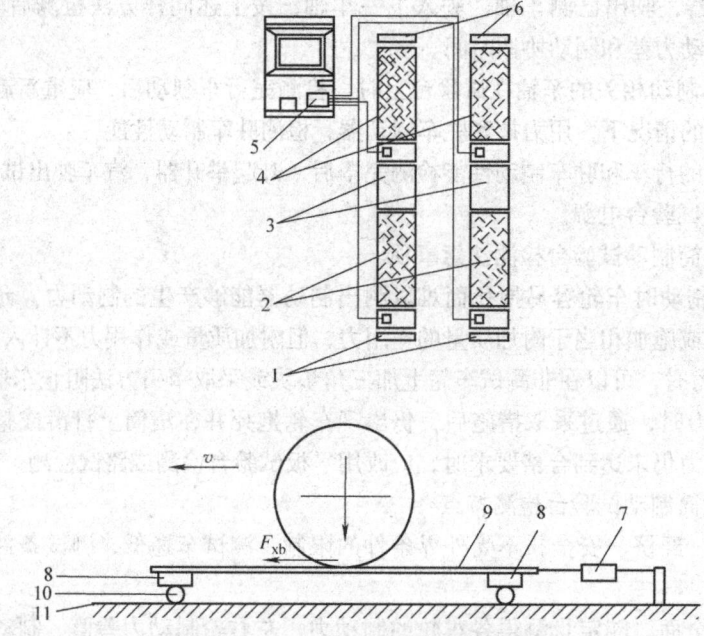

图 2-103　平板式制动试验台示意图

1—前引板　2—前测试平板　3—过渡板　4—后测试平板　5—控制和显示装置　6—后引板　7—拉力传感器　8—压力传感器　9—面板　10—钢球　11—底板

（2）平板式制动试验台的检测原理

检测时，汽车以 5~10km/h 的速度驶上平板，置变速器于空档（自动变速汽车可置于 D 位）并急踩制动，车轮则在汽车惯性力作用下，对测试平板产生作用力 F_{xb} 与此同时测试平板对车轮产生了阻碍汽车前进的制动力，该制动力是 F_{xb} 的反作用力，其大小与 F_{xb} 相等，因此，F_{xb} 相当于就是要检测的制动力。而拉力传感器通过纵向拉杆能感受各轮 F_{xb} 的信号，同时压力传感器能感受到制动过程中各轮的动态载荷信号，这些信号经控制装置转换放大处理后，其显示仪表能记录或显示各轴制动力和动态载荷的变化过程，显示检测结果。

制动试验台平板表面应干燥，没有松散物质及油污，平板表面附着系数不应小于 0.75。

（3）平板式制动试验台的检测特点

1）汽车在平板试验台上的制动与汽车的实际制动较为接近，能反映轴负荷转移效应和其他系统（如转向系统、行驶系统）的结构、性能对制动性能的影响，其检测结果能反映汽车的实际制动性能。

2）平板式试验台不仅能检测整车制动效果，还可检测各车轮的制动力和轴荷，能方便分析和查找制动器故障，能较好地评价汽车的制动性能。

3）平板制动试验台不需模拟汽车转动惯量，结构简单，较容易与轮重仪、侧滑仪、悬架检测仪组合在一起，使车辆测试更为方便、高效。

4）平板式制动试验台占地面积大、需要助跑车道，不利于流水作业。

2.6　汽车转向系统技术状况检测

汽车在行驶过程中，需按驾驶人的意志经常改变其行驶方向，另外转向轮也会受到路面侧向干扰力的作用，自动偏转而改变行驶方向。现代汽车普遍采用电控动力转向系统，汽车长时间行驶容易造成转向系统各个零部件的磨损、变形、断裂。一旦动力转向装置失效，驾驶人通过机械传动系加于转向节的力远不足以使转向轮偏转而实现转向，会出现转向盘偏重、转动不灵活的现象，因此汽车转向系统的性能检测对于汽车安全行驶非常重要。转向系统的检测包括四轮定位的检测、车轮定位的检测、转向盘自由行程和转向力的检测。

2.6.1　转向系统技术要求

汽车转向系统的检测项目主要由转向盘检测、最小转弯直径检测、前轮侧滑检测，主要技术要求如下：

1. 转向盘

1）任何操作状态下都不允许与其他部件出现干涉现象。

2）在平坦的路面上行驶时不应跑偏。

3）转向盘操纵轻便、转向灵活：汽车以 10km/h 的速度在 5s 之内沿螺旋线从直线行驶过渡到直径为 24m 的圆周行驶，施加于转向盘外缘的最大切向力不得大于 245N。

4）转向盘转向后应能够自动回正，保持直线行驶的能力。

5）转向盘最大自由转动量不得过大：对于最高设计车速不小于 100km/h 的机动车，规定最大自由转动量不应超过 20°。

2. 最小转弯直径

车辆在转向过程中，转向盘向左或向右转到极限位置时，车辆外转向轮印迹中心在其支承面上的轨迹圆直径中的较大者，称为车辆最小转弯直径，如图 2-104 所示，它表征车辆在最小面积内的回转能力和通过狭窄弯曲地带或绕过障碍物的能力。

1）当汽车直行状态下向左或向右转弯时，转向盘的回转角和回转力不得有明显差异。

2）机动车的最小转弯直径，以前外轮轨迹中心线为基线，测量值不得大于 24m，当转弯直径为 24m 时前转向轴和末轴的内轮差（以两内轮轨迹中心线计）不得大于 3.5m。

3. 前轮侧滑

机动车转向轮的横向侧滑量，用侧滑试验台检测时侧滑量值应不大于 5m/km（非独立悬架）。

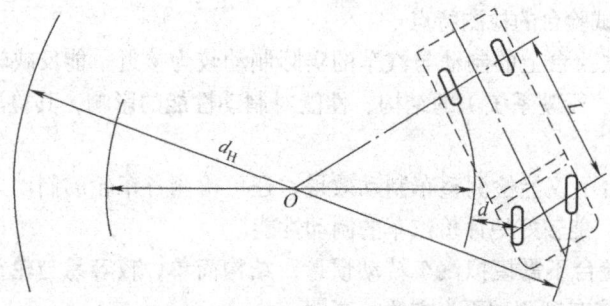

图 2-104　汽车转向最小转弯直径

2.6.2 转向参数测量仪

测量汽车转向盘操纵力及转动角度可以使用转向参数测试仪，其主要功能是检测自由转向角和最大转向力。如图 2-105 所示，它是以 LCD 液晶显示、大规模集成电路、电子元件和传感器组成的便携式检测仪器，适用于汽车、拖拉机、工程机械及其他轮式车辆的转向性能试验。

转向参数测量仪由操作盘、主机、连接叉和定位杆四部分组成，如图 2-106 所示。操作盘由螺栓固定在底盘上，底盘经力矩传感器同连接叉相连。连接叉上有三只可伸缩的活动卡头，测试时与被测车辆的转向盘相连。主机固定在底盘中央，主机里装有力矩传感器、转角传感器和控制板。转角定位器由连接钩、橡皮筋、吸盘三部分组成。

图 2-105　转向参数测试仪

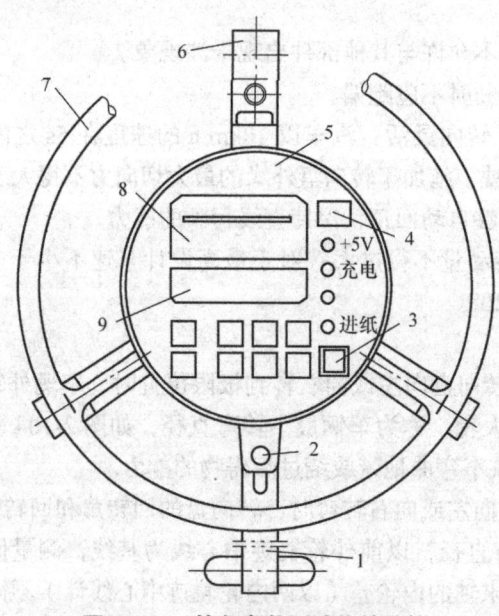

图 2-106　转向参数测试仪的结构

1—定位杆　2—固定螺栓　3—电源开关　4—电压表　5—主机箱　6—连接叉　7—操纵盘　8—打印机　9—显示器

测量时，把转向参数测量仪对准被测汽车转向盘中心，调整好三个连接叉上伸缩卡爪的长度，与转向盘连接并固定好。当转动操纵盘时，转向力通过底板、力矩传感器、连接叉传递到被测转向盘上，使转向盘转动以实现汽车转向。此时，力矩传感器将转向力转变为电信号，而定位杆内的光电装置也将转向盘转角转变为电信号。最后，电信号由微机自动完成数据采集、转角编码、运算、分析、存储、显示和打印。

2.6.3 转向操纵性检测

汽车转向操纵性的检测主要有最大转向力的检测和自由转向角的检测两个方向，主要检测方式是通过将转向参数测试仪安装在被测车辆的转向盘上，然后转动转向盘来实现的。

微课视频
汽车转向系统的检测

自由转角测量方式下转向参数测量仪的按键功能介绍如下：

1)"峰值"键：将测量状态切换到最大转向力测量。

2)"保存"键：保存自由转向下的左右极限角度。

3)"发送"键：转矩调零功能。

4)"翻页"键：左侧一组数码管显示数据为力或力矩的切换功能。

5)"清除"键：清楚保存的所有数据，使仪器进入自由转角测量状态。

最大转向力测量方式下的按键功能介绍如下：

1)"峰值"键：将测量状态切换到测量数据查询状态。

2)"保存"键：保存按键时的力矩和转角值，此状态保存容量为10组数据。

3)"发送"键：转矩调零功能。

4)"翻页"键：左侧一组数码管显示数据为力或力矩的切换功能。

5)"清除"键：清楚保存的所有数据，使仪器进入自由转角测量状态。

1. 自由转向角的检测

检测转向盘自由转向角时，需要将车辆置于平坦、干燥、清洁的硬质路面上，转向轮处于回正位置，发动机熄火，检测步骤如下：

1)将转向参数测量仪安装在被测的转向盘上。

2)打开转向参数测量仪电源开关，仪器默认状态即为自由转向角的测量。

3)逆时针旋转仪器，当力值显示为5～40N（不同的车型，该值不同）之间时，并且达到左极限时（车轮不动），按"保存"键。

4)顺时针旋转仪器，当力值显示为5～40N（不同的车型，该值不同）之间时，并且达到右极限时（车轮不动），再次按"保存"键。

5)测试结束后，进入转向参数测量仪查询状态，查看测试的自由转向角度值。

2. 最大转向力的检测

转向盘转向力的检测方法有多种，主要检测方式有路试检测与原地检测两种类型。对于路试检测，需要将转向参数测量仪安装在被测的转向盘上，让汽车在平坦、硬实、干燥和清洁的路面上，以10km/h的速度在5s内沿螺旋线从直线行驶过渡到直径为25m的圆周行驶，测出施加于转向盘外缘的最大圆周力，该力即为转向盘转向力。

对于原地检测，需要将转向参数测量仪或测力弹簧安装在被测的转向盘上，将汽车转向轮置于转角盘上，通过测力装置转动转向盘，使转向轮达到原厂规定的最大转角，在转向全过程中测出最大操纵力，该力即为转向盘转向力。具体操作步骤如下：

1）将转向参数测量仪安装在被测的转向盘上。

2）打开转向参数测量仪电源开关，按下"峰值"键，蜂鸣器鸣响一声，测量状态切换到最大转向力测量。

3）按一次"保存"键，仪器将进入最大转向力检测状态。机动车作 S 型运动，在向左旋转过程中仪器自动记录左向最大值，向右旋转过程中自动记录右向最大值，其中仪器左侧一组数码管显示实时转向力值，单位为牛顿（N）。需要注意的是，测试过程中，如果用户相对某个时刻的测试数据进行存储，可按"保存"键保存自选数据。自选保存数据最多容量为 10 组，多余 10 组后将自动更替之前的自选存储数据。

4）测试结束后，进入转向参数测量仪查询状态，查看测试的最大转向力。

2.7 汽车车轮侧滑量的检测

为了保证汽车转向车轮无横向滑移的直线滚动，要求车轮外倾角与车轮前束适当配合，当车轮前束值与车轮外倾角匹配不当时，车轮就可能在直线行驶过程中产生侧向滑移现象。通过侧滑试验台检测汽车的侧滑量，主要是检测汽车前束和外倾是否配合得当。

2.7.1 车轮侧滑产生因素及影响

车轮侧滑量反映转向轮外倾和前束相互匹配的综合效果。在理想状态下，侧滑量为零，说明汽车行驶时转向轮处于纯滚动状态。此时，轮胎磨损轻，行驶阻力小，转向轻便，操纵稳定性好。

1. 影响车辆侧滑的因素

影响汽车侧滑的主要因素前束和车轮外倾。当车轮外倾角一定时，改变前束值就会导致侧向力及侧滑量成正比的变化。因此当侧滑量超标时，一般情况下调整前束就能使侧滑量合格。然而也有特殊情况，当汽车前部因碰撞变形时，会导致左右轴距不相等或使前轮定位角发生较大变化，这时会出现这样的现象：汽车侧滑不合格时，驾驶人感觉转向盘还能掌握；当采用调整前束的方法使侧滑合格以后，反而觉得汽车的转向盘掌握不了，汽车无法驾驶。遇到这种情况，应首先测量前束值，看是否在原厂规定的范围内，如超出原厂规定的范围较多，应将其调回原厂规定的范围内，再检查左右两侧轴距是否一致、前轮定位的其他三个参数是否符合要求。侧滑不合格不能一味用改变前束的办法去调整。

假如车轮仅有前束无外倾，如图 2-107 所示，则汽车直线行驶时，两转向轮有向内收缩靠拢的趋势。实际上，由于前轴的约束车轮保持直线行驶，车轮对地面产生向外的侧向力，如有自由移动的滑板则可使之外移。

假如汽车仅有外倾无前束，如图 2-108 所示，两转向轮在滚动过程中有向外张开趋势。实际上，由于前轴的约束车轮保持直线行驶，车轮对地面产生向内的侧向力。通过滑板时，可使滑板向内移。

汽车产生侧滑现象的主要原因有：

1）汽车轮毂轴承间隙过大，左右松紧度不一致。

2）转向节主销与衬套磨损，转向节臂松动。

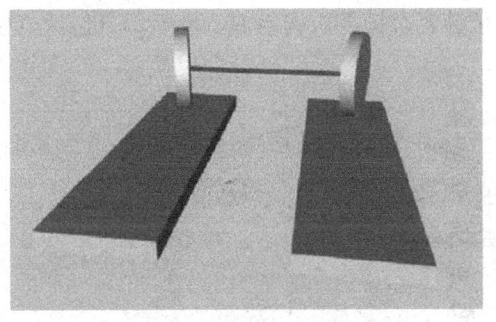
图 2-107 前束引起的侧滑

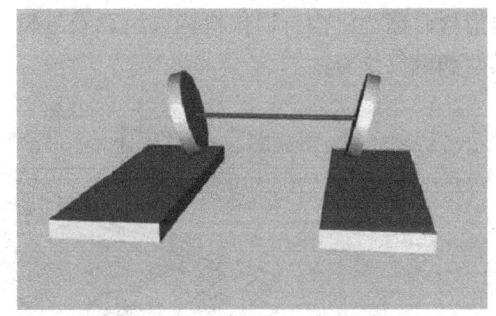
图 2-108 正外倾引起的侧滑

3）左右轮胎气压不等，花纹不一致。
4）轮胎磨损过甚以至严重偏磨，横、直拉杆球头松旷。
5）轮胎上有水、油，花纹中嵌有石子。
6）左右悬架性能不等，前后轴不平行。
7）左右车轮的轴距不同。

2. 车辆侧滑的影响

正常情况下，前轮侧滑量的允许范围为 5m/km，如果侧滑量过大，将对汽车行驶稳定性能、加速性能和燃料经济性能产生不良影响。

1）影响行驶稳定性。汽车前轮侧滑量增大，对汽车的直线行驶性干扰很大，会出现转向盘沉重，自动回正功能较弱，在车速 50km/h 以上时甚至出现车头摇摆现象。

2）增加轮胎磨损。汽车前轮侧滑量增大使轮胎磨损加剧，同时还会引起偏磨，导致轮胎使用寿命下降。例如，汽车的前轮侧滑量从 1m/km 增加到 5m/km 时，前轮轮胎的磨损程度会增加 140%。

3）增加燃油消耗。汽车侧滑量增大时，行驶阻力随之增大，相应地将会增加汽车油耗。

2.7.2 侧滑试验台的结构

检测汽车车轮的侧滑量需要使用侧滑试验台。目前国内在用的大多数侧滑试验台均是滑板式，检测时使汽车前轮在滑板上通过，测量在左右方向位移量的方法来检验侧滑量。如图 2-109、图 2-110 所示，滑板式侧滑台按其结构形式可分为单滑板式和双滑板式两种，双滑板式侧滑试验台都是双板联动的。

图 2-109 单滑板式侧滑试验台

图 2-110 双滑板式侧滑试验台

双板联动侧滑检验台主要有机械和电气两部分组成，如图 2-111 所示。机械部分主要有两块滑板、联动机构、回位机构、滚轮及导轨、限位装置及锁零机构组成。电气部分包括位移传感器和电气仪表。

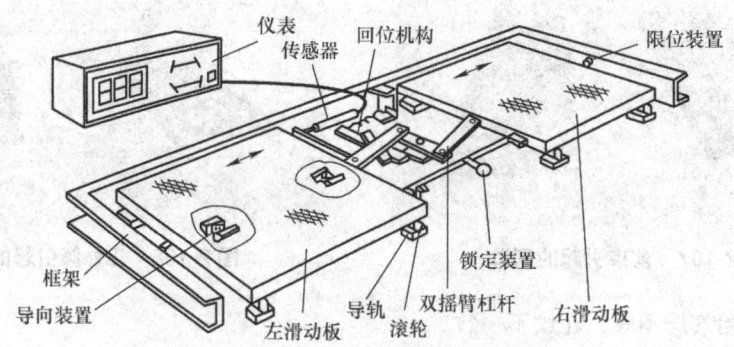

图 2-111 双滑板式侧滑试验台结构

1. 机械部分

双滑板式侧滑试验台的左右两块滑板分别支撑在各自的四个滚轮上，每块滑板与其连接的导向轴承在轨道内滚动，限制了其纵向的运动，保证滑板只能沿左右方向滑动。两块滑板通过中间的联动机构连接起来，从而保证了两块滑板作同时向内或同时向外的运动，相应的位移量通过位移传感器转变成电信号送入仪表。限位装置是限制滑板过分移动而超过传感器的允许范围，起保护传感器的作用。锁零机构能在设备空闲或设备运输时保护传感器。润滑机构能够保证滑板轻便自如地移动。回位机构起到自动复位的作用，使滑板在不受力时能够保持在中间位置。

2. 电气部分

电气部分按传感器的种类不同而有所区别。早期的侧滑试验台有用自整角电动机的，现已经很少用。目前常用的位移传感器有电位计式和差动变压器式两种类型。

1) 电位计式。电位计式测量装置将一个可调电阻安装在侧滑检验台底座上，其活动触点通过传动机构与滑板相连，电位计两端输入一个固定电压（比如5V），中间触点随着滑板的内外移动也发生变化，输出电压也随之在 0~5V 之间变化，把 2.5V 左右的位置作为侧滑台的零点，假如滑板向外移动，输出电压大于 2.5V，达到外侧极限位置输出电压为 5V；假如滑板向内移动，输出电压小于 2.5V，达到内侧极限输出电压为 0V，这样仪表就可以通过 A/D 转换器将侧滑传感器电压转换成数字量，并输入单片机处理，得出侧滑量的大小。

2) 差动变压器式测量装置内部的初级线圈和次级线圈都套在一个可以活动的铁心上，铁心可以随着滑板一起移动。差动变压器式测量装置与电位计式测量装置类似，区别在于电位计式输出一个正电压信号，而差动变压器式输出的是正负两种信号。把电压为 0V 时的位置作为零点。滑板向外移动输出一个大于 0V 的正电压，向内移动输出一个小于 0V 的负电压。同样，仪表就可以通过 A/D 转换器将侧滑传感器电压转换成数字量，并输入单片机处理，得出侧滑量的大小。

侧滑试验台指示仪表可分为数字式和指针式两种，目前检测站普遍使用的是数字式仪表。数字式仪表多为智能仪表，实际就是一个单片机系统，具有存储、清零、打印和报警等功能。

2.7.3 侧滑试验台的测量原理

我们以侧滑板仅受车轮前束、外倾角的作用为例分析下侧滑试验台的测量原理。

1. 侧滑板仅受车轮前束作用

当仅考虑车轮仅有前束时，车轮在前进时，如图 2-112 所示，由于车轮有向内滚动的趋势，但因受到车桥的约束作用，在实际前进驶过侧滑台时，车轮不可能向内侧滚动，从而会通过车轮与滑动板间的附着作用带动滑动板向外侧运动，车轮在滑动板上单纯滚动，滑动板相对于地面有侧向移动，此时测得的滑动板的横向位移量记为 S_t（由前束所引起的侧滑分量）。仅具有前束角的车轮在后退时，通过侧滑台所引起的侧滑分量 S_t 大于零。

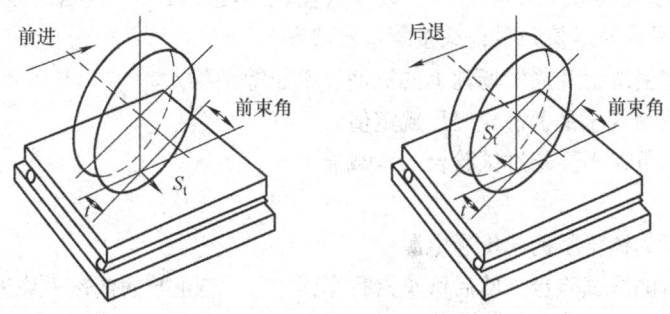

图 2-112　车轮前束引起的侧滑作用

车轮在后退时，若在无任何约束的情况下，车轮必定向外侧滚动，但因受到车桥的约束作用，虽然其存在着向外滚动的趋势，但不可能向外侧滚动，从而会通过其与滑动板间的附着作用带动滑动板向内侧移动，此时测得滑动板向内的位移记为 S_t，仅具有前束角的车轮在后退时，通过侧滑台所引起的侧滑分量 S_t 小于零。

2. 侧滑板仅受车轮外倾角作用

以右前轮为参考，当车轮仅有正外倾角时，如图 2-113 所示，车轮有向外侧滚动的趋势，由于受到车桥的约束，车轮不可能向外移动，从而通过车轮与滑动板间的附着作用带动滑动板向内运动。此时滑动板向内移动的位移量记为 S_a（由外倾角所引起的侧滑分量）。具有正外倾角的车轮，由于其类似于滚锥的运动情况，因而无论其前进还是后退时所引起的侧滑分量均为负；相反地内倾车轮引起的侧滑分量均为正。

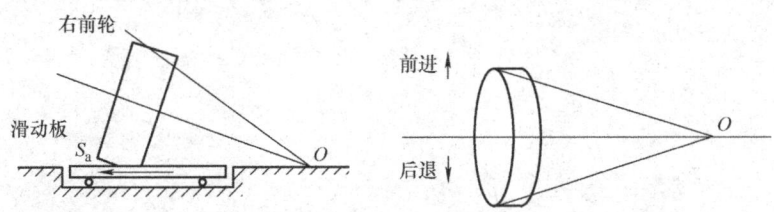

图 2-113　车轮外倾角引起的侧滑作用

综上所述，仅具有前束的车轮，在前进时驶过侧滑台时所引起的侧滑量为正值，在后退时驶过侧滑台所引起侧滑分量为负值。反之，仅具有正外倾的车轮，在前进时驶过侧滑台时所引起的侧滑分量为负值，在后退时驶过侧滑台所引起的侧滑分量为正值。

2.7.4 侧滑量的检测

汽车车轮侧滑量的检测需要借助侧滑试验台来进行测量，具体操作如下：

1. 检测前的准备

1）在未通电的状态下，检查仪表指针是否指在零位上，接通电源，左右晃动滑动板，待滑动板停止后，查看指针是否仍在零位或数据显示仪表上的侧滑量数值是否为零。如果发现失准，对于指针式仪表，可以用零点调整电位计或游丝零点调整钮将仪表校零；对于数显式仪表，可以按下校准键，调节调零电阻，使侧滑量显示值归零，或按复位键清零。

微课视频
汽车车轮侧滑量
的检测

2）检查并清除侧滑台及周围场地上的机油、石子等杂物。

3）检查汽车轮胎气压是否符合出厂规定值。

4）检查汽车轴重，不要超过试验台的承载能力。

2. 检测操作

1）松开滑动板的锁止手柄，接通电源。

2）将汽车正对侧滑试验台，然后汽车沿行车线以 3~5km/h 的低速平稳地驶过滑动板。

3）当被检测车轮从滑动板上完全通过后，读取侧滑的数值和方向。

4）检测结束后，锁止滑动板，切断电源。

3. 检测注意事项

1）车辆通过侧滑试验台时，不得转动转向盘。

2）不得在侧滑台上制动或停车。

3）不允许承载超标的车辆驶入侧滑试验台，以防压坏、损伤机件或滑动板。

4）不允许汽车在测试时进行突然踩加速踏板、松开加速踏板或踩离合器踏板，以免改变前轮受力状态和定位角，造成测量误差。

项目 3
仪表照明系统检测

任务描述

纪先生有一辆 2013 年款的大众捷达轿车，在限速 90km/h 的高速公路上行驶时，由于行驶时间过长，纪先生没有留意汽车的车速，当发现公路限速时，看到汽车速度表显示的车速已达到 100km/h。然而令纪先生感到意外的是，后续中他并没有查到自己超速违规的记录，于是他怀疑自己的车速表与实际车速不符。同学们，你们能够帮助纪先生完成车速表的检测吗？

学习目标

1. 掌握汽车车速表的检测方法
2. 掌握汽车前照灯的检测方法

 **知识与技能点清单**

序号	学习目标	知识点	技能点
1	掌握汽车车速表的检测方法	1. 汽车车速表产生误差的原因 2. 车速表检验台的类型、结构 3. 车速表的检测	能够对汽车车速表进行精度检测
2	掌握汽车前照灯的检测方法	1. 前照灯评价指标 2. 前照灯检测原理 3. 前照灯检测仪的类型、结构 4. 前照灯的检测	能够对汽车前照灯发光强度、光轴的偏斜量进行检测

 **鉴定**

序号	学习目标	鉴定1	鉴定2	鉴定3	鉴定结论	鉴定教师签字
1	掌握汽车车速表的检测方法				□通过 □不通过	
2	掌握汽车前照灯的检测方法				□通过 □不通过	

备注：任课老师可以通过平时教学过程中学习者的学习态度、参与教学活动的积极性、职场安全意识及终结性鉴定结果等确定其最后的鉴定结果，每个学习者最多可以鉴定三次，鉴定老师可以把鉴定情况填写在上表中。

 学习信息

3.1 车速表的检测

汽车在使用一定的时间后，仪表板上的车速表会产生误差，当车速表的误差太大时，驾驶人在限速路段行驶时难以正确控制车速，严重时甚至引起交通事故。

为了保证行车安全，车速表的检测被列为安全检测中的必检项目之一，以便驾驶人能够准

确地把握行车速度。车速表允许误差范围为 −5% ~ +20%，即当实际车速为 40km/h，车速表指示值应为 38 ~ 48km/h。

3.1.1 车速表误差产生的原因

车速表随着使用时间的延长，其产生的误差会越来越大，造成车速表失准的主要原因有：车速表自身机件损坏；轮胎磨损、胎压不足。

1. 车速表自身机件损坏

车速表利用磁电互感，通过指针摆动来显示汽车行驶速度，车速表内有带指针的活动转盘、带永久磁铁的转轴及轴承、齿轮、游丝等零件，在使用过程中会产生自然磨损，另外磁性元件也会随着时间退磁、老化，这些因素会造成车速表的指示误差。

2. 轮胎磨损、胎压不足

车速表的显示值反映的是车轮的转速，相当于驱动轮的线速度，而驱动轮的线速度与车轮的半径相关。由于轮胎是一个充气的弹性体，当汽车行驶时，轮胎受到垂直载荷、车轮驱动力和地面阻力会产生弹性变形，因此轮胎出现磨损、胎压不足时会引起车轮半径的变化，从而造成车速表的显示值误差。

3.1.2 车速表检验台

车速表检验台按有无驱动装置可分为标准型与驱动型两种类型。标准型车速表检验台无驱动装置，它靠被测汽车驱动轮带动滚筒转动；驱动型车速表检验台由电动机驱动滚筒旋转，再由滚筒带动车轮旋转，此外还有把车速表检验台与制动检验台或底盘测功机组合在一起的综合式检验台。目前检测站使用最多的是标准型车速表检验台。

1. 标准型车速表检验台

标准型车速表检验台主要由速度检测装置、速度指示仪表、速度报警器等组成，如图 3-1 所示。

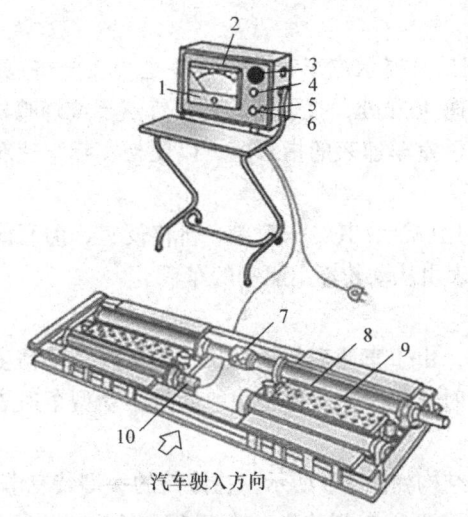

图 3-1 标准型车速表检验台整体结构

1—校正螺钉 2—速度指示仪表 3—蜂鸣器 4—警告灯 5—电源灯 6—电源开关 7—联轴器
8—滚筒 9—举升器 10—速度传感器

(1) 速度检测装置

速度检测装置主要由举升器、速度传感器、滚筒、联轴器组成。如图 3-2 所示，检验台有四个滚筒，左右各有两个滚筒，通过轴承安装在框架上，用于支承汽车的驱动轮。在测试过程中，为防止汽车的差速器起作用而造成左右驱动轮转速不等，前面的两根滚筒是用联轴器联在一起。滚筒多为钢制，表面有防滑材料。

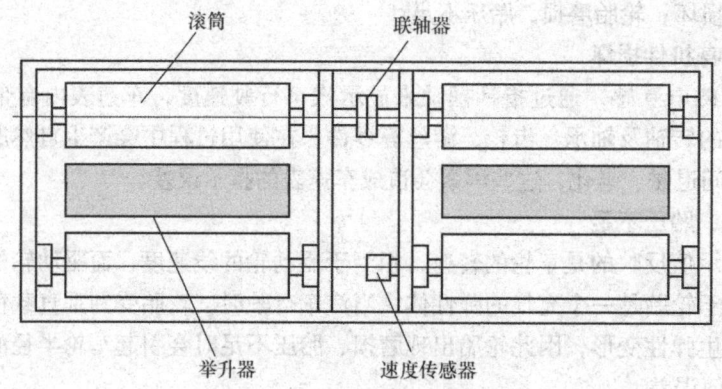

图 3-2　检验台速度检测装置

在前、后滚筒之间设有举升器，以便车轮进、出检验台，为了保证检测安全，举升器和滚筒制动装置联动，当举升器升起时，滚筒制动而不能转动。

速度传感器装在滚筒一端，能够将滚筒转速的机械信号转换为电信号传送至速度指示装置。

(2) 速度指示装置

速度指示装置是按照速度传感器发出的电信号大小来进行工作的，它能根据滚筒圆周长与滚筒转速算出的汽车实际速度，以 km/h 为单位在速度指示仪表上显示车速，目前多用智能型数字显示装置。

(3) 速度报警器

速度报警器是为了在测量时提示汽车车速表误差是否在合格范围之内而设置的。检测时，当汽车实际车速达到检测车速 40km/h，报警器的警告灯点亮或蜂鸣器鸣叫，提示检测人员已达到检测车速，应立即读取驾驶室车速表的指示值，以便与实际车速对比，判断车速表的指示值是否在规定的范围内。

标准型车速表检验台应用广泛，其结构简单、价格便宜，但只能检测车速表由变速器输出驱动的车辆，不能检测车速表由从动轮输出驱动的车辆。

2. 驱动型车速表检验台

对于后置发动机的汽车，由于车速表软轴过长，会出现传动精度和寿命等方面的问题，所以转速信号取自前从动轮，对这种车辆必须采用电动机驱动型车速表检验台，测试时由电动机驱动滚筒与前从动轮旋转。

驱动型车速表检验台的结构如图 3-3 所示，在滚筒的一端装有电动机，用来驱动滚筒旋转，在滚筒与电动机之间装有离合器，起到传递和中断动力的作用，检测时，可以将离合器分离，将被测汽车的驱动轮驶入检验台并驱动滚筒旋转，此时驱动型车速检验台就相当于标准型车速表检验台。

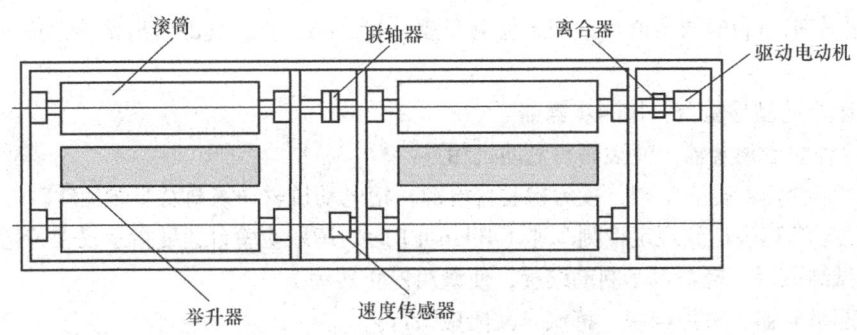

图 3-3 驱动型车速表检验台的结构

检测时，汽车驱动轮置于滚筒上，动力由发动机经传动系驱动车轮旋转，车轮借助于摩擦力带动滚筒旋转，旋转的滚筒相当于移动的路面。以驱动轮在该滚筒上旋转来模拟汽车在路面上行驶时的实际状态。通过测试滚筒的线速度来达到测量汽车行驶速度的目的。滚筒的线速度（即汽车实际速度）可以用下面公式推导而出：

$$v = L \times n \times 60 \times 10^{-6}$$

式中，v 为汽车实际车速，单位为 km/h；L 为滚筒的周长，单位为 mm；n 为滚筒的转速，单位为 r/min。

3.1.3 车速表的检测方法

车速表的检测需要借助车速表检验台来进行测量，具体操作如下。

1. 检测前的准备

（1）待测车辆的准备

1）检查轮胎花纹深度是否符合标准规定、调整好车辆的轮胎气压。

2）清除轮胎上沾有的水、油、泥和嵌入轮胎花纹沟槽内的石子等杂物。

（2）检验台的准备

1）检查检验台举升器动作是否活动自如、气缸（或油缸）有无漏气部位。

微课视频
汽车车速表的检测

2）在滚筒检验状态检查检验台指示仪表是否在零点位置上。

3）检查检验台滚筒上是否沾有油、水、泥等杂物。

4）检查检验台导线的接触情况。

2. 检测步骤

1）接通检验台电源，升起滚筒间的举升器。

2）驾驶车辆与滚筒垂直地驶入检验台，左右车轮尽量对称靠近举升器的中部，使与车速表输入信号相关的车轮停于两滚筒之间。

3）降下滚筒间的举升器，至车轮与举升器托板脱离为止。

4）用挡块抵住位于检验台滚筒之外的一对车轮，防止汽车在测量时滑出检验台。

5）对于标准型检验台，检测步骤如下。

① 起动汽车，待汽车的驱动轮在滚筒上稳定后，挂入最高档，踩下加速踏板使驱动轮平稳地加速运转。

②当汽车车速表的指示值达到规定检测车速（40km/h）时，立即读出检验台速度指示仪表的指示值。

6）对于驱动型检验台，检测步骤如下。
①接合检验台离合器，使滚筒与电动机相连。
②将汽车变速器挂入空档，接通检验台电源，使电动机驱动滚筒及车轮旋转。
③当汽车车速表达到规定检测车速（40km/h）时，读取检验台速度指示仪表的指示值。

7）测试结束后，轻踩汽车制动踏板，使滚筒停止转动。
8）升起举升器，去掉挡块，将汽车驶离检验台。
9）切断检验台电源。

3. 检测注意事项

1）对于不能在车速表检验台上检测的车辆，应采取路试进行检验。
2）轴重大于检验台允许重量的汽车，禁止上检验台检测。
3）检测结束后，检验员不可猛踩制动踏板使滚筒停止转动。
4）测速时车辆前方及驱动轮两旁不准站立人员。
5）不要在检验台上进行车辆维修作业。
6）对于前轮驱动的汽车，注意掌控转向盘，保持车轮平面与滚筒垂直。
7）定期对滚筒支承轴承进行润滑，以免影响检测结果。

3.2 前照灯的检测

汽车前照灯检测是汽车安全性能检测不可缺少的一部分。前照灯灯光照射是否符合标准的诊断参数主要是发光强度和光束照射位置。当发光强度不足或光束照射位置偏斜时，会造成夜间行车驾驶人视线不清，或使迎面来车的驾驶人眩目，将极大地影响行车安全。所以应定期对前照灯的发光强度和光束照射位置进行检测、校正。前照灯的技术状况可用屏幕法和前照灯校正仪检测。

3.2.1 前照灯评价指标

国家标准GB 7528—2017《机动车运行安全技术条件》对机动车提出的基本要求有：
1）机动车装备的前照灯应有远、近光变换功能。
2）当远光变为近光时，所有远光应能同时熄灭。
3）同一辆机动车上的前照灯不应左、右的远、近光灯交叉开亮。
4）所有前照灯的近光均不应眩目。
5）机动车前照灯光束照射位置在正常使用条件下应保持稳定。
6）汽车应具有前照灯光束调整装置及功能，以方便地根据装载情况对光束照射位置进行调整，该调整装置如为手动的，应坐在驾驶座上就能被操作。

汽车前照灯性能的检验指标通常以发光强度、光束照射位置两个因素为参考标准。汽车装远光和近光双光束灯时，以检测近光光束为主。对于只能调整远光单光束的前照灯，检测远光单光束。

1. 发光强度

发光强度是表示光源在一定方向范围内发出的可见光辐射强弱的物理量，单位是坎德拉，简称"坎"，用符号 cd 表示。前照灯远光光束发光强度最小值要求见表 3-1。

表 3-1 前照灯远光光束发光强度最小值要求　　　　　　　　　　（单位：cd）

机动车类型		检查项目					
		新注册车			在用车		
		一灯制	二灯制	四灯制*	一灯制	二灯制	四灯制*
三轮汽车		8000	6000	—	6000	5000	—
最大设计车速小于70km/h的汽车		—	10000	8 000	—	8000	6000
乘用汽车		—	15000	12 000	—	12000	10000
普通摩托车		10000	8000	—	8000	6000	—
轻便摩托车		4000	3000	—	3000	2500	—
拖拉机运输机组	标定功率 > 18kW		8000	—		6000	—
	标定功率 ≤ 18kW	6000b	6000	—	5000b	5000	—

* 四灯制是指前照灯具有四个远光光束；采用四灯制的机动车其中两只对称的灯达到两灯制的要求视为合格。
* 允许手扶拖拉机运输机组只能装用一只前照灯。

2. 光束照射位置

如果把前照灯最亮的地方看作是光束的中心，则它对水平、垂直坐标轴交点的偏离，即表示它的照射方位的偏移，其偏移的尺寸就是光束照射方位的偏移值，亦称光轴的偏斜量。

前照灯近光光束照射位置的检测要求有：前照灯在距离屏幕 10m 处，光束明暗截止线转角或中点的高度应为 0.6 ~ 0.8H（H 为前照灯基准中心高度），水平方向位置向左或向右偏差均不得超过 100mm。

四灯制前照灯远光单光束照射位置的检测要求：前照灯在距离屏幕 10m 处，要求在屏幕上光束中心离地高度为 0.85 ~ 0.90H，水平位置要求左灯向左偏不得大于 100mm，向右偏不得大于 170m；右灯向左或向右偏均不得大于 170m。

国家标准 GB 7528—2017《机动车运行安全技术条件》对汽车光束照射位置的要求有：

1）在空载车状态下，汽车前照灯近光光束照射在距离 10m 的屏幕上，近光光束明暗截止线转角或中点的重点方向位置，对近光光束透光而中心（基准中心，下同）高度小于等于 1000mm 的机动车，应不高于近光光束透光面中心所在水平面以下 50mm 的线且不低于近光光束透光面中心所在水平面以下 300mm 的直线；对近光光束透光面中心高度大于 1000mm 的机动车，应不高于近光光束透光面中心所在水平面以下 100mm 的直线且不低于近光光束透光面中心所在水平而以下 350mm 的直线。除装用一只前照灯的三轮汽车和摩托车外，前照灯近光光束明暗截止线转角或中点的水平方向位置，与近光光束透光面中心所在垂直面相比，向左偏移应小于等于 170mm，向右偏移应小于等于 350mm。

2）在空载车状态下，对于能单独调整远光光束的汽车前照灯，前照灯远光光束照射在距离 10m 的屏幕上，其发光强度最大点的垂直方向位置，应不高于远光光束透光面中心所在水平面（高度值为 H）以上 100mm 的直线且不低于远光光束透光面中心所在水平面以下 0.2H 的直线。除装用一只前照灯的三轮汽车和摩托车外，前照灯远光发光强度最大点的水平位置，与远光光束透光面中心所在垂直面相比，左灯向左偏移应小于等于 170mm 且向右偏移应小于等于 350mm，右灯向左和向右偏移均应小于等于 350mm。

3.2.2 前照灯检测原理

汽车各类前照灯检测仪的测量原理基本相同，通过采用能把吸收的光能变成电流的光电池作为传感器，按照前照灯光轴照射光电池产生电流的大小和比例，来测量发光强度和光轴偏斜量。

前照灯检测仪上用的主要是硒光电池，其原理如图 3-4 所示。光电池是一种光电元件，硒光电池受光照后，光使金属膜和非结晶硒的上下部产生电动势，由于光电池的上部带负电，下部带正电，因此在金属膜和铁底板上装上引出线后，再把它们用导线连接起来，光电流就可使电流表指针作相应的偏转。这样通过光与电转换，从指针偏转的大小就可以判断出前照灯的发光强度和光轴的方向。

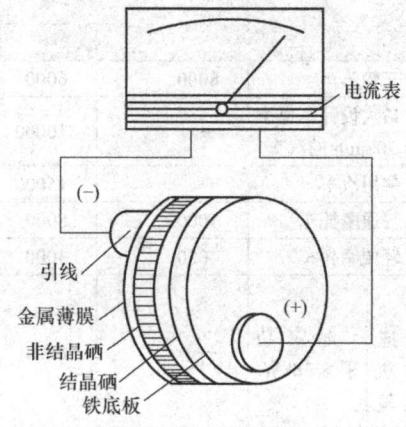

图 3-4 硒光电池工作原理

1. 发光强度的检测原理

测量前照灯发光强度的电路由光电池、光度计和可变电阻等组成，如图 3-5 所示。当前照灯在规定距离处照射光电池时，光电池根据前照灯发光强度的大小产生相应的光电流，使光度计指针摆动，经过标定后，指针偏转的大小可以指示出前照灯的发光强度。

2. 光轴偏移量检测原理

光轴检测电路中有四块光电池，如图 3-6 所示，在 $S_上$ 和 $S_下$ 之间接有上下偏斜指示计，在 $S_左$ 和 $S_右$ 之间接有左右偏斜指示计。打开前照灯，四块光电池各自产生电流，根据 $S_上$、$S_下$、$S_左$ 和 $S_右$ 的电流的差值，使上下偏斜指示计和左右偏斜指示计动作。

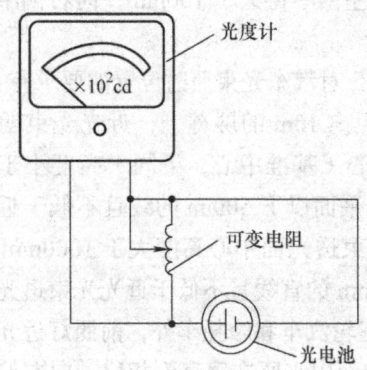

图 3-5 前照灯发光强度检测电路

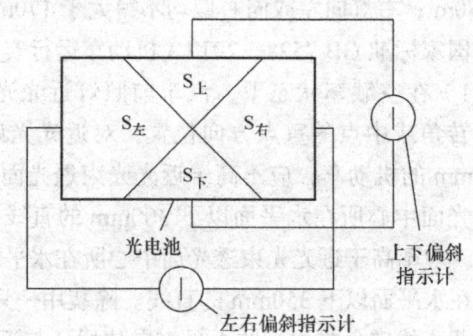

图 3-6 前照灯光轴偏移量检测电路

如果光电池属于无偏斜受光情况，则上下偏斜指示计和左右偏斜指示计的指针均垂直向下，处于 0 位。如果光轴偏离了中心位置，则偏斜指示计的指针偏离 0 点，其偏移量反映了光轴偏斜量。通过适当的调节机构，调整光线照射光电池的光照位置，可使偏斜指示计的指针指向 0 位，此调节量也就反映了光轴的偏斜量。

3.2.3 前照灯检测仪

在汽车检测站中，由于场地空间的限制，大多都采用前照灯检测仪来检测前照灯，常用的前照灯检测仪一般为聚光式、投影式、屏幕式、自动追踪光轴式等。

1. 聚光式前照灯检测仪

聚光式前照灯检测仪由摆正找准器、支柱、光轴刻度盘、左右偏斜指示计、光度计、升降手轮、车轮、导轨、底座、角度调整螺钉、聚光透镜、前照灯照准器、上下偏斜指示计、光轴刻度盘、变换开关组成，如图 3-7 所示。

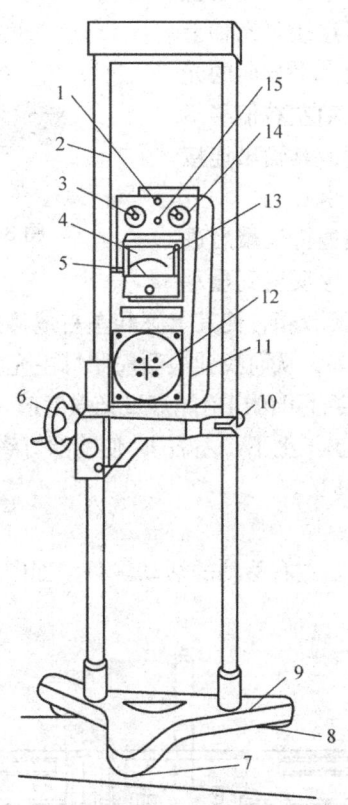

图 3-7 聚光式前照灯检测仪

1—摆正找准器 2—支柱 3—光轴刻度盘（左、右） 4—左右偏斜指示计 5—光度计 6—升降手轮
7—车轮 8—导轨 9—底座 10—角度调整螺钉 11—聚光透镜 12—前照灯照准器 13—上下偏斜指示计
14—光轴刻度盘（上、下） 15—变换开关

聚光式前照灯检测仪能够在 1m 的测量距离内，用受光器的聚光透镜把前照灯的散射光束聚合起来，根据其对光电池的照射强度，来检验前照灯的发光强度和光轴偏斜量。检测时，转动光轴刻度盘使光轴偏斜指示计的指针指示为零。此时，从光轴刻度盘的刻度可读到光轴的偏斜量，同时根据光度计的指示得出发光强度值。

2. 投影式前照灯检测仪

投影式前照灯检测仪是将前照灯光束的影像映射在投影屏上，从而检测发光强度、光轴偏移量的。

投影式前照灯检测仪主要由光接收箱和行走机构两大部分组成，其结构组成如图3-8所示。检测仪通过底座上的行走机构可以在导轨上左右运动；光接收箱由两根立柱支承并导向，通过齿轮、齿条的传动作用，光接收箱可根据需要沿立柱上下运动。

光接收箱的屏幕上对称地分布5块电池，分别为左光电池、右光电池、上光电池、下光电池、中心光电池，其中上下光电池检测垂直方向的光分布情况，其平衡输出连接至光轴上下偏移指示表；左右光电池检测水平方向的光分布情况，其平衡输出连接至光轴左右偏移指示表；中心光电池检测发光强度，其输出连接至光度计。

检测前照灯时，被测光束经透镜汇聚后进入光接收箱，由反射镜将光束影像反射到显示屏幕上，通过上下与左右移动光接收箱，使其上下和左右偏移指示表指针为零。此时，表面上下、左右的光电池受光量分别相等，从而找到被测前照灯主光轴的方向，其主光轴中心正好反射到中心光电池上，因此通过光度计可测出前照灯发光强度值。

通过转动检测仪的光轴刻度盘（上下、左右），使前照灯影像中心与投影屏坐标原点重合，可以从光轴刻度盘上读出光轴偏移量。

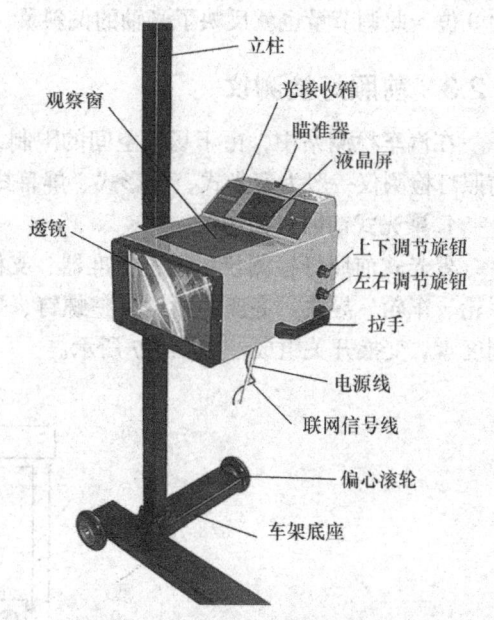

图3-8 投影式前照灯检测仪

3. 屏幕式前照灯检测仪

屏幕式前照灯检验仪装有可以左右移动的活动屏幕，如图3-9所示，活动屏幕上装有能上下移动的内部带光电池的受光器。

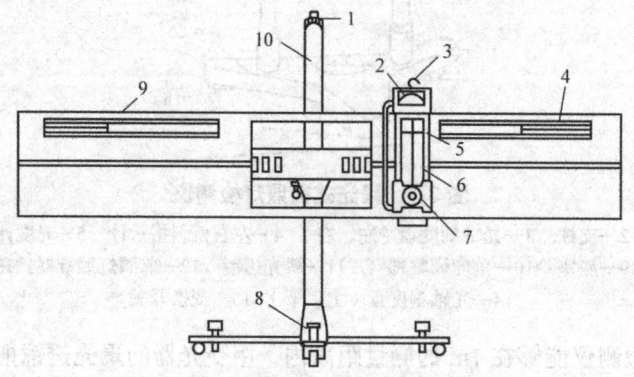

图3-9 屏幕式前照灯检测仪

1—摆正找准器　2—光度计　3—前照灯照准器　4—光轴刻度尺（左、右）　5—活动屏幕　6—光轴刻度尺（上、下）
7—受光器　8—底座　9—固定屏幕　10—支柱

检验时，移动受光器和活动屏幕，使光度计的指示值最大，指示值即为发光强度值，该位置即为主光轴照射位置，从装在屏幕上的两个光轴刻度尺即可读得光轴偏斜量。

4. 自动追踪光轴式前照灯检测仪

自动追踪光轴式前照灯检验仪主要由行走机构、光接收箱和自动追踪传动系统等部分组成，如图3-10所示。按检测原理不同，可分为光电池式和CCD摄像头式两种类型。

行走机构可以使自动追踪光轴式前照灯检验仪通过底座下面装的轮子在导轨上左右运动。在光接收箱内部有一个透镜组件，在光接收箱的正面装有上下左右四个光电池，用作光轴追踪。

当上下光电池受的光照度不同时，产生的偏差信号驱动上下传动部件中的电动机，牵引光接收箱向光照平衡的位置移动。同样，左右光电池的偏差信号驱动左右传动部件中的电动机，使仪器向左向右移动，直到光轴位置偏差信号为零时，检

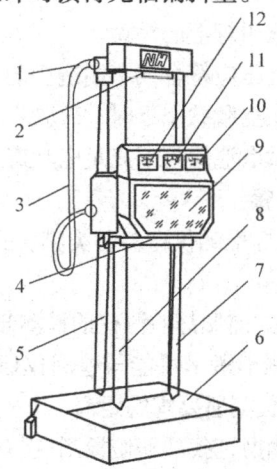

图3-10 自动追踪光轴式前照灯检测仪
1—接线盒 2—上支架 3—连接线缆 4—支承座 5—后立柱
6—底箱 7—右立柱 8—左立柱 9—光接收箱
10—光轴左右偏移量指示表 11—光度计
12—光轴上下偏移量指示表

测仪停止移动，灯光的光轴处于光接收箱的中心上。同时在透镜后面的四象限光电池受到前照灯光束经透镜聚光后，照射在这一光电池组的中央时，四光电池产生的偏差信号为零（上下表和左右表指示为零）。如果在仪器定位于主光轴位置时，通过聚光透镜的光束偏离中心位置，必然产生偏差信号。左右偏移的偏差信号驱动电动机，使透镜移动，以减少这一偏差，使得汇聚的光束向光电池组中心逼近。同样，上下偏移偏差信号则驱动透镜在垂直方向上作调整，以使光点能在垂直方向逼近光电池组的中心。透镜在两个方向的位移量由安装在两个方向的位移传感器经电路放大处理后，分别将偏移量显示在左右指示表上和上下指示表上。

当光束的焦点落在光接收箱内四象限光电池组的中央时，其四块光电池组输出电压的大小，将对应于照射在光电池表面的光照度。由于光源至光电池表面的距离一定，因此光电池组的输出电压实际上就是对应的被检测前照灯发光强度。将四块光电池各自的输出电压送至检测电路处理后，光度计上就会显示被检测汽车前照灯的发光强度。

3.2.4 前照灯检测方法

前照灯的检测需要借助前照灯检测仪来进行测量，具体操作如下。

1. 检测前的准备

（1）检测仪的准备

1）在不受光的情况下，调整前照灯检测仪光度计和光轴偏斜指示器指示指针的机械零点。

2）检查聚光透镜和反射镜的镜面有无污物，若有，用柔软的布或镜头纸擦拭干净。

微课视频
汽车前照灯的检测

3）检查导轨是否沾有泥土等杂物，若有，应扫除干净。

（2）车辆的准备

1）清除前照灯上的污垢。

2）轮胎气压应符合汽车制造厂的规定，否则影响车灯中心高度。

3）汽车在空载状态下时，驾驶座乘坐一位驾驶人。

4）汽车蓄电池应处于充足电状态，以保证能检测到正确的前照灯光照强度值。

2．检测步骤

汽车前照灯检测仪有多种类型，具体的使用方法不尽相同，检测时应根据检测仪的说明书规范操作。

（1）聚光式前照灯检测仪的检测步骤

1）将被测车辆尽可能与检测仪保证垂直方向驶近检测仪，直至前照灯与检测仪受光器之间的距离达到检测所要求的距离。

2）用车辆摆正找准器使检测仪与被测车辆对正。

3）打开前照灯，用前照灯照准器使检测仪与被测车辆前照灯对正。

4）将"光度、光轴"转换开关扭向光轴一边，然后转动上下和左右光轴刻度盘，使光轴偏斜指示计的指示值为零，此时两光轴刻度盘上指示值即为光轴偏斜量。

5）保持光轴刻度盘位置不动，将"光度、光轴"转换开关扭到光度一边，此时光度计的指示值即为前照灯的发光强度。

（2）投影式前照灯检测仪的检测步骤

1）将被测车辆尽可能与检测仪保证垂直方向驶近检测仪，直至前照灯与光接收箱之间的距离达到检测所要求的距离。

2）用车辆摆正找准器使检测仪与被测车辆对正。

3）打开前照灯远光，移动检测仪，使光束照射到光接收箱上，并确保上下、左右光轴偏移指示计的指针指到零位。

4）观察投影屏上前照灯影像位置，必要时转动光轴刻度盘，测出光轴的偏移量。

5）读取光度计的指示值，即为被测前照灯的发光强度。

（3）屏幕式前照灯检测仪的检测步骤

1）被测车辆驶近检测仪，距离检测仪1m，方向垂直于检测仪导轨。

2）用车辆找准器使检测仪与被测车辆对正。

3）打开前照灯，用前照灯找准器使检测仪与前照灯对正（固定屏幕调整到和前照灯同样高度，受光器与前照灯中心重合）。

4）使左右光轴刻度尺的零点与活动屏幕上的基准指针对正。

5）将受光器上下左右移动，使光度计指示值达到最大值，此时根据受光器上基准指针所指活动屏幕的上下刻度值和活动屏幕上基准指针所指固定屏幕左右刻度值即为光轴的偏斜量。

6）光度计上的指示值即为前照灯发光强度值。

（4）自动追踪光轴式前照灯检测仪的检测步骤

1）将被测车辆尽可能与检测仪保证垂直方向驶近检测仪，直至前照灯与光接收箱保持1m的距离。

2）用车辆摆正找准器使检测仪与被测车辆对正。

3）打开前照灯远光，接通检测电源，通过操纵开关调整光接收箱的上下与左右位置，使前照灯照射到光接收箱上。

4）按下控制盒上的检测开关，测定指示灯亮，检测仪进入测定状态，光接收箱随即追踪前照灯光轴，检测仪将自动测定光轴偏移量和发光强度并通过各指示表直接显示检测结果。

5）检测完毕后，按控制开关，使检测仪退出测定工作状态。

项目 4
环保性能检测

任务描述

靳先生有一辆双排气尾管的奔驰轿车，行驶 6 年有余，最近行车时明显感觉到发动机的油耗比之前高了些许，踩加速踏板时偶尔有顿挫感，最让他郁闷的是，汽车排放的尾气有刺鼻的气味。刚好这几天需要进行年检，遂将爱车开至检测站，决定检测爱车的尾气是否污染超标，顺便推断下故障原因。同学们，如果你们是检测站的工作人员，能够帮助靳先生完成汽车尾气的检测吗？

学习目标

1. 掌握汽车排放污染物的检测方法
2. 掌握汽车噪声的检测方法

项目 4 环保性能检测

知识与技能点清单

序号	学习目标	知识点	技能点
1	掌握汽车排放污染物的检测方法	1. 汽车排放污染物的成分 2. 汽车排放污染物的危害 3. 汽车排放污染物的影响因素 4. 汽车排放污染物的检测标准 5. 汽车排放污染物的检测仪器 6. 汽车排放污染物的检测方法	能够使用不分光红外分析仪（NIDR）、氢火焰离子分析仪（FID）、化学发光分析仪（CLD）、五气体分析仪、滤纸式烟度计、不透光烟度计等检测工具对汽车尾气中的污染物浓度进行检测
2	掌握汽车噪声的检测方法	1. 汽车噪声的来源 2. 汽车噪声的危害 3. 汽车噪声的评价指标 4. 汽车噪声的检测仪器 5. 汽车噪声的检测方法	能够使用声级计对汽车噪声进行检测

鉴定

序号	学习目标	鉴定1	鉴定2	鉴定3	鉴定结论	鉴定教师签字
1	掌握汽车排放污染物的检测方法				□通过 □不通过	
2	掌握汽车噪声的检测方法				□通过 □不通过	

备注：任课老师可以通过平时教学过程中学习者的学习态度、参与教学活动的积极性、职场安全意识及终结性鉴定结果等确定其最后的鉴定结果，每个学习者最多可以鉴定三次，鉴定老师可以把鉴定情况填写在上表中。

学习信息

4.1 汽车排放污染物的检测

自从人类开始工业革命之后，环境污染问题逐渐体现出来，各种由环境污染引发的灾害层出不穷,近年来的"雾霾"就是典型的环境污染事件。随着人们对生活品质要求的提高,从政府、企业到个人都越来越注重环境保护问题,希望通过现代技术来提高人们生活品质的同时保护我们的环境。汽车作为现代工业的结晶,本身就是一大污染来源。近年来,汽车生产厂家对环保性能提升的追求从来没有停止过,对汽车排放污染物的检验也愈加严格。

4.1.1 汽车排放污染物的成分及危害

汽车排放污染物主要有一氧化碳(CO)、碳氢化合物(HC)和氮氧化合物(NO_x)、硫化物(主要为SO_2)、颗粒物等。这些污染物由汽车的排气管、曲轴箱和燃油系统排出,分别称为排气污染物、曲轴箱污染物和燃油蒸发污染物。

汽车排放污染物所占比例中,发动机排放废气占到了55%,曲轴箱窜气占到了20%~25%,燃油蒸汽占到了20%。

1. 一氧化碳(CO)

一氧化碳(CO)是汽车燃油中碳原子(C)和空气中的氧气(O_2)产生不完全氧化反应之后的产物。它是一种无色、无味的气体,是汽车有害排放物中浓度最大的成分。

汽车发动机在燃烧燃油时需要将燃油和空气混合在一起进行燃烧。这种混合气体在燃烧过程中如果遇到几种情况就很容易造成不完全燃烧:比如汽车急速时获取的空气量不足;混合气体中气化燃油的浓度过高;燃烧温度过低;燃烧室容积过小导致混合空气的燃烧滞留时间不充足;混合气体的混合不充分等。

CO是一种有毒气体,一旦吸入人体后,会与血液中的血红蛋白结合,从而使得血液携带氧的能力降低而引起缺氧,人们一旦吸入过多的CO,会感觉恶心、头晕及疲劳,严重时会让人窒息。

2. 碳氢化合物(HC)

无论汽油还是柴油,其实都是由一些复杂的碳氢化合物组成,汽车废气中的HC是多种碳氢化合物的总成,是发动机未燃尽的燃料分解或供油系统中燃油蒸发所产生的气体。

一些碳氢化合物在阳光的照射下会发生化学反应,产生臭氧(O_3)、多环芳香族化合物(PAH)等具有强氧化性的化学物质,散逸在空气中会形成光化学雾,它们不仅会降低大气能见度,损害植物的健康生长,另外也会加速各种人工高分子材料的老化和变质(如塑料、橡胶等)。除此之外,这些产出物还会刺激人的眼睛和呼吸道系统,并产生致癌作用。

3. 氮氧化合物(NO_x)

汽车排放污染物中的氮氧化物(NO_x)主要分为两种,即一氧化氮(NO)和二氧化氮(NO_2)。虽然氮气(N_2)是一种很稳定的气体,一般不参与燃烧反应,但是在高温条件下,仍然会有一部分氮气(N_2)分子被氧气(O_2)分子所氧化,形成一氧化氮(NO)和二氧化氮(NO_2)这两种氮氧化合物。

汽油车发动机排放物中的氮氧化物中,90%以上为一氧化氮(NO)。在燃烧过后的排气过程中,一氧化氮(NO)在大气中会被氧化成带有剧毒的二氧化氮(NO_2)。NO和NO_2被吸入肺部后能与水分结合成亚硝酸(HNO_2)和硝酸(HNO_3),对呼吸系统有强烈的刺激作用,与人体血液中的血红蛋白结合力比一氧化碳(CO)更强,是其1000倍,对人体的肺和心肌都有很大的损害。

除此之外,二氧化氮(NO_2)还能够和碳氢化合物发生反应,形成光化学物,人类历史上发生过多次的此类环境事件，其罪魁祸首之一就是二氧化氮（NO_2）。另外，二氧化氮（NO_2）在空气中与水结合产生的硝酸（HNO_3）也是酸雨的主要成分之一。

4. 硫化物

汽车排放污染物中的硫化物主要为二氧化硫（SO_2），燃料中的硫和空气中的氧反应而成，排气中的 SO_2 含量与燃料中的含硫量有关，一般来说，柴油机比汽油机的 SO_2 多些。SO_2 对尾气排放系统中的三元催化剂有破坏作用，SO_2 堆积在催化剂的表面，会降低三元催化剂的使用寿命。

SO_2 可刺激人体咽喉和眼睛，严重时可使人中毒，引起呼吸道疾病。SO_2 还是形成酸雨的主要成分，严重破坏生态环境。

5. 颗粒物

汽车排放污染物中的颗粒物是的铅化物、炭烟和油雾的总称。为了提高汽油的辛烷值和抗爆性，汽油中添加了铅化合物，汽油燃烧后会生产铅化合物并从排气管排出。安装了三元催化转化器的汽车，需要使用无铅汽油，因为铅化合物会使得催化转化器中的铂、钯等贵金属催化剂失效。炭烟是汽油不完全燃烧的产物。

汽车尾气中的颗粒物被吸入人体后，将阻碍血液中的红细胞的生长，使心、肺发生病变，为了减少这种污染，国内外都在大力推广无铅汽油。

4.1.2 汽车排放污染物的影响因素

汽车排放污染物中有害物质的含量主要受空燃比（受到发动机负荷、发动机转速等因素影响）、发动机点火提前角等因素的影响。

1. 空燃比

燃料完全燃烧时理论上的空燃比为 14.7:1。CO 是燃料缺氧的条件下燃烧而生成，空燃比越小，氧气越少时，CO 生成得越多，排气中 CO 的含量越高。

HC 是部分燃料未完全参加燃烧的剩余产物。当空燃比较大时，混合气被稀释，火焰传播速度慢，甚至发生断火现象，此时燃料不完全燃烧，HC 含量增大；当空燃比过小时，由于氧气不足，燃料也不能充分燃烧，此时 HC 增多。

NO_x 是空气中的 N_2 与 O_2 在高温条件下生产的产物。在理想空燃比条件下，燃料燃烧最完全、温度最高时，生成的 NO_x 最多。反之，在燃气过浓或过稀时，燃烧温度都偏低，生成的 NO_x 也比较少。

发动机满负荷时，由于混合气浓，燃烧不完全，生成的 CO 量增多；中等负荷时，混合气略稀，燃烧效率最高，CO、HC 减少，但 NO_x 增多；在怠速和小负荷时，燃烧温度较低但所用混合气较浓，因而 NO_x 排放量减少，CO 和 HC 排放量显著增多。

发动机的转速提高时，加强了燃烧室内混合气的紊流，改善了混合气燃烧，排气中的 HC、CO 含量减少。混合气空燃比一定时，CO 随曲轴转速提高而下降，在高速时，燃烧时间短，HC 排放量略有增加；提高怠速可使 CO、HC 排放浓度下降，这是由于进气节流减小，充气量增加，残余气体稀释程度有所减少，燃烧得到改善。对于 NO_x 生成量，在某一混合气浓度下，当转速达到最大转速的 65%～75% 时，废气中的 NO_x 达到最大值。

2. 发动机点火提前角

点火提前角过分减小时，会使得 CO 没有充分的时间完全氧化，排放到尾气中的 CO 含量会增加。另外，推迟点火时，HC 会促使 CO 和 HC 后氧化，使 HC 排放降低，但通常情况下，不会用推迟点火来降低 HC，因为这样会使得发动机燃油经济性变差。在任何转速与负荷下，加大点火提前角，发动机缸内燃烧温度升高，会使得 NO_x 排放增加。

4.1.3 汽车排放污染物的检测标准

为了限制汽车排放污染物的排放量，世界上许多国家都制定了汽车尾气检测标准。随着国家对环境保护的不断重视，我国制定了一系列适合国情的汽车排放标准，对汽油车先实行急速法控制，再实施强制装置法控制，即对曲轴箱排放和燃油蒸发排放进行控制，最后实行工况法控制；对柴油车则是先实行自由加速法及全负荷法控制烟度，然后再与汽油车同步实施工况法，第三步再考虑制定柴油车颗粒物排放标准。

汽车排放标准可分为型式核准试验标准、生产一致性试验标准和在用汽车检测标准三类。其中，型式核准试验标准适用于对新设计车型的认证试验，生产一致性试验标准适用于从成批生产的车辆中任意抽取一辆或若干辆进行的抽样试验；在用汽车检测标准适用于对在用汽车的年检及抽样检测。其中，型式核准试验标准严于生产一致性试验标准，但这两种排放标准有着合二为一的趋势，在用汽车检测标准通常与该车型生产时所达到的新车排放标准相对应。

下面我们对国家现行的部分汽车排放污染物检测标准的限值进行介绍。

1. 点燃式发动机汽车排气污染物双怠速排放限值

GB 18285—2005《点燃式发动机汽车排气污染物排放限值及测量方法》规定：装用点燃式发动机的新生产汽车，其型式核准和生产一致性检查的排气污染物排放限值如表 4-1 所示。

表 4-1 新生产汽车排气污染物排放限值（体积分数）

车型	类别			
	急速		高急速	
	CO/%	HC/10^{-6}	CO/%	HC/10^{-6}
2005 年 7 月 1 日起新生产的第一类型轻型汽车	0.5	100	0.3	100
2005 年 7 月 1 日起新生产的第二类型轻型汽车	0.8	150	0.5	150
2005 年 7 月 1 日起新生产的型重型汽车	1.0	200	0.7	200

在用汽车排气污染物排放限值如表 4-2 所示。

表 4-2 在用汽车排气污染物排放限值

车型	类别			
	急速		高急速	
	CO/%	HC/10^{-6}	CO/%	HC/10^{-6}
1995 年 7 月 1 日前生产的轻型汽车	4.5	1200	3.0	900
1995 年 7 月 1 日起生产的轻型汽车	4.5	900	3.0	900
2000 年 7 月 1 日起生产的第一类轻型汽车	0.8	150	0.3	100
2001 年 10 月 1 日起生产的第二类轻型汽车	1.0	200	0.5	150
1995 年 7 月 1 日前生产的重型汽车	5.0	2000	3.5	1200
1995 年 7 月 1 日起生产的重型汽车	4.5	1200	3.0	900
2004 年 9 月 1 日起生产的重型汽车	1.5	250	0.7	200

表 4-1、表 4-2 中的注意事项有：

1）轻型汽车是指最大总质量不超过 3500kg 的 M_1 类、M_2 类和 N_1 类车辆。

2）第一类轻型汽车是指设计乘员数不超过 6 人（包括驾驶人），且最大总质量 ≤ 2500kg 的 M_1 类车。对于 2001 年 5 月 31 日以后生产的 5 座以下（含 5 座）的微型面包车，执行此类在用汽车排放限值。

3）第二类轻型汽车是指本标准适用范围内除第一类车以外的其他所有轻型汽车。

4）重型汽车是指最大总质量超过 3500kg 的车辆。

5）HC 容积浓度值按正己烷当量计算。

6）高怠速是指：轻型汽车规定为（2500 ± 100）r/min；重型车规定为（1800 ± 100）r/min；如有特殊规定的，按照制造厂技术文件中规定的高怠速转速执行。

2. 压燃式发动机汽车排气烟度排放限值

装配压燃式发动机的车辆，其排气污染物是指排气烟度。在用车辆的排气烟度检测由规定的自由加速法烟度试验测得，其排气烟度排放限值在 GB 3847—2005《车用压燃式发动机和压燃式发动机汽车排气烟度排放限值及测量方法》中有明确的规定，如表 4-3 所示。

表 4-3 在用汽车排气烟度排放限值

车型	光吸收系数 /m^{-1}	烟度 /R_b
2005 年 7 月 1 日起按本标准规定经型式核准批准生产的在用汽车	不应大于车型核准批准的自由加速法排气烟度排放限值，再加 0.5m^{-1}	—
2001 年 10 月 1 日至 2005 年 7 月 1 日生产的自然吸气式汽车	2.5	—
2001 年 10 月 1 日至 2005 年 7 月 1 日生产的涡轮增压式汽车	3.0	—
1995 年 7 月 1 日至 2001 年 9 月 30 日生产的在用汽车	—	4.5
1995 年 6 月 30 日以前生产的在用汽车	—	5.0

4.1.4 汽车排放污染物的检测仪器

汽车排放物的成分分析和检测，目前主要针对的是汽油车尾气中的一氧化碳（CO）、碳氢化合物（HC）和氮氧化合物（NO_x）。柴油车的排气烟度。常用的检测仪器有：不分光红外分析仪（NIDR）、氢火焰离子分析仪（FID）、化学发光分析仪（CLD）、五气体分析仪、滤纸式烟度计、不透光烟度计等。

1. 不分光红外分析仪（NIDR）

大部分非对称分子的气体，如一氧化碳（CO）、二氧化碳（CO_2）以及各种碳氢化合物（HC）都有吸收红外线的能力，但是这些气体在红外波段内都有其特定波长的吸收带。例如，一氧化碳（CO）的吸收带为 4.7μm，二氧化碳（CO_2）为 4.2μm，一般碳氢化合物（HC）为 3.4μm，一氧化氮（NO）为 5.3μm。

红外线辐射被吸收的程度与被测气体的浓度有着直接对应的函数关系。气体的浓度越高，吸收红外线的能力越强。利用这一特性设计的部分光红外分析仪器可以根据汽车排放废气吸收各波段红外线能量辐射引起的变化来检测废气中各种污染物的浓度。这种方法就叫做不分光红外线检测法，对应的仪器即不分光红外线分析仪。

不分光红外分析仪（NIDR）可以测量汽车排放污染物中的一氧化碳（CO）、二氧化碳（CO_2）、各种碳氢化合物（HC）以及一氧化氮（NO）等，其实物外观如图4-1所示。在当前汽车排放的相关法规中，一般规定不分光红外分析仪用于检测一氧化碳（CO）和二氧化碳（CO_2）等，其中使用不分光红外分析仪（NIDR）是目前测定CO最好的仪器，其测量上限为100%，下限可进行微量（10^{-6}级）以至痕量（10^{-9}级）分析。由于不分光红外线检测具有仪器体积小，检测效率高等优点，也被广泛应用于汽车急速时的碳氢化合物（HC）检测。

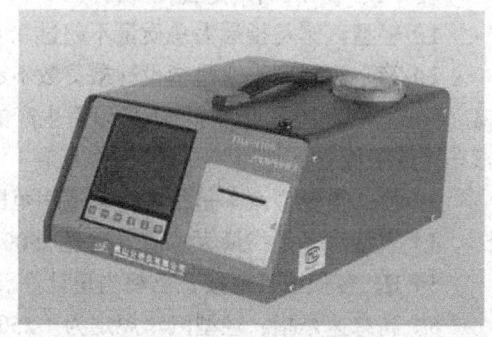

图4-1　FGA-4100汽车不分光红外分析仪

不分光红外分析仪（NIDR）由废气取样装置、气体分析装置、浓度指示装置和校准装置等组成。

（1）废气取样装置

废气取样装置由导管、取样头探头、过滤器、水分离器、排水泵等组成，如图4-2所示。通过取样头探头从汽车的排气管中采集废气，经过滤器和水分离器除去废气中的灰尘、碳渣和水分后，送入气体分析装置。

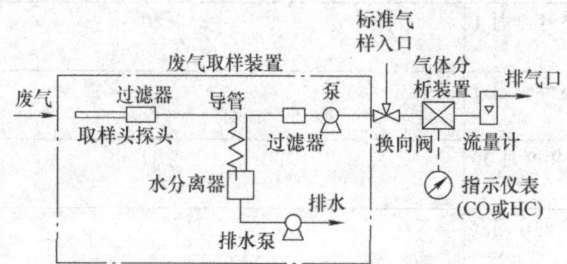

图4-2　废气取样装置组成示意图

（2）气体分析装置

气体分析装置根据废气中CO、HC吸收不同波长红外线能量的特性，从取样装置的混油多种成分的废气中，分别测量出CO、HC的浓度，并以电信号形式输送给浓度指示装置。

（3）浓度指示装置

浓度指示装置主要由CO指示装置、HC指示装置组成，接收到气体分析装置送来的电信号后，在CO指示仪表上以体积百分数（%）为单位显示出CO的浓度，在HC指示仪表上以正己烷当量体积百万分数（10^{-6}）为单位显示出HC浓度。

（4）校准装置

校准装置是校准分析仪测量精度的辅助装置，通常设有机械式简易校准装置和标准气样校准装置。其中机械式简易校准装置利用遮光板把气体分析装置中通过测量气样室的红外线挡住一部分，以减少一定量红外线，从而进行简单校准；标准气样校准装置将标准气样从不分光红外分析仪单设的一个专用注入口直接送到气体分析装置，再通过比较气样浓度值和仪表指示值的方法进行校准。

NDIR 由于采用的是不定波长红外线辐射吸收原理,往往只能测试某一波长范围内的碳氢化合物(HC),其对饱和烃较为敏感,但是对不饱和烃以及芳香烃并不敏感,因此 NDIR 只适用于汽车排放废气中的饱和烃化合物检测,其所测试的结果只能表示排气中的饱和烃含量,不能体现所有碳氢化合物(HC)的总含量,因此在要求高精度检测时,不宜使用 NDIR 进行测试(汽车怠速时可以有限地使用)。

2. 氢火焰离子分析仪(FID)

FID 检测适用于绝大多数类型的汽车尾气碳氢化合物(HC)检测,其需要使用到的就是氢火焰离子分析仪。

FID 检测的原理是基于大多数碳氢化合物(HC)在氢火焰中产生的大量电离现象,由于电离度与引入火焰中的碳氢化合物(HC)分子的碳原子数呈正比,所以通过电离现象来测定气体中的碳氢化合物(HC)浓度。相对于 NDIR 检测法,其适应性更强,也更加准确。但是其无法测定某一个类型的碳氢化合物(HC)含量,只能测定所有碳氢化合物(HC)的总量,常见的氢火焰离子分析仪如图 4-3 所示。

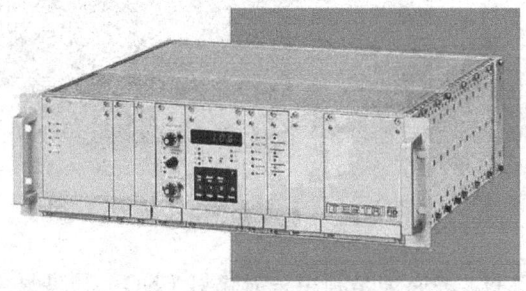

图 4-3 氢火焰离子分析仪

氢火焰离子分析仪(FID)通常由燃烧器、离子收集器及测量电路组成,如图 4-4 所示。FID 的电离室由金属圆筒作外罩,底座中心有喷嘴,喷嘴附近有环状金属圈(极化极,又称发射极),上端有一个金属圆筒(收集极)。两者间加 90~300V 的直流电压,形成电离电场加速电离的离子。收集极捕集的离子流经放大器的增幅后将信号送至数据采集系统,燃烧气、辅助气和色谱柱由底座引入,燃烧气及水蒸气由外罩上方排气小孔逸出。

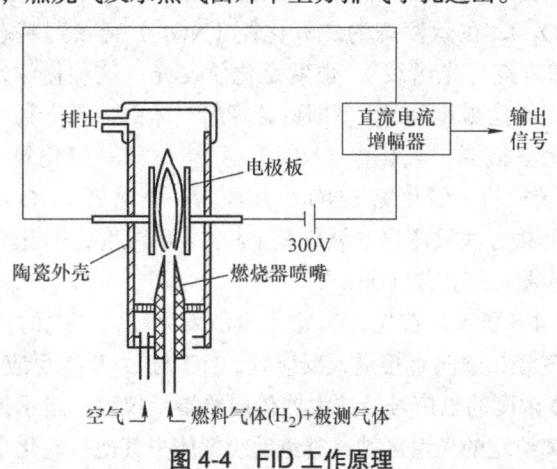

图 4-4 FID 工作原理

为避免高沸点的碳氢化合物（HC）在采样过程中发生凝结和防止水蒸气冷凝之后堵塞FID的进气毛细管，在进行FID检测时应对包括检测器在内的整个附加设备进行保温处理。

我国相关汽车环保排放法规规定，在台架试验中，检测车用柴油机或汽油机排气的碳氢化合物（HC）时，应采取加热方式。当汽车发动机为柴油机时，使除取样探头外的其余部分温度保持在（190±10）℃；当汽车发动机为汽油机时，使除取样探头外的其余部分温度保持在（130±10）℃，这种方法被称为HIFID。

3. 化学发光分析仪（CLD）

上述提及的两种检测仪器都具有一定的局限性，对汽车排放尾气中的氮氧化合物（NO_x）无法精确检测。目前检测汽车排放尾气中的氮氧化合物（NO_x）主要采用仪器是化学发光分析仪，如图4-5所示，它是从化学反应中的发光效应发展而来的分析仪器。

图4-5　化学发光分析仪

化学发光分析仪（CLD）的原理是利用一氧化氮（NO）和臭氧（O_3）发生反应生成激发态的二氧化氮（NO_2^*）并发光的原理，化学式如下所示。

$$NO+O_2 \rightarrow NO_2^* + O_2$$

$$NO_2^* \rightarrow NO_2 + h\nu$$

式中，NO_2^*为激发态的二氧化氮（NO_2）；h为普朗克常量；ν为光子的频率。

在CLD检测中，将首先使被测气体中的一氧化氮（NO）与臭氧（O_3）发生反应，生成激发态的二氧化氮（NO_2^*），在激发态的二氧化氮（NO_2^*）衰减到基态时，将释放出波长为0.6~3μm的光子$h\nu$（即近红外光谱线），也就是化学发光。这种化学发光的强度与一氧化氮（NO）的浓度呈正比，因此检测其发光强度即可计算出气体中一氧化氮（NO）的浓度。

理论上CLD检测无法检测二氧化氮（NO_2），只能检测一氧化氮（NO），但在实际应用中，可以先通过适当的转换将二氧化氮（NO_2）还原为一氧化氮（NO），然后再进行一氧化氮（NO）的检测，即可用间接方法检测出二氧化氮（NO_2）的浓度，因此CLD方法既可以检测一氧化氮（NO），也可以检测二氧化氮（NO_2）。

CLD检测原理如图4-6所示。首先，O_2进入臭氧发生器，产生的O_3进入反应室，进行检测NO时，汽车排放尾气经二通阀直接进入反应室，NO与O_3产生反应并激发出光子。经滤光片进入光电倍增器，NO浓度的电信号经放大器传递给指示仪表，指示仪表即可显示NO浓度。其中滤光片的作用是分离给定的光谱区域，避免反应气体中其他一些化学发光的干扰。

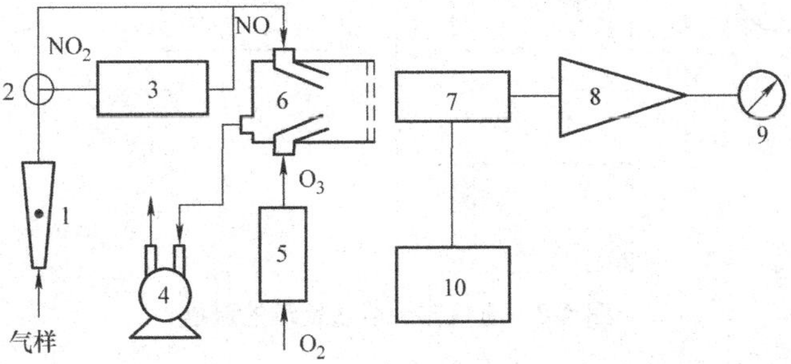

图 4-6 CLD 工作原理

1—流量计 2—二通阀 3—催化转化器 4—抽气泵 5—O_3 发生器 6—反应室
7—光电倍增器 8—放大器 9—指示仪表 10—高压电源

检测 NO_2 时，首先转动二通阀，汽车尾气全部进入催化转化器，尾气中的 NO_2 在催化转化器中转化为 NO，然后进入反应室与 O_3 反应，此时 CLD 测出的是 NO 与 NO_2 的总和 NO_x 浓度值，最后利用之前测定的 NO 浓度值，取两者之间的差值即可测出 NO_2 的浓度值。整个检测过程中，为了使 NO_2 高效率的转化成 NO，催化转化器的工作温度需要保持在 650℃ 以上。

4. 五气体分析仪

虽然在检测汽车尾气中的碳氢化合物（HC）时推荐采用氢火焰离子分析仪（FID），但是在实际操作中，由于 FID 设备操作复杂，成本较高，因此一般汽车废气的成分检测更多使用的还是综合检测法，通过五气体分析仪这一种设备，同时检测汽车尾气中一氧化碳、碳氢化合物、氮氧化合物、氧气、二氧化碳五种气体的浓度。

这五种气体同时分析的检验方法就是五种气体分析法，简称五气法。它是一种典型的综合检测法，既适用于汽车怠速状态，也适用于简易工况状态（单纯的 NDIR 法只适用于怠速状态），具有适应性强、效率高的特点。

在五气体分析中，检测一氧化碳（CO）、二氧化碳（CO_2）、碳氢化合物（HC）和氮氧化合物（NO_x）等成分主要采用的是 NDIR 法，检测氮氧化合物（NO_x）主要采用的是 CLD 法，检测氧气（O_2）则采用额外的氧气传感器。由于它采用的是 NDIR 法来检测碳氢化合物（HC）的含量，因此这种综合测试法最大的缺陷就是对不饱和碳氢化合物（HC）的检测精度较低，不过在绝大多数场景中，这种分析法基本能够满足检测使用需求。

五气体分析仪适用于一般汽车的所有排放废气检验工作，因此被广泛应用于汽车的各种检查检修工作中。常见的五气体分析仪如 FLA-501 等，如图 4-7 所示。

五气体分析仪的操作流程与 NDIR 检测的操作流程大体类似，在进行检测之前都需要先将车辆预热，然后再检查仪器，之后进行检测操作，最后读取数据，如图 4-8 所示。

图 4-7 FLA-501 五气体分析仪

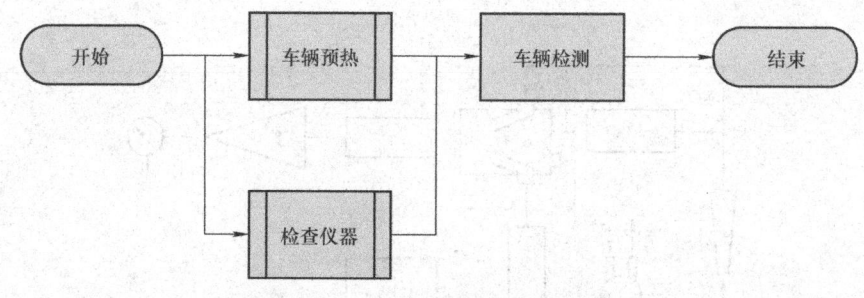

图 4-8　五气体分析法检测的流程

（1）车辆预热

五气体分析法的检查之前同样需要进行车辆预热，无论是怠速检测还是简单工况检测都应该在车辆充分预热之后进行。

（2）检查仪器

在检查仪器时应首先检查取样软管，将取样软管一端套牢探头把手并用软管夹夹紧，另一端连接水分离器，同样用软管夹夹紧；检查过滤原件是否清洁以及是否有破损，检查过滤器芯是否可继续使用以及是否安装正确。以上步骤完成后连接电源线路。

开启电源后等待仪器自检和调零。待调零结束后，依次进行泄漏测试、HC 吸附测试。然后使用仪器提供的标准气进行标定，待检测值稳定后结束标定，完成检查仪器操作。

（3）车辆检测

开始检测车辆时，首先应连接油温传感器，将探针插入到被测车辆的机油箱；将测速传感器一端连接至仪器，再将该传感器夹到被测车辆发动机任意点火线圈上；将探头插入到被检测车辆排气管内约 30cm 深，用夹子紧固探头，然后即可开始检测。

1）怠速检测时，首先应将五气体分析仪调整为怠速检测模式，等待仪器自动调零（大约需要 10～15s），然后将发动机由怠速工况加速到额定转速的 70%，保持怠速状态 15s，再将仪器取样探头插入到被测车辆排气管内约 40cm 左右开始取样，取样时间大约 30s 左右。取样完成后在仪器中确认已输出数据（一般为打印），然后退出本次检测，拔出取样探头并清洗气路。

2）双怠速检测时，首先应将五气体分析仪调整为双怠速检测模式，同样等待仪器自动调零（大约需要 10～15s），然后把发动机速度控制为"加速→3500r/min"并注视转速值变化，当加速达到 3500r/min 时，在仪器中确认转速状态，保持该转速直至仪器倒计时结束，实现发动机预热。

在发动机完成预热之后，根据仪器的提示将发动机减速，直至减速到 2500r/min 左右，保持在该速度下，将取样探头插入到排气管内约 40cm 左右；根据仪器的提示将发动机转速下降到 1100r/min，保持怠速，根据仪器提示的计时进行取样，取样时间大约 30s 左右。取样完成后在仪器中确认已输出数据（一般为打印），然后退出本次检测，拔出取样探头并清洗气路。

（4）注意事项

1）由于测试的是汽车的尾气，在车辆工作有问题时产生的一氧化碳（CO）是有毒的，因此在使用仪器检测时应尽量保障检测环境通风透气，并将仪器排出的废气引到室外安全位置，防止操作者中毒。

2）在进行检测时还需要保证检测环境的温度不要过高或过低，也不要在温度变化剧烈的环境下使用仪器，不要将仪器直接暴露在阳光下照射，仪器工作的环境温度为 0～40℃之间。

3）由于五种气体分析仪的工作依赖稳定的电压和频率，因此所使用的电源必须符合仪器标明的电压和频率，最好单独连接，不要和其他大功率用电器串联。在仪器工作时请勿将其放置在电焊机等有干扰的设备附近，以免产生干扰。

4）仪器所使用的电源必须接地以避免触电现象发生。在打开电源之前应确保电源电压稳定，以免损坏仪器。

5）在使用仪器时应将仪器放置在稳定可靠的平台上，请勿将其放置在汽车挡泥板或其他有振动的地方，五气体分析仪比较精密，撞击等物理操作很容易将其损坏。

6）仪器的相关外设如探头、测试装置及导线必须避开汽车的运动部分，如风扇叶片、传送链等。在检测油温和转速时，传感器的引线不应与汽车的高温部位接触，否则导线将熔化漏电。

7）保持过滤器清洁，任何时候都不应该让水、灰尘或其他非气态物质进入仪器，否则过滤器将阻塞并污染仪器内部器件，导致检测精度下降。

5. 滤纸式烟度计

滤纸式烟度计是采用滤纸收集汽车发动机排烟，然后再通过比较滤纸表面对光的反射率来检测烟度的仪器。其原理是从汽车排气管中抽取一定量的废气，并使之通过规定面积的标准洁白滤纸，废气中的固态颗粒物质就将被滤纸过滤，将滤纸染黑。

之后，将滤纸用光电检测装置检测滤纸被染黑的程度，用染黑的程度即可表示汽车发动机的排气烟度。具体的烟度值根据滤纸的染黑程度来计算，需要参考的是滤纸对照射到表面的光线反射能力，计算公式如下所示

$$S_F = 10 \times \left(1 - \frac{R_0}{R_C}\right)$$

式中，S_F 表示滤纸的烟度值（filter smoke number，FSN）；R_0 为污染滤纸的反射因数；R_C 为洁白滤纸的反射因数。

R_0 和 R_C 的值由 0~100% 构成，分别对应于全黑滤纸的反射和洁白标准滤纸的反射能力。当污染滤纸为全黑时，烟度值为 10，当滤纸无污染时，烟度值为 0。

常见的滤纸式烟度计有三种，即手动式、半自动式和全自动式。最常见的手动滤纸式烟度计如图 4-9 所示。

手动式滤纸烟度计价格便宜，但是由于其操作较为烦琐，现在逐渐被全自动滤纸式烟度计所取代，如图 4-10 所示。

图 4-9　手动滤纸式烟度计

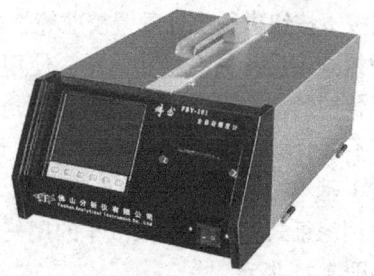

图 4-10　全自动滤纸式烟度计

(1) 滤纸式烟度计的结构

几种滤纸式烟度计的结构大体上类似，所区别的无非是采样功能和输出结果的信息化程度而已，按照其工作原理都可以划分为以下几个部分：

1）取样装置。取样装置的作用是将柴油发动机排放的废烟废气取出并吸附于滤纸上，然后输送到烟度检测装置中。取样装置由探头、活塞式抽气泵和软管等组成。在进行取样时，活塞式抽气泵抽气提供负压，软管将探头和活塞式抽气泵连接在一起。

在进行取样工作时，需要先将滤纸放入泵筒中，然后再开启活塞式抽气泵，通过探头进行抽取废气作业，抽气后，炭烟被滤纸过滤并将滤纸染黑。取样装置中的夹持机构可以保证滤纸的有效工作面直径为32mm。取样完成后，滤纸夹持机构松开，被染黑的滤纸由进给机构送至烟度检测装置中。

2）烟度检测装置。烟度检测装置是整个滤纸式烟度计的核心装置，其作用就是检测由取样装置传递而来的滤纸的具体光度数值。它由硒光电池、光源和指示仪表组成。在进行烟度检测时，光源的光线通过有中心孔的环形硒光电池照射到滤纸上，一部分光线被滤纸的炭烟所吸收，另一部分光线被滤纸反射到环形硒光电池上，使硒光电池产生光电流。

在这一检测作业中，滤纸反射率的大小将直接体现在硒光电池产生的光电流上，而滤纸反射率则取决于滤纸被炭烟染黑的程度。因此，整个滤纸式烟度计的检测过程都将通过这一原理体现。

早期的滤纸式烟度计往往用微安表来指示检测结果，由硒光电池输送来的电流强度决定指针的位置，多数仪表板的刻度为0~10均匀刻度呈现，检测纯白滤纸时指针位置为0，检测全黑滤纸时指针位置为10，方便直接读取刻度。

随着技术的发展，现代新型的滤纸式烟度计多采用数字的方式来显示检测结果，相比指针式仪表板，数字显示更加易于使用且检测得更加精准。

3）控制机构。手动式滤纸式烟度计的控制机构比较复杂，包括用脚操纵的抽气泵电磁开关、滤纸进给机构和压缩空气清洗机构等。压缩空气清洗机构可以在废气取样之前先用压缩空气清除探头内和取样管内积存的碳粒，以清除之前一次检测时残留在取样管和探头内的残余物质，保障检测的准确性。

4）校准装置。校准装置的作用是进一步保障检测的精度。在实际的检测作业中，电源电压的变化会引起烟度检测装置内光源发光强度的改变，进而影响检测精度。因此，滤纸式烟度计和其他检测仪器一样需要经常进行校准。

通常烟度计会附带有供标定用的标准烟样纸，烟度计校准时，需要把标准烟样纸放在检测装置的规定位置上，开灯照射，再用仪表调整旋钮把仪表指针调整到标准烟样纸所代表的数值上，或按下按钮进行指针重置校准等，具体的情参照烟度计的说明书。

滤纸式烟度计具有结构简单，使用可靠，检测精度较高，结构简单易于维护等优点，被广泛用于各国的汽车发动机尾气烟度检测。但其存在一个固有的缺陷就是只适合对废气进行抽样试检，不适合做连续检测和在线检测，因此逐渐被更先进的检测手段所替代。

(2) 基本检测流程

使用滤纸式烟度计测试汽车的尾气烟度，主要采用的是自由加速工况法，主要分为三个步骤，如图4-11所示。

图 4-11　滤纸式烟度计检测流程

1）仪器准备。在进行仪器准备时首先应连接可靠而稳定接地的电源。然后，根据说明书的方式检查并安装滤纸。开机后，应先将仪器清零，然后对车辆进行预热。

2）仪器校准。滤纸式烟度计一般都需要使用标准烟度卡进行校准，标准烟度卡都会标明其烟度值。将烟度卡从校准口完全插入到滤纸上方，然后调节校准按钮，将仪器的检测位设置为标准烟度卡的标准数值，即可取出标准烟度卡完成校准。

3）车辆检测。在车辆预热之后，将取样软管用夹持器紧固在汽车排气管内，使其中心线与排气管轴线平行，探头插入深度达到 40cm 左右，完成取样探头的安装。

车辆检测使用加速工况法，即将加速踏板急速踩到底约 4s 后迅速松开，再踩到底约 4s，如此往复三次，完成预准备。

开始检测时，将脚踏开关固定在加速踏板上端，压下抽气泵活塞，设置选抽气择开关为"脚踏抽气"模式，根据需要来设置走纸开关和清洗选择开关。检测过程中，将加速踏板和脚踏开关一并迅速踩到底，大约 4s 后松开，等待"复位"指示灯亮，将抽气泵活塞复位，完成走纸和清洗工作，并读取检测数值。待脚踏板上指示灯亮之后再将加速踏板和脚踏开关迅速踩到底，如此重复三次，取三次检测结果平均值为检测最终结果。

（3）注意事项

在检测中首先要保证仪器的各接头部位密闭良好，检测部分与滤纸紧密接触，不漏气；其次，脚踏板触发开关必须可靠地安装在加速踏板上，保证抽气动作与自有加速工况同步；最后，每完成一次检测后，都需要用压力为 0.3~0.4MPa 的压缩空气清洗采样管路并更换滤纸。

6. 不透光烟度计

不透光烟度计（smokeopacimeter，又称消光式烟度计）是另一种依靠光学鉴定气体中烟尘含量的检测仪器。

（1）不透光烟度计的工作原理

不透光烟度计检测原理是根据光在排气中被烟尘消减的程度来检测烟度。不透光烟度计可以分为全流式和分流式两种类型。其中，全流式不透光烟度计以检测全部排气投光衰减率的方式来检测烟度，如图 4-12 所示。

分流式不透光烟度计与全流式不透光烟度计的区别在于，其通过检测由取样管引入的部分烟气的透光衰减率来检测烟度，如图 4-13 所示。

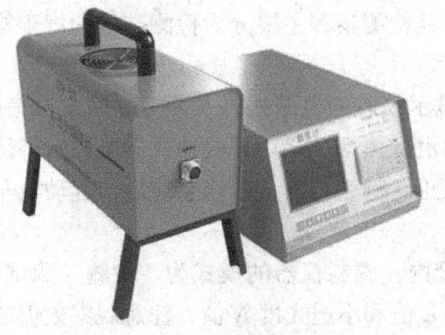
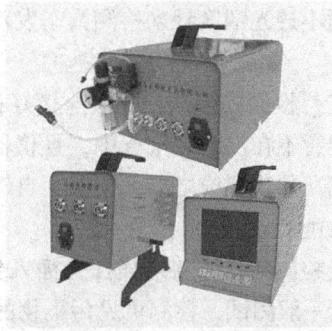

图 4-12　全流式不透光烟度计　　　　　　图 4-13　分流式不透光烟度计

以上两种不透光烟度计的检测原理基本相同，所以其组成结构大体类似，均由光源、光通道和光接收器等部分组成。在检测时，发动机排出的废气首先灌入到一个具有一定长度的光通道内，然后再使用光源将可见光对光通道内的废气进行照射。由于光在含有烟尘的废气中会被烟尘阻挡，所以光通道另一侧的光接收器所接受的光线必然会是衰减的。最终，用光接收器输出与光强度衰减呈正比的不透光度信号，从而检测排气烟度。

使用不透光烟度计检测废气的烟度，其检测结果与滤纸式烟度计是有区别的。由于排气对光的吸收（或衰减）能力与排气中烟尘含量呈正比关系，所以在使用不透光烟度计进行检测时采用的是光吸收系数作为检测结果。

例如，光吸收系数是排气中单位容积颗粒物数量 n、颗粒物在光束方向上的法向投影面积 A 和颗粒物衰减系数 Q 的乘积。在检测排烟时，废气中的颗粒物 A 值和 Q 值在发动机运行的大部分情况下变化并不大，而颗粒物的密度大致相等，因此可以近似认为光吸收系数和颗粒物浓度呈正比。根据光的投射原理可以总结出如下公式

$$\Phi = \Phi_0 e^{-KL}$$

式中，Φ_0 为入射光通量（luminious flux），单位为 lm；Φ 为出射光通量，单位为 lm；K 为光吸收系数，单位为 m^{-1}；L 为光通道有效长度，单位为 m。

由上式可得

$$K = -\frac{1}{L}\ln\frac{\Phi}{\Phi_0}$$

在我国的汽车发动机尾气排放相关标准中，采用的就是以上公式中所计算的光吸收系数作为评价指标。相当多的不透光烟度计都采用了这一计量单位，它属于光吸收的绝对单位。

当然，仍然有一些旧型号的不透光烟度计采用的是不透光度作为计量单位，即光线被所排废气烟雾吸收而不能到达光接收器的百分比率，这是一种相对单位。此时，应通过公式进行换算，如下式所示

$$K = -\frac{1}{L}\ln\left(1 - \frac{N}{100}\right)$$

式中，N 为不透光度读数，单位为 %；K 为相应的光吸收数值。

以上两种计量单位的刻度范围均以光完全通过时为零，光完全被汽车排放的烟雾吸收时为满量程，即烟气完全不吸光时，$N = 0$，$K = 0$；光线完全被烟雾吸收时，$N = 100$，$K = \infty$（m^{-1}）。

（2）基本检测流程

使用不透光烟度计来检测汽车发动机的尾气，其检测步骤主要分为检测准备和汽车检测两步。

在进行检测之前，首先应连接好检测单元和显示仪表的电源线以及两者之间的通信电缆。确保采样管不在汽车排气管中，且仪器采样管道内没有黑烟。之后，接通仪器电源，等待仪器预热完成。预热完成之后，仪器会自动进行线性校正。待一切准备工作完成后，起动汽车，进入稳定怠速状态。

开始检测时，先将取样探头插入到汽车排气管内，调制仪器的模式为"检测"测试模式，然后进行一般测试，检测可见污染物的光吸收系数 K 值和不透光度 N 值，注意观察数值的大小

和变化。

将仪器调制为"稳态"模式,然后检测发动机稳定工况下排气污染物的光吸收系数 K 值和不透光度 N 值。稳定工况需要结合底盘测功机进行。

如果是自由加速工况测试,则需要进行加速测试。首先在仪器中选择加速的模式,可选择"手动"或"自动"。

如选择"手动"模式,则手动按下仪器中的"触发"检测按钮,随后立即踩下加速踏板使发动机自由加速,由仪器记录光吸收系数 K 值和不透光度 N 值。

如选择"自动"模式,则可踩下加速踏板使发动机自由加速,此过程中仪器被自动触发检测加速过程中的光吸收系数 K 值和不透光度 N 值的最大值,连续测试 6 次之后,仪器会给出平均值作为测试结果。

最后,记录各工况下的测试结果,尤其是自由加速工况下测试的数据,即可完成测试。

(3)注意事项

只有在接通电源以及仪器的自动线性校正之后才能将采样软管插入汽车排气管内。在插入之前必须确保采样管内没有黑烟,否则会影响线性校正的结果。加速测试必须在上次检测结束且显示检测结果曲线之后才能进行下一次测试。取样探头应深入汽车排气管中约 40cm 处,探头应位于排气管内排气大致分布均匀处。检测结束后,应先停止发动机,将探头从排气管中取出,待检测显示数据降低为 0 后,关闭仪器电源。

(4)日常维护保养

在使用仪器时,应将其放置在平坦的地面或桌面上,注意线缆连接,防止跌落损坏;仪器的电源必须符合其额定电压,且按照规定的方式接地;只有在等待仪器完成自检和预热之后才能使用仪器;仪器使用一段时间后,检测器下方两孔侧的透镜会有黑烟黏附,此时应用洁净的软布小心擦拭。

4.1.5 汽车排放污染物的检测方法

汽车排放污染物的检测方法主要有怠速法、工况法、烟度法三种。

1. 怠速法

怠速法是测量汽车在规定怠速工况下排气污染物浓度的方法,主要检测 CO 和 HC,常用的检测仪器为不分光红外气体分析仪。

微课视频
汽车排放污染物
的检测

(1)怠速测量法

汽车在怠速工况下,发动机在无负载的最低稳定转速下运转时,混合气雾化条件较差,空燃比较低,混合气中氧气不足,发动机内燃烧不充分,CO 和 HC 的排放严重。怠速测量法用于对汽车尾气中的 CO 和 HC 浓度进行检测,检测步骤如下:

1)使发动机运行至规定的热状态,将发动机怠速转速和点火正时调整至规定值,并确保排气系统无泄漏。

2)在发动机怠速空转情况下,将变速器位置于空档,松开加速踏板。采用化油器供油系统的汽车,应使阻风门全开。

3)发动机由怠速工况加速到 0.7 倍的额定转速,维持 60s 后降至怠速。

4)发动机降至怠速工况后,将取样探头插入排气管中,深度为 40cm,并固定在排气管上。

5）发动机在怠速工况下运转 15s 后开始读数，读取 30s 内的最低值及最高值，取平均值作为测量结果。如果为多排气管，则取各排气管测量结果的算术平均值。

检测的 CO、HC 浓度应符合排放标准的要求，否则视为不合格。

（2）双怠速测量法

双怠速工况是怠速工况与高怠速工况的合称。双怠速测量法用于对汽车怠速、高怠速工况下排气中的 CO 和 HC 浓度进行监测，其中高怠速工况是指发动机无负载稳定运转在 50% 额定转速或制造厂技术文件中规定的某一高转速时的工况。

双怠速测量法的测量步骤如下：

1）保证被检测车辆处于正常状态。发动机进气系统、排气系统无异常，管道无泄漏。

2）对于一些使用行驶里程较高的旧车，必要时需要在发动机上安装转速计、点火正时仪、冷却液和机油测温计等测试仪器。测量时，发动机冷却液和机油温度正常，或达到汽车使用说明书规定的热车状态。

3）踩下汽车离合器踏板，将变速器置于空档位置，采用化油器供油系统的汽车，应使阻风门全开，确保发动机怠速运转。

4）控制加速踏板，使发动机由怠速工况加速到 0.7 倍的额定转速，维持 30s 后降至高怠速（0.5 倍的额定转速或规定的转速）。

5）将取样管插入排气管中，深度为 40cm，并固定于排气管上，维持 15s 后开始读数，读取 30s 内的最低值及最高值，取平均值作为高怠速排放测量结果。对于使用闭环控制电子燃油喷射系统和三元催化转化器技术的汽车，还应同时读取过量空气系数的数值。

6）测量汽车怠速工况下排气管中的 CO、HC 浓度，与怠速测量法一样，在此不再赘述。

用怠速法测量汽车在怠速工况下的排气污染物，一般仅测 CO 和 HC 的浓度，所用测量仪器为便携式排气分析仪。由于该方法测试方便，测量仪器价格便宜，便于携带，因此适用于汽车检测站和环保部门对在用汽车的排放性能进行年度检测及排放监测。但由于怠速工况是汽车运行过程中运行时间比例较短的工况，且怠速是稳定工况，因此怠速工况排气污染物检测的结果不具备全面代表性。相比之下，利用双怠速法或加速模拟工况法进行汽车排气污染物检测，所得结果则较为全面可靠。

2. 工况法

工况法是将汽车若干常用工况和排放污染较重的工况结合在一起测量排放污染物的方法。工况法的循环试验模式应根据汽车的排放性能、行驶特点、交通状况、道路条件、车流密度和气候地形等因素，对大量统计数据进行科学分析而制定，以最大限度地重现汽车运行时的排放特性。与怠速法相比，工况法检测结果能较全面评价车辆的排放水平。但工况法比怠速法要复杂得多。采用工况法检测时要有底盘测功机及惯性模拟装置、气体分析仪、转速计、计时器等，利用底盘测功机模拟汽车行驶阻力、运动惯性以及各种道路行驶工况，按照规定的工况循环规范对汽车排放污染物进行测量。

我国汽油车工况循环规范主要应用有稳态工况法和瞬态工况法。

（1）稳态工况法

稳态工况法（ASM）又称加速模拟工况法，在机动车保有量大、污染严重的地区，可以采用稳态工况法。

ASM 试验的运转循环由 ASM 5025（高负荷低速工况，50% 节气门开度，25km/h）和

ASM 2540（中负荷中速工况，25% 节气门开度，40km/h）两个稳态工况组成，如图 4-14 所示，其运转循环规范如表 4-4 所示。

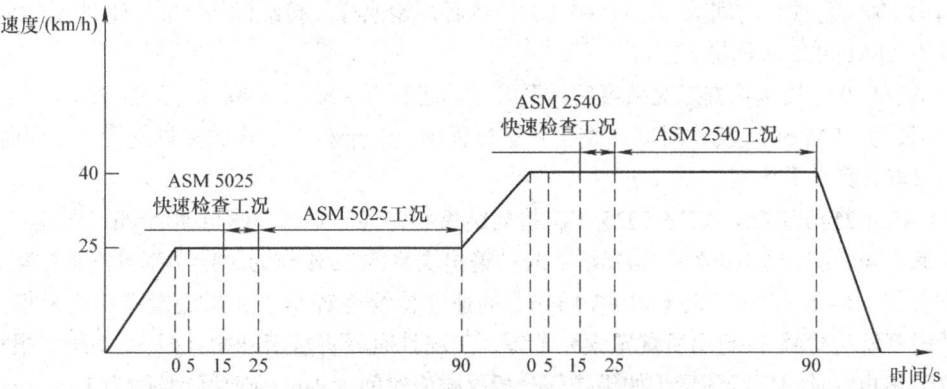

图 4-14　稳态工况法（ASM）试验过程

表 4-4　稳态工况法（ASM）试验运转循环规范

工况	运转次序	速度/（km/h）	操作时间/s	测试时间/s
5025	1	0→25	5	—
	2	25	15	
	3	25	25	10
	4	25	90	65
2540	5	25→40	5	—
	6	40	15	
	7	40	25	10
	8	40	90	65

ASM 法仅适用于最大质量≤3800kg 的汽车。对于检测工具底盘测功机，要求能够对汽车施加与车速相对应的负荷，另外还需要添加额外负荷，用于模拟加速工况，因此能进行 ASM 法的底盘测功机必须按照规定配备惯性飞轮（或电模拟惯量）。

对于检测工具排气分析仪，要求能够测量 CO、HC、NO_x 等污染物，其中对于 CO、HC、CO_2 采用不分光红外法（NDIR），对于 NO_x 和 O_2 采用电化学法。排放结果以浓度表示。目前一般采用五种气体排气分析仪（可同时检测 HC、CO、CO_2、O_2 和 NO_x 以及过量空气系数 λ）进行检测。

ASM 法两种工况测量步骤如下：

1）ASM 5025 工况。车辆驱动轮置于底盘测功机滚筒上，将排气分析仪取样探头插入排气管，深度为 40cm，并固定在排气管上。

经预热后的汽车加速至 25km/h，底盘测功机以汽车车速为 25km/h、加速度为 1.475m/s² 时的输出功率的50%作为设定功率对汽车加载，工况计时器开始计时，汽车以（25±1）km/h的速度持续运转5s（如果底盘测功机模拟的惯量值在计时开始后持续3s超出所规定误差范围，工况计时器将重新开始计时）。系统将根据排气分析仪最长响应时间进行预置（如果排气分析仪响应时间为10s，则预置时间为10s，$t=15s$），然后开始取样，持续运行10s（此时$t=25s$），这个阶段为ASM 5025快速检查工况。

当ASM 5025快速检查工况结束后，系统继续运行至90s（$t=90s$），从$t=25s$到$t=90s$这65s时间段为ASM 5025测试时间。整个测试过程中，对于独立工作的多排气管，应同时取样，测量结果取其算术平均值。

2）ASM 2540工况。ASM 5025工况检测结束后，汽车立即加速至40km/h，底盘测功机以汽车车速为40km/h、加速度为1.475m/s²时的输出功率的25%作为设定功率对汽车加载，工况计时器开始（$t=0$）。汽车以（40±1）km/h的速度持续运转5s（如果底盘测功机模拟的惯量值在计时开始后持续3s超出所规定误差范围，工况计时器将重新开始计时），系统将根据排气分析仪最长响应时间进行预置（如果排气分析仪响应时间为10s，则预置时间为10s，$t=15s$），然后开始取样，持续运行10s（此时$t=25s$），这个阶段为ASM 2540快速检查工况。当ASM 2540快速检查工况结束后，系统继续运行至90s（$t=90s$），从$t=25s$到$t=90s$这65s时间段为ASM 2540测试时间。整个测试过程中，对于独立工作的多排气管，应同时取样，测量结果取其算术平均值。

测量结束后，需要对比汽车排气污染物的参考限值见表4-5，核对数据是否合格。

表4-5 稳态工况法（ASM）汽车排气污染物的参考限值

基准质量（RM）kg	最低限值						最高限值					
	ASM 5025			ASM 2540			ASM 5025			ASM 2540		
	HC 10^{-6}	CO%	NO 10^{-6}	HC 10^{-6}	CO%	NO 10^{-6}	HC 10^{-6}	CO%	NO 10^{-6}	HC 10^{-6}	CO%	NO 10^{-6}
RM≤1020	230	1.3	1850	230	1.5	1700	120	0.6	950	110	0.6	850
1020<RM≤1250	190	1.1	1500	190	1.2	1350	100	0.5	800	90	0.5	700
1250<RM≤1470	170	1.0	1300	170	1.1	1200	90	0.5	700	80	0.5	650
1470<RM≤1700	160	0.9	1200	150	1.0	1100	80	0.4	600	80	0.4	550
1700<RM≤1930	130	0.8	1000	130	0.8	900	70	0.4	500	70	0.4	450
1930<RM≤2150	120	0.7	900	120	0.8	800	60	0.3	450	60	0.3	450
2150<RM≤2500	110	0.6	750	110	0.7	700	60	0.3	400	50	0.3	350

（2）瞬态工况法

瞬态工况法是指汽车在底盘测功机上运转，以模拟汽车真实运行工况，在加载情况下测定汽车发动机排出的各种废气成分的瞬态浓度值的方法，它可以比 ASM 法更真实地反映汽车实际行驶时的排放情况。瞬态工况法试验循环包含了怠速、加速、匀速和减速等工况，比双怠速法和 ASM 法更加复杂。该方法来源于美国 I/M 制中的瞬态工况试验，全部试验循环共需 195s，这种排放测试系统不仅体积庞大，而且造价昂贵，不具备广泛应用性，一般用作定型车鉴定、科研和生产车抽检。

瞬态工况法排放测试设备有底盘测功机、排气取样系统和排气分析仪，如图 4-15 所示。其中底盘测功机应配备功率吸收装置和惯性飞轮组（或电模拟惯量），以模拟道路行驶阻力和汽车加速惯量。它应装备双滚筒，且滚筒直径为 200～530mm，可适用于最大总质量 ≤ 3500kg 的轻型客车和货车。排气取样系统采用临界流量文氏管（FV）式定容取样系统（CVS），可以连续计量和在控制的条件下用环境空气稀释采集排气，取样探头安装在 CVS 系统内，其结构应保证采集的气体是连续的、等容积的。由于设备所在试验场地环境温度可能较低，要求取样管为加热式，加热温度最低为 50℃、最高为 120℃，试验期间应能够对温度进行监控。

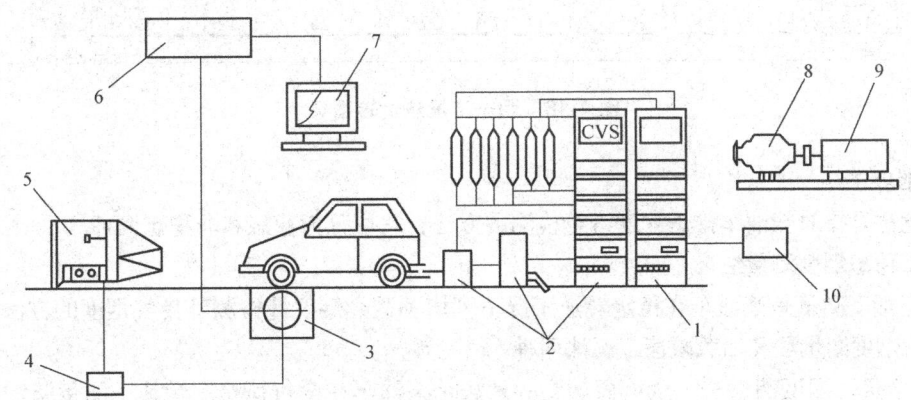

图 4-15 瞬态工况法排放测试系统

1—排气分析仪　2—CVS 采样系统　3—底盘测功机　4—变频器　5—鼓风机　6—测功机控制台　7—监视器
8—发动机　9—测功机　10—加热过滤器

瞬态工况法的测量步骤如下：

1) 根据车辆参数设定测功机载荷，或根据基准质量设定试验工况吸收功率值。

2) 根据需要在发动机上安装转速表和润滑油测温计等检测工具。

3) 车辆驱动轮停在转鼓上，将分析仪取样探头插入排气管中，深度为 40cm，并固定于排气管上。

4) 如图 4-16 所示，按照试验运转循环开始进行试验。系统主机会自动计算修正，并给出各污染物排放计算结果。

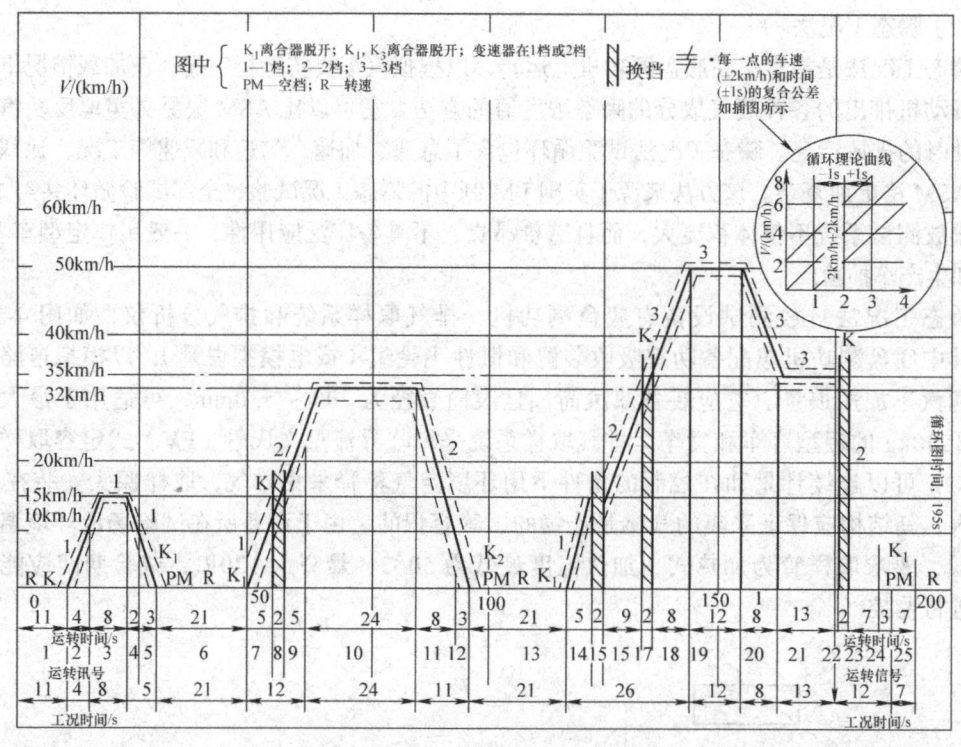

图 4-16 瞬态工况法运转循环

3. 烟度法

烟度法是指对柴油车排烟浓度进行检测的方法，它可分为稳态和非稳态两种。

（1）稳态烟度测量法

稳态烟度测量是柴油车在稳定转速工况下利用不透光烟度计检测其排气烟度的方法，可分为全负荷烟度测量法和加载减速工况法两种。

1）全负荷烟度测量法。全负荷烟度测量法是柴油车在全负荷稳定转速下测量柴油机排气烟度的一种方法。相比于汽油车，柴油车冒黑烟在全负荷时较为严重，因此全负荷烟度测量法通常是在柴油车全负荷稳定运转时进行检测的方法。

我国制定的车用柴油机全负荷烟度测量法规定：在全负荷曲线上不同稳定转速下测定排气烟度，在最高额定转速和最低额定转速之间应选取足够多的转速工况点对各种车用柴油机进行全负荷烟度测量，每一转速下的烟度测量必须在柴油机运转稳定后进行，测量结果不得超过允许值。

全负荷烟度测量法适用于在台架上进行，对于增压柴油机和高度强化柴油机，由于在突然加速等过程中排烟浓度很高，因此这种测量方法不能反映柴油机的全部排烟特性。

2）加载减速工况法。在机动车保有量大、污染严重的地区，对于压燃式发动机在用汽车的排放监控可采用加载减速工况法检测烟度。

加载减速工况法是一种在汽车底盘测功机上模拟车辆负载稳定运行时测量压燃式汽车排气烟度的方法，较客观地反映了被检测汽车的烟度排放状况。采用加载工况法检测烟度实际上是对全负荷烟度测量法的一种简化，只有三个检测点，其检测方法如下：

① 对待检测汽车进行预检，核实待检测汽车是否和行驶证相符，估测车辆的状况能否进行加载减速工况的排放检测。为了保证检测结果的准确性，需要中断防抱死制动系统（ABS）、驱动防滑系统（ASR）、电子稳定系统（ESP）等，关闭车上所有以发动机为动力的附加设备，切断其动力传递机构。

② 将待检测汽车驶入底盘测功机，连接发动机转速传感器，连接不透光烟度计，插入采样探头，深度为40cm，并检查不透光烟度计的零刻度和满刻度。

③ 起动发动机，变速器置于空档，逐渐增大加速踏板直至开度达到最大，并保持在最大开度状态，记录此时发动机的最高转速，然后松开加速踏板，使发动机回到怠速状态。

④ 选择合适的档位，使加速踏板全开时，测功机的指示车速接近70km/h，若两个档位都比较接近，则优先选用低档位。对于自动档汽车，注意不要在超速档下进行测量。

⑤ 按下检测开始键，底盘测功机进入自动检测阶段，加速踏板全开，检测最大轮边功率（汽车在底盘测功机上运转时驱动轮实际输出功率的测量值的最大值）以及相对应的发动机转速和转鼓线速度（VelMaxHP），同时检测该点的光吸收系数值。

⑥ 计算机控制系统自动按照规定的加载减速检测程序改变底盘测功机的负载，实现加载减速检测，第一次加载使转鼓线速度降低10%，检测该点的光吸收系数值；第二次加载使转鼓线速度降低20%，检测该点的光吸收系数值。

⑦ 自动控制系统采集100%VelMaxHP、90% VelMaxHP、80% VelMaxHP的检测数据，包括轮边功率、发动机转速、排气光吸收系数，以判断受检车辆的排气烟度是否合格。

⑧ 检测结束后，松开加速踏板，将车辆驶出底盘测功机，打印检测报告。若测得的实际最大轮边功率值低于制造厂规定的发动机功率值的50%，或者三个工况点的光吸收系数值超过标准规定的相应限值，则视为被检测汽车排放不合格。

（2）非稳态烟度测量法

非稳态烟度测量法是指柴油车在变工况条件下利用不透光烟度计检测其排气烟度。广泛采用自由加速烟度法，它是柴油机从怠速状态突然加速到高速空载转速状态下的一种排气烟度测量方法，该方法具有操作简便易行、测试仪器价格便宜且便于携带、检测时间短的特点，但这种方法也存在一定的缺陷。例如，在操作时需要将加速踏板迅速踩到底，在这一过程中，操作人员的速度和力度不同，维持及松开加速踏板的时间不同，都会使测量的不确定性大，重复性差。另外，自由加速烟度法是在发动机处于空载状态下进行检测的，因此对于车辆有负载时的排气烟度较难反映出来，尤其是采用涡轮增压技术的压燃式发动机在用汽车，采用此方法检测时，测量值会比柴油机的实际排气烟度值高。

自由烟度加速发的检测步骤如下：

① 发动机运行至怠速状态，将不透光烟度计的取样探头插入并固定在排气管内，深度为40cm。

② 迅速踩下加速踏板，使喷油泵在最短时间内供给最大油量。在发动机达到调速器允许的最高转速前，保持此位置。一旦达到最高转速，立即松开加速踏板，使发动机恢复至怠速运转状态。

③ 重复上述操作6次以上，前两次主要目的是吹净排气系统。用不透光烟度计测量并记录最后4次的光吸收系数，若连续4次测量的光吸收系数均在$0.25m^{-1}$的带宽内，则取其算术平均值作为自由加速度烟度值的测量结果。

4.2 汽车噪声的检测

汽车作为一种日常生活中主要的交通工具，在为人类提供便捷交通运输服务的同时，其引起的噪声污染同样也引起人们的广泛关注，甚至被认为是现代城市的重要污染源之一。为了减少这种的干扰，需要对汽车噪声进行检测。

4.2.1 汽车噪声的来源及危害

噪声本身是自然界普遍存在的一种声音，从物理的角度讲，噪声是发声体做无规则振动时发出的声音；从环保的角度来看，所有妨碍到人类正常休息、学习和工作的声音，以及影响和干扰人类听觉的声音都属于噪声。

理想状态下，人类所设计的机械应该按照设计的功能去运转，所有零部件加工达到绝对准确的尺寸，材质不产生不应有的摩擦力和碰撞，也就不会导致异常振动，不应该产生噪声。但实际情况是，所有的机械零件在加工时都会存在误差（依据测不准原理），这些误差就会导致机械运行时产生各种不规则的振动，进而引发噪声。

另外，机械的零部件相互接触时，由于摩擦力的广泛存在，也会产生各种不规则振动（即便是得到足够润滑的情况下）从而发出声音。所以从理论上来说，噪声本身是不可避免的，但是可以通过各种手段来降低，减小其危害。

1. 汽车噪声的来源

汽车是一种人类制造的机械设备，其在起动和行驶期间各零部件都会产生噪声。根据噪声的来源，可以将汽车噪声分为几类，如图 4-17 所示。

（1）发动机噪声

汽车发动机的运转过程中，会从进气系统吸入大量空气，高速空气经空气滤清器、

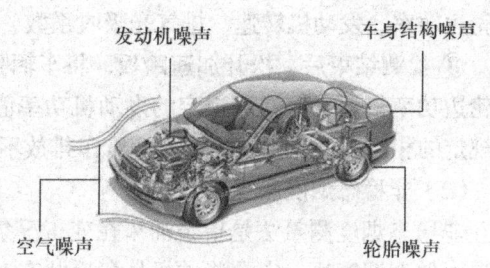

图 4-17 汽车噪声的来源分类

进气管、进气门进入气缸，流动的过程中会产生大量气动噪声，即进气系统噪声，发动机转速越快，进气噪声越大。

空气和汽油的混合燃气在燃烧室燃烧时也会产生噪声，当活塞上下往复运动时，在上、下止点处所受侧向推力周期性改变方向，造成活塞冲击气缸而产生噪声，活塞与气缸间的间隙越大，噪声越大。

燃油混合物燃烧完毕后，会从发动机气缸排放到排气系统中，排气噪声是发动机噪声的最主要部分，当排气门开启时，高温高压的废气从气缸排出，压力突然减小，会形成气流冲击。如果排气管中没有安装消声器，噪声可达到 120~130dB。安装了消声器后，排气噪声会降至 20~30dB。

（2）车身结构噪声

除了发动机以外，汽车的其他结构部分也都会产生噪声，例如冷却系统、传动系统、排气系统等。车身结构本身零部件在汽车行驶时也会因为相互摩擦撞击产生振动，进而产生噪声。

（3）空气噪声

空气噪声即风噪。汽车在行驶时，车身会和空气发生碰撞、摩擦，这些碰撞和摩擦也都会

产生噪声。例如，车身将汽车周围空气分离导致的压力变化产生的噪声；驾驶室和车内各舱体的缝隙在行驶中吸气而导致车身周围气流相互作用产生的噪声；其他噪声如空腔共鸣等。

（4）轮胎噪声

汽车行驶时，轮胎与地面发生摩擦、轮胎体和花纹部分碰撞路面后发生的振动等也都会产生噪声。

汽车噪声就是以上几种噪声的综合体，一般汽车的噪声强度通常与汽车和发动机的结构形式、生产技术状况和行驶的条件（车速、载荷、路况等）息息相关。

（5）喇叭噪声

汽车的鸣笛也是一种噪声，声压可达 90～115dB，但是由于其特殊性，往往被另外讨论。当然，大量汽车鸣笛在城市中也是一种噪声污染。

2. 汽车噪声的危害

汽车噪声是汽车的第二公害，其危害性并不比汽车排放的尾气小。现代城市中的环境噪声主要来源就是汽车噪声，不仅会破坏安静的环境，也会对人类的身体造成严重的负面影响。

大量的研究指出，长期生活在噪声污染环境下，会对人类的听力造成损害，同时对人类的生理和心理都会产生深远的负面影响。

人体在噪声的刺激下，会导致血压异常，尤其对于高血压、心脏病等慢性病患者而言，噪声的影响极大。在持续的噪声影响下，大脑皮层的兴奋和抑制过程会失衡，引起条件反射紊乱，表现为头痛、头晕、失眠多梦、嗜睡、易疲劳、易激动、记忆力衰退、注意力不集中、反应迟钝等，严重时还会诱发体质下降和脱发等症状。

对身体还在发育期的儿童而言，噪声的危害更加严重，其影响也更加显而易见。大量研究表明，长期暴露于噪声环境中除了会直接影响儿童的听力以外，还会导致儿童视觉注意力和持续性注意力缺陷，甚至导致儿童的智力、记忆力的下降以及产生阅读障碍等问题。

4.2.2 汽车噪声的评价指标

噪声的最基本的参数为声压与声压级，除此之外，还有响度与响度级、频谱、计权声级等。我国规定了汽车噪声不应超过 90dB。

1. 声压

噪声是一种声波，具有一切声波的特点和性质。噪声的强弱与声波一样都取决于声压，而声压是声波作用于空气，使大气压强产生变化的变化量，单位为 Pa。

2. 声压级

由于正常人类的耳朵能听到的最弱声音的声压和人感到强烈疼痛的声压之间大小相差了百万倍，因此单纯使用声压来表达和应用声音的强度，其数值使用是极其不便的。同时，人耳对声音大小的感觉并不与声压的大小呈直接正比，而是与其对数值呈正比，因此科学家们引入了一个用来表示声音强弱的物理量，即声压级。其定义的公式如下所示

$$L_P = 20\log_{10}\frac{P}{P_0}$$

式中，L_P 为声压级，单位为 dB；P 为实际声压，单位为 Pa；P_0 为基准声压，即听阈声压，是一个常量，其值 $P_0 = 2 \times 10^{-5}$ Pa。

当引入声压级这一概念之后,即可将人类能听到的声音声压从百万倍的变化范围转变为从 0~120dB 的变化范围之间,显著地减少了数量级,提高了数据书写和记录的便捷性,也更方便衡量声音与人类听觉之间的关系。

3. 频谱

在噪声的检测中,通常是测定噪声的声压级。然而人类的耳朵这种生物器官的主观感觉是十分复杂的,其感觉声音强度的大小不仅与声压有关,而且也和声音的频率有着相当的关系。在人类的耳朵能够听到的频率范围中(20~20000Hz,低于 20Hz 的声音为次声波,高于 20000Hz 的声音为超声波),高频声给人类带来的反应往往更加敏感,低频声给人类带来的反应则比较迟钝。

也就是说,即便是声压级完全相同的声音,由于其频率的差异,在人耳中听到的感觉并不一样响;相反,不同频率的声音,虽然声压级不同,但是有时候听起来却一样响。所以声压级测定的声音强弱和人耳的主观感受往往并不一致,这说明主观感受与客观物理量存在一定的差异。

这种差异导致了一般声音的计量单位无论是声压级还是频率都无法直接表现噪声的污染或者噪声的程度。在实际的噪声研究中,应将人耳的主观感受与客观反应结合起来,否则无法对噪声做出有效的评价。因此对噪声的评价常常采用更加复杂的结合人耳主观感受相适应的指标。目前常见的两种计量指标为响度和响度级。

4. 响度

响度是为了解决声音的计量单位无法表现人耳对噪声的感觉而设立的一种评价指标,是人耳主观感受的声音强弱程度,它的大小主要决定于声音的强度,也与声音的频率密切相关。因此声音的响度是从声压级和声音频率通过函数计算而来。

响度的单位为宋(Sone),1 宋是声压级为 40dB、频率为 1000Hz 的纯音所产生的声音响度。

5. 响度级

响度级是表示声音响度的一种主观量,它是以 1000Hz 的纯音作为标准,将其他频率声音的强度级换算成主观音响感觉与之相同的标准音的强度级。响度级用于不同频率、强度级的声音之间的主观音响感觉的比较。

响度级的单位是方(Phon),它是 1000Hz 纯音的声压级值,如 1000Hz 纯音的声压级为 10dB,则响度级是 40Phon。若其他频率的声音响度与 1000Hz 的纯音响度相同,则把 1000Hz 的响度级当做该频率的响度级。

6. 计权声级

测量声音强弱的仪器为声级计,其内部设有一种能够模拟人耳的听觉特性、把电信号修正为与人耳听觉近似的电子滤波器,称为计权网络,通过计权网络测得的声压级,已不再是客观物理量的声压级,而是经过听感修正的声压级,称为计权声级。

国际电工委员会(IEC)对声学仪器规定了 A、B、C 三种计权网络。A 计权网络是效仿 40Phon 等响应曲线设计的,对低频和中频声有较大的衰减,与人耳的感觉比较接近;B 计权网络是效仿 70Phon 等响应曲线,被测的声音通过时,低频段有一定的衰减;C 计权网络是效仿 100Phon 等响应曲线,任何频率的声音基本上无衰减,作为总声压级。

A 计权网络测出的声压级读数称为 A 计权声级,单位为 dB(A),由于其特性曲线接近于人耳听感特性,因此 A 声级被选用为国际标准化组织评价噪声的主要指标。

4.2.3 汽车噪声的检测仪器

汽车噪声的检测仪器正是基于汽车噪声的特殊计量单位而研制的，常见的噪声检测仪器主要有两种，即声级计和频率分析仪等。

1. 声级计

声级计俗称为噪声计或者分贝仪，是一种基本的噪声检测仪器，可以按照人耳相近的听觉特性监测汽车噪声和喇叭声响。

声级计的工作原理是将噪声通过声音传感器转换成电压信号，并由前置放大器变换阻抗，使其与输入衰减器匹配，然后信号将由输入放大器送入计权网络处理，再经由输出衰减器及放大器将信号放大到一定额度，最后经过有效值验波器进入指示仪表，输出声级读数。

声级计一般都会有两个测试档位用于调节声音测试的速度，即"快""慢"两档。其中"快"档位平均检测时间为0.27s，比较接近人耳听觉的生理平均时间，"慢"档位的平均测试时间为1.05s。

在使用声级计检测噪声时，应根据被测噪声的性质和特点选择声级计的"快"或者"慢"档位。当对稳态噪声进行检测或者需要记录声级变化时，应使用"快"档位；当被检测声音的波动比较大时，则使用"慢"档位更为合适。

常见的声级计主要有三种，即普通声级计、精密声级计和脉冲声级计。

普通声级计是最简单的声级计，如国产的ND-2、SJ-1型，这类声级计的检测传声器要求不高，全机动态范围及频率响应平直，且范围较窄，一般不和带通滤波器连用。随着技术的发展和各种国产声级计的成本逐年下降，今天此类声级计已经逐渐停产淘汰，为精密声级计所取代。

精密声级计相比普通声级计其指示精度更高，且能与各种滤波器配合使用，其检测传声器一般都是用频率响应较宽、灵敏度较高、指向性和稳定性较好的电容传声器，其放大器的输出可以和数据采集设备链接，进行显示和储存，如图4-18所示。

脉冲声级计主要用于脉冲噪声的精密检测，可测定脉冲噪声的峰值、最大均方根值等更加详细的参数，且带有一定的计算功能，如图4-19所示。

图 4-18 国产 AWA5610C 精密声级计

图 4-19 国产 AWA5661 脉冲声级计

（1）声级计的结构

以上三种声级计的结构实际上大体类似，都由传声器、放大器、衰减器、计权网络、验波电路、指示仪表和电源组成。

1）传声器。传声器实际上就是一个话筒，是声级计的输入传感器，其作用是采集噪声的声音信号，将其转换为电信号。常见的传声器有晶体式、驻极式、动圈式以及电容式等许多种。其中电容式传声器具有动态范围大、灵敏度高、频率响应特性好、稳定性强等优点，应用最为广泛。

2）放大器。放大器的作用是将传声器输出的微弱电压信号放大，在声频范围内，放大器应具有放大特性、较低的固有噪声和良好的稳定性，才能满足检测的需求。

3）衰减器。衰减器的作用是调整输入信号和输出信号的幅度，以控制指示仪表获得适当的指示值。

4）计权网络。声级计内通常设有A、B、C三种标准的计权网络，其作用是使仪器检测噪声的频率特性更接近人耳的听觉特性，以便对所测的噪声进行听感修正。

5）验波电路。验波电路的作用是将迅速变化的声音频率交流信号转换成变化较慢的直流电压信号，便于仪表指示。

6）指示仪表。指示仪表的作用是直接显示噪声级别的dB值。早期的声级计多采用机械指针来显示，如今则多使用数字的方式来显示。

7）电源。早期的声级计大多采用交流电源供电，需要额外连接电源线在有源的情况下作业，如今越来越多的声级计改为采用直流干电池供电，以提高声级计的便携性，降低设备的体积和重量，以便于进行检测操作。

（2）声级计使用前的检查与校准

1）在未接通电源时，先检查仪表指针的机械零点，如果指针未在零点刻度线位置，可用零点调整螺钉使指针与零点重合。

2）检查电池容量，将声级计功能开关对准"电池"，此时电表指针应达到额定红线或规定区域，否则读数不准，应更换电池。

3）打开电源开关，预热仪器10min。

4）校准仪器。每次测量前或使用一段时间后，应对仪器的电路和传声器进行校准。根据声级计上配有的电路校准"参考"位置，校验放大器的工作是否正常。如不正常，应用微调电位计进行调节，电路校准后，再用已知灵敏度的标准传声器对声级计上的传声器进行对比校准。常用的标准传声器有声级校准器和活塞式发声器，它们的内部都有一个可发出恒定频率、恒定声级的机械装置，因而很容易对比出被检传声器的灵敏度。声级校准器产生的声压级为94dB，频率为1000Hz；活塞式发声器产生的声压级为124dB，频率为250Hz。

5）将声级计的功能开关对准"线性""快"档。由于室内的环境噪声一般为40~60dB，声级计上应有相应的示值。当变换衰减器刻度盘的档位时，表头指示值应相应变化10dB左右。

6）检查计权网络，将"线性"位置依次转换为"C""B""A"。由于室内环境噪声多为低频成分，故经三档计权网络后的噪声级示值将低于线性值，而且应依次递减。

7）检查"快""慢"档，将衰减器刻度盘调到高分贝值处（例如90dB），通过操作人员发声，来观察"快"档时的指针能否跟上发音速度，"慢"档时的指针摆动是否明显迟缓。

8）在投入使用时，若不知道被测噪声级有多大，必须把衰减器刻度盘预先放在最大衰减位置（120dB），然后在实测中再逐步旋至被测声级所需要的衰减档。

(3) 声级计使用注意事项

1）检测过程中，仪表量程的选择应从高到低，防止仪表指针超过刻度线。测量汽车噪声时，应根据被测声音的大小将量程开关置于合适的档位，如果无法估算档位大小，应置于最高档。

2）避免声级计受到振动、阳光直射。

3）电池式声级计在不使用期间，应取下干电池。

4）声级计前端的多孔泡沫塑料圆球是风罩，在室外测量时能够减少风噪声的影响。

5）声级计需要每年接受有关部门的检定。

2. 频率分析仪

汽车噪声往往由大量不同频率的声音复合而成，为了分析这些混合噪声产生的原因，需要对噪声的频谱进行分析，以快速确定汽车故障的部位。近年来，通过噪声的频谱来检测故障已经成为汽车故障检测最主要的手段之一。

所谓的频谱分析就是采用数学原理（傅里叶变换）将原来由时间域表征的动态参数转换为由频率域表征。实现这一转换的最基本装置是滤波器，利用滤波器将待分析的噪声信号所包含的不同频率的计量分离出来，由记录器记录检测结果。

这种显示方式中，通常以噪声的频率为横坐标，以声压级为纵坐标，根据检测结果绘制出噪声曲线，形成噪声的频谱图。噪声频谱图在频域上描述了声音强弱的变化规律。

这种能够检测并分析汽车噪声频谱的仪器就是频率分析仪或频谱仪。频率分析仪主要由滤波器、检测放大器和指示装置等三个部分组成。在检测时，噪声信号经过一组滤波器，其信号中所含有的不同频率分量将被滤波器逐一分离出来，并由检测放大器将其幅值放大，然后由指示装置直接显示检测结果或绘制频谱图。

在频率分析仪中应用的滤波器为带通滤波器，其作用是允许特定频率范围的声波通过，并过滤掉其他频率的声波。其原理是针对设定的声波频率范围，将该范围以外的声波强制衰减到极低水平，实现汽车噪声的过滤，其响应曲线如图 4-20 所示。

在图 4-20 中，f_c 被称作带通滤波器的中心频率，f_1 和 f_2 分别为带通滤波器的频率下限和频率上限，如定义 $B = f_2 - f_1$ 为带通滤波器的带宽，则频带 $f_2 - f_1$ 即通频带，f_1 及其以下频率和 f_2 及其以上频率被称为衰

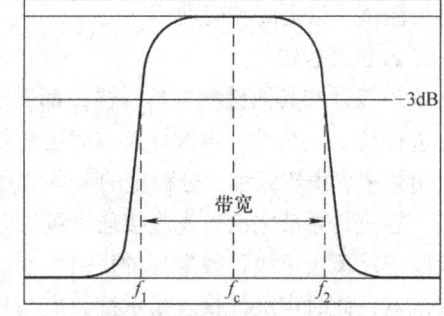

图 4-20 带通滤波器的响应曲线

减带。滤波器的工作就是让指定声压级下的通频带声音通过，而将衰减带的声音过滤的设备。

频率分析仪在工作中需要采集相当宽频率域中的声波进行分析，因此一台频率分析仪需要许多中心频率不同的带通滤波器。带通滤波器在频率域上的位置用中心频率 f_c 表示，中心频率 f_c 为频率下限 f_1 和频率上限 f_2 的几何平均值，计算方法如下所示。

$$f_c = (f_1 f_2)^{1/2}$$

频带的上限频率 f_2 和下限频率 f_1 之间有如下的关系

$$f_1 / f_2 = 2^n$$

式中，n 为倍频带数或倍频程数。在汽车噪声检测中，常采用 $n = 1$ 时的倍频带数和 $n = 1/3$ 时的 1/3 倍频带数，n 越小频带分得越细。1/3 倍频带是把 1 个倍频带再分成 3 份，使频率带宽更窄。

频率分析仪使用的滤波器带宽决定了该仪器的频率分辨率，带宽越窄，被分解的噪声信号将分解得越细，分辨率也就越高。使用频率分析仪可以了解噪声的频率成分和各频率噪声的强弱，可为汽车的噪声故障诊断提供重要的依据，做到针对性地控制和消除噪声。

4.2.4 汽车噪声的检测方法

汽车的噪声是由多种声源组成的综合性噪声，其形成的来源十分复杂，受到多种因素的影响。对于某一辆汽车，其使用的条件不同，产生的噪声也区别很大。因此，用某一种特定的状态来模拟汽车发出的噪声往往十分困难。从环境保护的角度出发，处理汽车噪声公害污染只能简单地再现汽车使用中的某一工况来实现噪声检测。通常汽车检测可以分为定置噪声检测、车外加速行驶噪声检测、车外匀速行驶噪声检测、车内噪声检测以及喇叭噪声检测等几个项目，其检测方式大体类似。

微课视频
汽车噪声的检测

1. 检测准备

车外定置噪声检测需要使用精密声级计进行。检测场地应为开阔的平坦地面，地面材质应为混凝土、沥青等类似路面的坚硬材质，且场地边缘距车辆至少 3m 以上，除检测员和驾驶人外应无其他无关人等。

使用声级计之前首先应检查电池状态，确认电池电量充足；其次，检查声级计的量程，先应预估车辆的噪声水平，然后保障场地环境背景噪声至少低于车辆噪声水平 10dB。如无法切实预估实际噪声大小，则应将量程置于 80～120dB 进行初次检测，确认数值后可再缩短量程范围，再行测试，以提高精确度。

2. 仪器校准

声级计和其他检测工具一样，都属于精密检测仪器，为保障仪器的检测精度都应该定期及时进行校准。在进行声级计校准时需要使用到声级计校准器这一专用工具，这类工具可以直接发出频率和声压级都十分稳定的声音信号，并供校准使用。

在进行校准之前首先应接通声级计电源，预热 5min，然后将声级计设置为"快"档，两成范围应能覆盖声级计校准器的声级大小。然后，将校准器准确地套在声级计的传感器上，启动校准器，此时声级计仪表指示读数应与校准器发出的声音声级值相同；否则，应调节声级计的校准电位器，直至两者相等。关闭校准器，待声级计的指示恢复到零点位置，然后再次启动校准器，重复调整一次。最后，取下校准器，完成声级计的校准。

3. 检测步骤

（1）定置噪声的检测

汽车定置噪声是指车辆怠速运转，发动机空载运行状态时的噪声，主要有排气噪声、发动机噪声两方面。

1）排气噪声的检测。

① 将被检测汽车开至场地中央，如图 4-21 所示。将声级计传感器按图 4-21 中所示的位置进行放置，传声器与排气口端等高，在任何情况下距地面不得小于 0.2m，传声器的参考轴与地

面平行，和通过排气口气流方向且垂直地面的平面成（45±10）°的夹角，传声器朝向排气口，距离排气口端 0.5m，放在车辆的外侧。对于排气管垂直向上的车辆，传声器放置高度应与排气管口等高，传声器朝上，参考轴垂直于地面，传声器放在离排气管较近的车辆一侧，距离排气口端 0.5m。

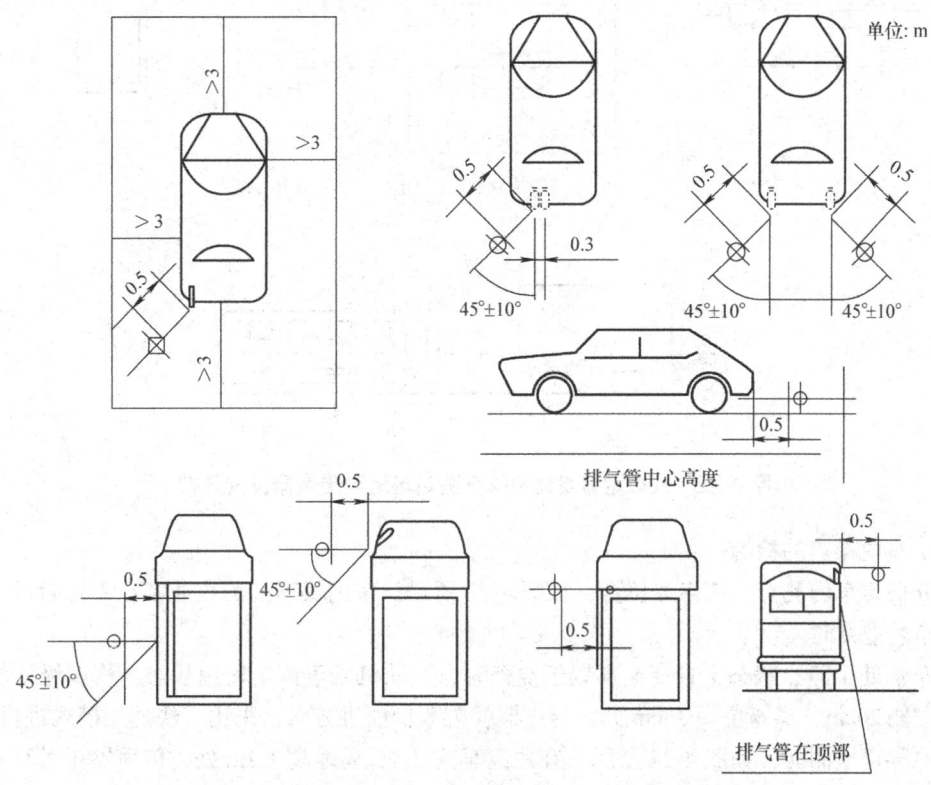

图 4-21　汽车定置排气噪声测量场地和传声器位置分布

② 发动机稳定在 3/4 的额定转速，测量由稳定转速尽快减速到怠速过程的最高声级，测量时使用声级计的 A 计权网络，选择快档，重复测量规定测点，直至连续出现 3 个读数变化范围在 2dB（A）之内为止。取所测数据的算术平均值作为测量结果。

③ 若汽车装有多个排气管，并且各个排气管的间隔大于 0.3m，则应对每一个排气管分别测量，测量结果以最高声级的数据为准。

2）发动机噪声的检测。

① 将被检测汽车开至场地测量中央，如图 4-22 所示，将声级传声器安置在规定测点位置，传声器测点位置应随发动机在车上的布置不同而变化。传声器放置高度距地面 0.5m，朝向车辆，放在没有驾驶人位置的一侧，距车辆外廓 0.5m，传声器参考轴平行地面，位于一垂直平面内，该垂直平面的位置取决于发动机的位置。对于前置发动机，垂直平面通过前轴；对于中置发动机，垂直平面通过前后轴距的中点；对于后置发动机，垂直平面通过后轴。

② 测量时，将发动机从怠速运转，加速到 3/4 的额定转速，保持一段较长的时间，测量汽车由怠速加速到稳定转速过程中噪声，使用声级计的 A 计权网络并选择快档，重复测量规定的测点，取其算术平均值作为测量结果。

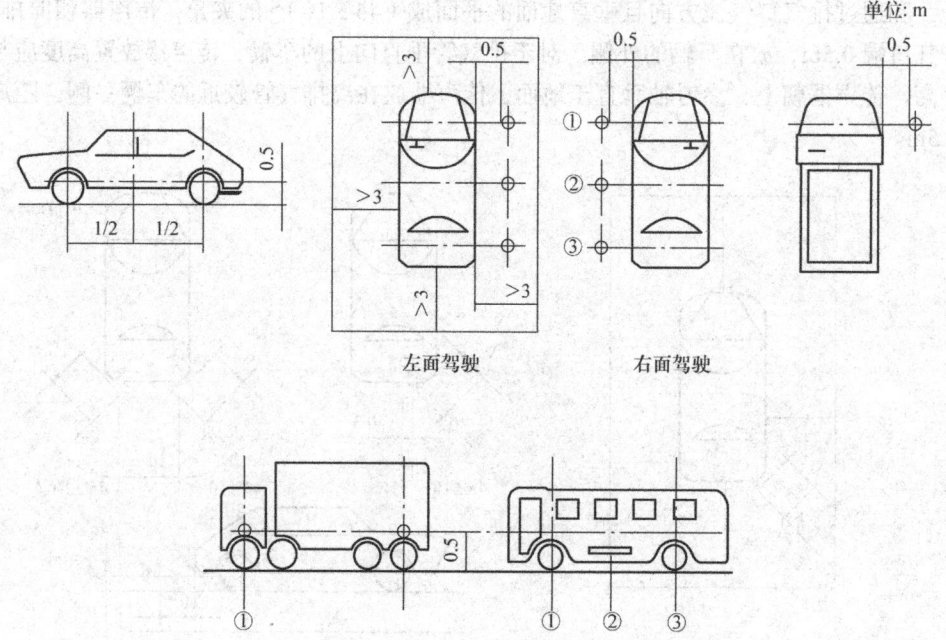

图 4-22 汽车定置发动机噪声测量场地和传声器位置分布

（2）车内噪声的检测

首先确定车内测点、传声器位置，如图 4-23 所示。车内噪声的测点通常在人耳附近，传声器朝汽车前进方向。

在车辆处于静止状态下且变速器置于空档时，发动机处于额定转速状态，将声级计放置在座位中左侧 20cm、离座位高 75cm 处，传声器朝向车辆前进方向，采用"快速"模式进行测试。

喇叭噪声检测时，如图 4-24 所示，在距离车前 2m、离地高 1.2m 处，传声器正对车头方向进行检测，采用"快速"模式，然后按车喇叭 2~3s，记录测量的最大值。

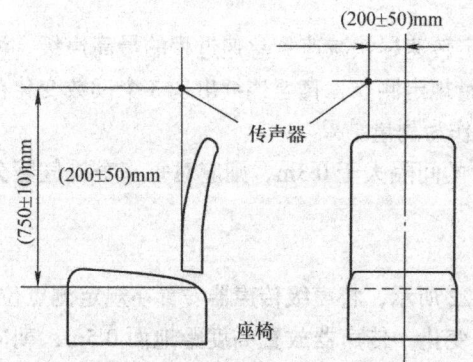

图 4-23 车内噪声测点及传声器位置

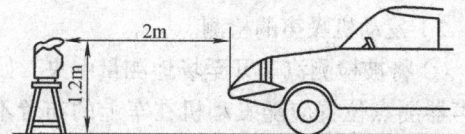

图 4-24 汽车喇叭噪声的测点位置

（3）加速行驶噪声的检测

1）首先将被检测汽车停在起始端线，对于前进档位为 4 档或 4 档以下的用第 2 档，前进档位为 4 档以上的汽车使用第 3 档，发动机转速为其标定转速的 3/4。对于自动档汽车，使用在试验区间加速最快的档位，辅助变速装置不应使用。

2）车辆前端到达始端线进行检测时，立即将加速踏板踩到底，确保节气门全开，保持直线加速行驶，当车辆后端到达终端线时，立即停止加速。

3）使用声级计的 A 计权网络、快档进行测量，读取被检测车辆加速行驶过程中的最大读数。

4）按照之前的步骤往返测量一次，两次测量的结果，差值应不大于 2dB，并记录测量结果。

（4）匀速行驶噪声的检测

1）首先将被检测汽车停在起始端线，保持加速踏板稳定，以 50km/h 的车速匀速行驶通过测量区域。

2）使用声级计的 A 计权网络、快档进行测量，读取被检测车辆加速行驶过程中的最大读数。

3）按照之前的步骤往返测量一次，两次测量的结果，差值应不大于 2dB，并记录测量结果。

4. 注意事项

1）噪声检测时，要求本底噪声（指测量对象噪声不存在时周围环境的噪声）应低于被测车辆噪声至少 10dB，否则应对检测结果进行修正。如果被检测噪声与本地噪声的声级差小于 3dB，则检测无效。

2）测量时应确保测试场地处于无风状态下，如果有风则应在传声器上安装防风罩，并在上风位置和下风位置各测量一次，取其平均值为测量结果。另外，在下雨和粉尘较多的场景下测试也应该安装防风罩来保护传声器。

3）由于传声器的金属膜片非常薄，易于损坏，所以请勿随意拆下传声器的防护罩。

4）测量前检查量程范围，声级计是比较精密的仪器，超出量程会破坏仪器的精度甚至损坏仪器。使用完仪器之后应立即关闭仪器电源。

项目 5
智能化技术标定及检测

任务描述

宋先生有一辆吉利博越汽车,由于360°全景影像蓝屏而进行售后维修。售后技术人员更改主机后,发现360°全景影像的四个摄像头拼接的不是很好,于是决定重新标定。同学们,你们能通过学习的知识,帮助宋先生完成360°全景影像的标定吗?

学习目标

1. 掌握汽车全景影像的标定及检测方法
2. 掌握汽车车道偏离的标定方法
3. 掌握汽车自适应巡航的标定方法

项目 5
智能化技术标定及检测

知识与技能点清单

序号	学习目标	知识点	技能点
1	掌握汽车全景影像的标定及检测方法	1. 汽车全景影像功能的认知 2. 汽车全景影像的标定 3. 汽车全景影像的检测	能够标定及检测汽车全景影像系统
2	掌握汽车车道偏离的标定方法	1. 汽车车道偏离、并线辅助功能的认知 2. 汽车车道偏离的标定	能够标定汽车车道偏离系统
3	掌握汽车自适应巡航的标定方法	1. 汽车自适应巡航功能的认知 2. 汽车自适应巡航的标定	能够校准、标定自适应巡航系统

鉴定

序号	学习目标	鉴定1	鉴定2	鉴定3	鉴定结论	鉴定教师签字
1	掌握汽车全景影像的标定及检测方法				□通过 □不通过	
2	掌握汽车车道偏离的标定方法				□通过 □不通过	
3	掌握汽车自适应巡航系统的标定方法				□通过 □不通过	

备注:任课老师可以通过平时教学过程中学习者的学习态度、参与教学活动的积极性、职场安全意识及终结性鉴定结果等确定其最后的鉴定结果,每个学习者最多可以鉴定三次,鉴定老师可以把鉴定情况填写在上表中。

5.1 全景影像的标定及检测

全景影像系统是一项针对视觉盲区的汽车安全配置。全景影像系统摄像头同时采集车辆四周的影像,将图像传送至图像处理单元,经过一系列图像处理后,最终显示在屏幕上一幅车辆四周情况的全景俯视图,直观地呈现出车辆所处的位置和周边情况。

5.1.1 全景影像辅助系统的认知

汽车有很多视线盲区,如图5-1所示,即使驾驶人伸出头,往往只能看到左侧的盲区,其他地方的盲区仍无法看到。因此,为了进一步增加汽车行驶的安全性,我们可以在车上安装全景摄像头,帮助驾驶人更为直观地、安全地停泊车辆。

全景影像的主要原理是将安装在车辆前后以及两侧的4个160°~180°广角摄像头(图5-2、图5-3)所提供的图像,通过线束传输至汽车CPU上,经过数据的存储、分析、运算,合成为车辆的俯视图像,再次通过线束的传输,最终在车内的显示器上就会呈现360°俯视全景。

图5-1 乘用型轿车盲区

图5-2 全景摄像头

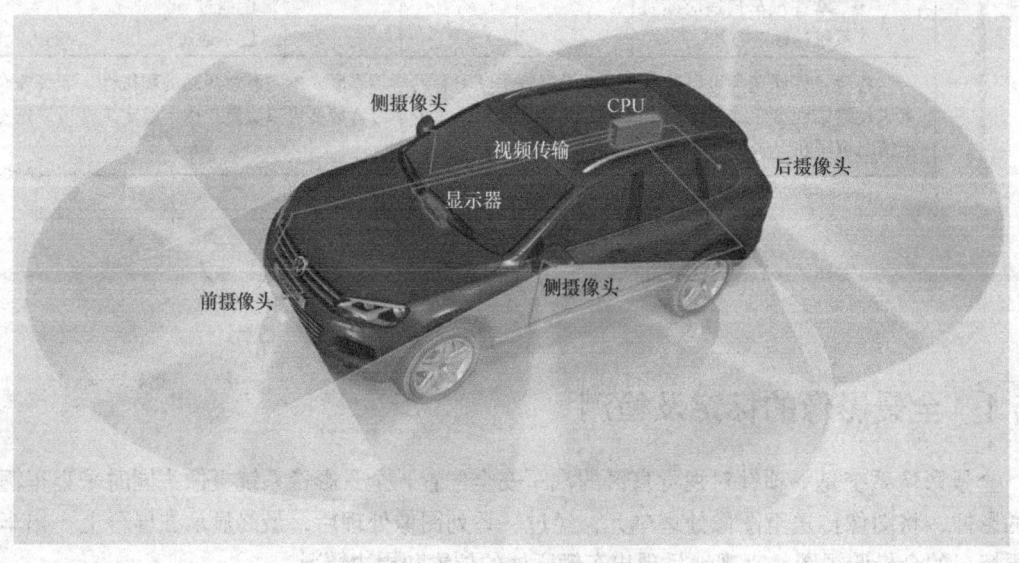

图5-3 汽车全景影像原理

如图5-4所示,360°全景影像系统大大地拓展了驾驶人对周围和环境的感知能力,使驾驶人在处理车辆起步、行车转弯、泊车入位、窄道会车、规避障碍等情况时游刃有余,可以有效减少刮蹭、甚至碰撞碾压等事故的发生。

与盲点监测系统相比，全景影像系统采用图像传输的效果，能够提升泊车、倒车、行车安全，在变道时可切换相应一侧画面等。透过高清镜头摄影，将车辆行驶途中的影像及声音完全记录，当意外发生时，可以提出证据，保障驾驶人自我权利。两者之间的区别为：

1）使用场景不同。盲点监测主要在开车过程中使用，用来扫除后视镜盲区，辅助变道，变道有危险时进行提示；360°全景影像系统主要是过狭窄的区域，或者倒车停车用。

2）探测的盲区和距离不同。盲点监测系统是探测的车辆后方10m范围内的后视镜盲区；360°全景影像系统的探测车身四周60cm范围内的视觉盲区。

图 5-4　汽车全景影像系统效果

3）使用的时间长短不同。盲点监测系统是在汽车大于20km/h开启，整个行车过程中都在工作，时刻探测后视镜盲区，提醒变道危险；360°全景影像主要在过狭窄区域或者停车的时候使用。

4）探测方式不同。盲点监测系统是微波雷达探测；360°全景影像是摄像头图像显示。

5）受天气影响程度不同。盲点监测系统可以在暴雨、暴雪、雾霾等极端天气情况下使用，360°全景影像系统会受到能见度的影响，摄像头挂水会影响成像质量。

6）预警提示不同。盲点监测系统是对危险做出预判，发生危险之前主动发出语音警报的提示，是主动安全系统；360°全景影像只是图像显示，需要驾驶人观察，无法主动预警。

5.1.2　全景影像系统的标定

汽车360°全景影像系统主要由以下六部分组成：图像获取、摄像头定标、图像变换、图像美化、图像无缝拼接融合、图像显示。图像获取往往利用安装在车身前后左右4个以上的超广角摄像头捕捉车辆周围状况。但由于采用超广角摄像头后影像会产生"鱼眼失真"的现象，所以必须通过数学算法进行画面合成和画面修正，合成一幅车身周围的全景鸟瞰图，从而将车辆四周真实画面展示在车载显示屏上。因此，摄像头定标、图像美化、图像无缝拼接融合的核心算法将主导整个系统。在进行汽车全景影像的标定之前，我们需要准备装有全景影像的标定布的工具箱，如图5-5所示。

微课视频
汽车全景影像的标定及检测

汽车全景影像的标定主要分为下面几个步骤。

1. 摆放标定布

在对汽车全景影像进行标定之前，我们铺设标定布的主要作用是给汽车的超广角摄像头提供一个标准的参照物，如图5-6所示。

（1）确定中轴线

确定车的中轴线时，我们使用卷尺从前向后穿过车身下方，需要前后对准车身的正中位置并拉直，如图5-7所示。

图 5-5　全景影像匹配标定布工具箱

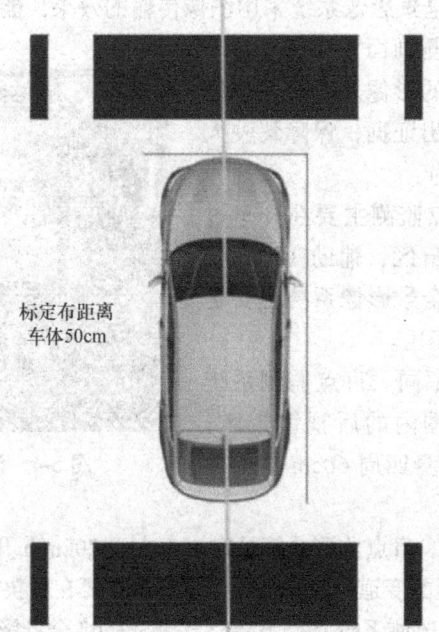

图 5-6 标定布位置示意图

图 5-7 确定车身中轴线

（2）摆放车前标定布

根据卷尺的刻度，将标定布铺放在距离车前 50cm 处，需要注意的是标定布的中线要对准卷尺后，保证标定布的左右对称，并且拉平标定布，如图 5-8 所示。

（3）摆放车后标定布

根据卷尺的刻度，将标定布铺放在距离车后 50cm 处，需要注意的是标定布的中线要对准卷尺后，保证标定布的左右对称，并且拉平标定布，如图 5-9 所示。

（4）摆放车身两侧标定布

使用另外的卷尺，分两次从车身前面标定布的黑白界线的顶点拉到车身后面标定布的黑白界线的顶点，之后根据卷尺的刻度计算出前后标定布的中点，把车身两侧的标定布中线对准卷尺的中点，需要注意边缘对齐卷尺，如图 5-10、图 5-11 所示。

图 5-8　摆放车前标定布

图 5-9　摆放车后标定布

图 5-10　摆放车身左侧标定布　　　　图 5-11　摆放车身右侧标定布

2. 摄像头标定

汽车全景影像的摄像头可以通过与之匹配的遥控器进行角度调整，一般操作步骤为：通过菜单栏进入设置页面，选择需要标定的摄像头，然后结合标定布的位置进行校准调整。

（1）前视摄像头标定

前摄像头初步调试时，将光标对准图 5-12 中所示的 4 个顶点，即白色与黑色区域 4 个相交点。

图 5-12　前视摄像头初步标定

之后进行微调校准时，把前摄像头光标对准图 5-13 中所示的 8 个顶点，即白色与黑色区域的相交点。

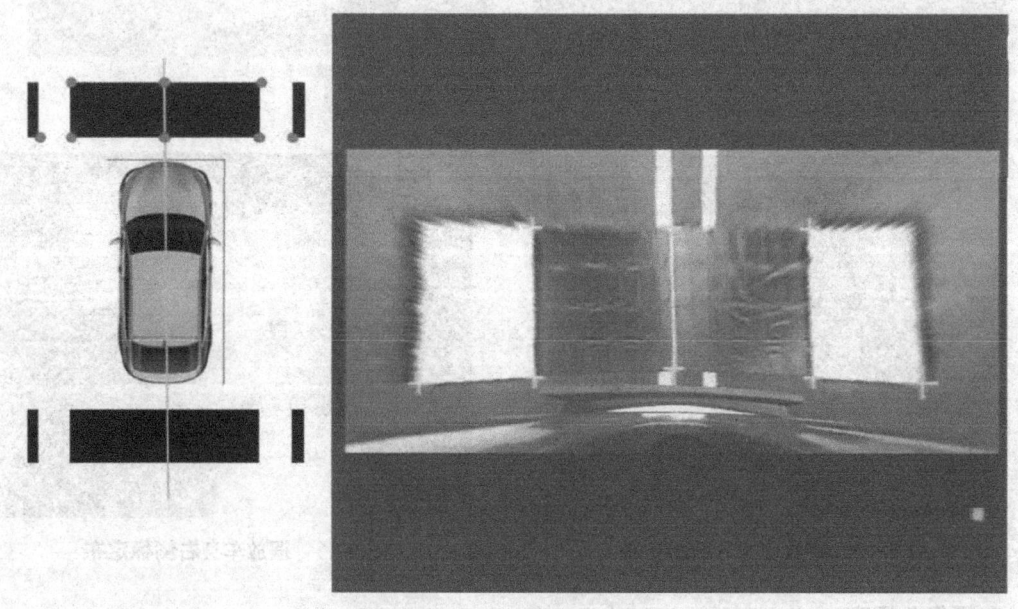

图 5-13　前视摄像头精准标定

（2）后视摄像头标定

同理，后摄像头初步调试时，将光标对准图 5-14 中所示的 4 个顶点，即白色与黑色区域 4 个相交点。

图 5-14　后视摄像头初步标定

之后进行微调校准时，把后摄像头光标对准图 5-15 中所示的 8 个顶点，即白色与黑色区域的相交点。

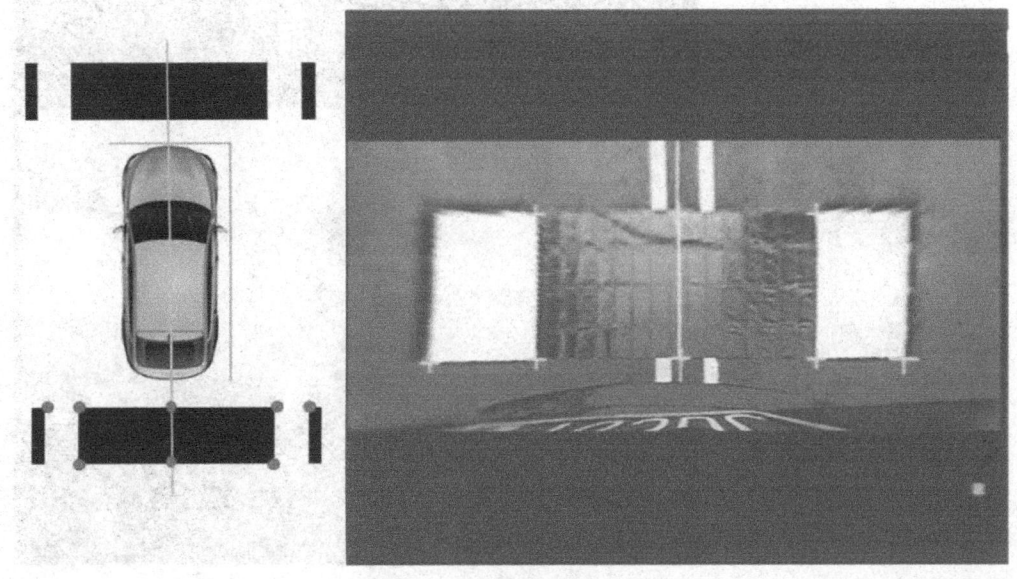

图 5-15　后视摄像头精准标定

（3）左视摄像头标定

左摄像头初步调试时，将光标对准图 5-16 中所示的 4 个顶点，即白色与黑色区域 4 个相交点。

之后进行微调校准时，把左摄像头光标对准图 5-17 中所示的 8 个顶点，即白色与黑色区域的相交点。

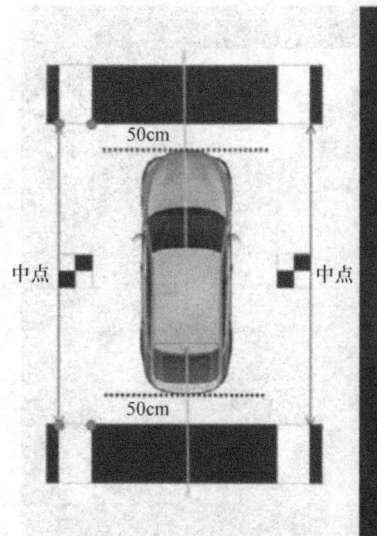 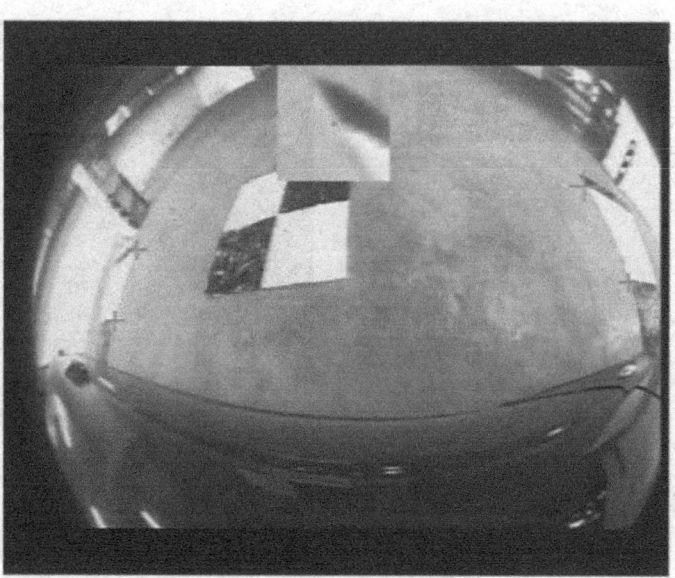

图 5-16 左视摄像头初步标定

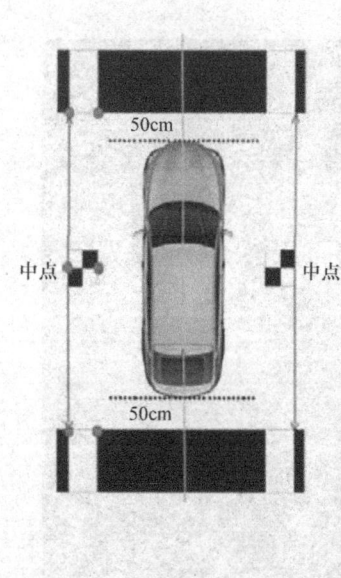 

图 5-17 左视摄像头精准标定

右视摄像头的标定与左视摄像头的标定基本相同，在此不再赘述。

5.1.3 全景影像系统的检测

汽车全景影像系统的检测一般有盲开测试、操作体验测试。在测试之前，为了确保安全性，需要由专门的人在旁进行指导并提醒驾驶人。

1. 盲开测试

在对汽车的全景影像进行盲开测试时，我们可以用六块遮光板把车上的所有玻璃都挡住，如图 5-18 所示。在视线受到严重干扰的情况下，测量车辆能否通过全景影像系统顺利倒入车位。

图 5-18　遮挡汽车车窗视线

测试前，我们需要设置一个有着多处路障或者障碍车的场地，如图 5-19 所示。

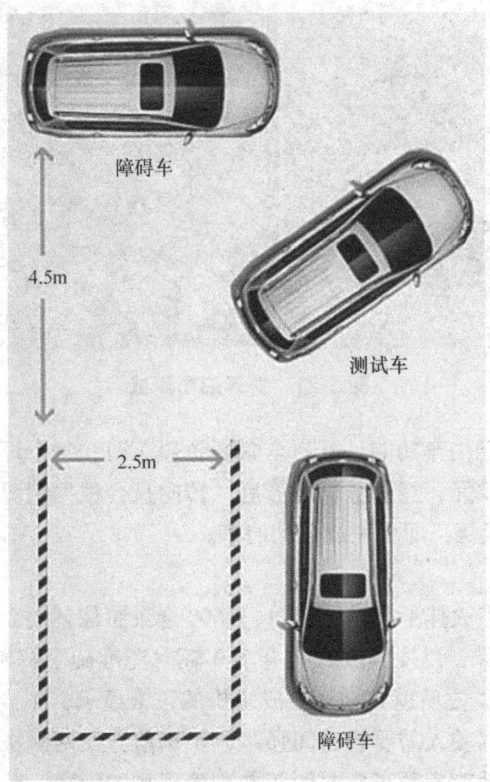

图 5-19　全景影像盲开测试场地示意图

接下来由驾驶人在无车窗视线的情况下,通过观察与切换全景影像系统的车内屏显视角(图 5-20),将测试车顺利停入指定车位,如图 5-21 所示。

图 5-20　全景影像车内屏显视角

图 5-21　盲开泊车测试

部分高档车型具备自动泊车功能,开启全景影像停车时,每个环节会有语音提示,摄像头的图像传输给车内的电控单元,经过分析运算后,转向盘会根据情况自动旋转,驾驶人只需要根据提示语音进行制动、换档,即可完成自动泊车。

2. 操作体验测试

当驾驶人进到车内,点火挂上前进档位时,360°全景影像辅助系统会自动启动,并在屏幕上显示车身四周的全景图像,以便驾驶人在开动车辆时能准确了解判断车身四周的障碍情况。一般显示时间会在 5s 左右,之后就自动切换成主机的正常显示,不会影响到驾驶人对于导航以及娱乐功能的使用。如果驾驶人需要长时间强制显示车前方及两侧摄像头的画面时,比如通过一些狭窄的道路以便更好地能判断车头两侧跟左右障碍物的距离,此时便可以通过按下危险警告灯按键来实现画面的强制显示,如图 5-22 所示。

图 5-22　全景影像的强制显示

当驾驶人挂入倒车档位时，显示屏画面会强制显示后摄像头的画面，配合 360° 全景画面让驾驶人在倒车时拥有更好的视野和更明晰的位置感。如果驾驶人想更清楚地看到车左右两侧的画面，以便更精准地判断前车轮的位置，还可以通过转向灯的控制来实现对应的切换显示，使实用性和良好的操控体验得到高度统一。此外，通过遥控器可以方便地调节屏幕，驾驶人可以根据个人喜好调整参数，获得更好的体验，如图 5-23 所示。

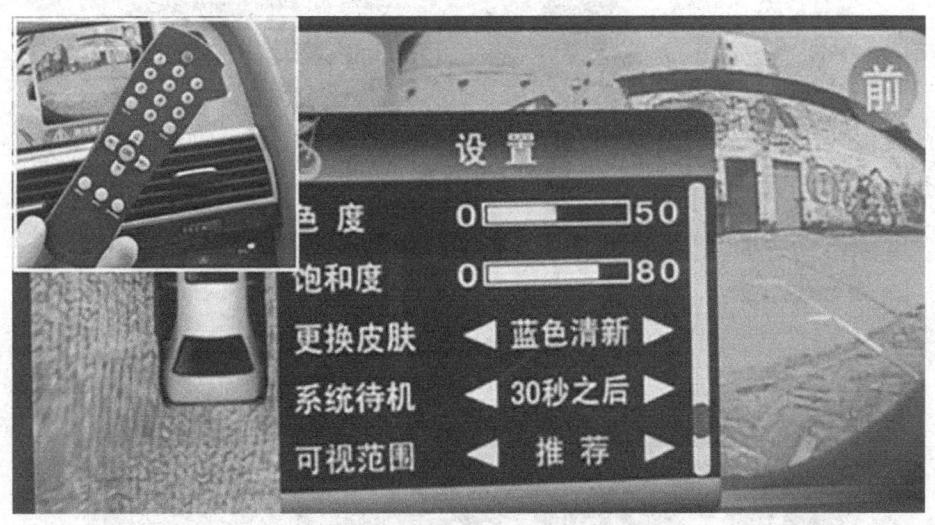

图 5-23　调整全景影像屏显设置参数

5.2　车道偏离预警系统

车道偏离预警系统，主要功能是通过车辆上的传感器、控制器等部件，在车辆发生无意识偏离车道时通过声音、振动和闪光等方式提醒驾驶人；车辆并线时，如果后方有车正在接近，并线辅助会报警提示给驾驶人，确保并线安全。

5.2.1 车道偏离预警系统的认知

车道偏离预警系统是一种通过报警的方式进行辅助提示的系统,可以由车内的控制开关按钮来选择打开或关闭,如图5-24所示。车道偏离预警系统由摄像头、图像处理芯片、控制器、传感器等组成,如图5-25所示。

图 5-24　车道偏离预警系统控制开关按钮

车道偏离预警系统通过摄像头、雷达、传感器等电子元件,能够识别道路上的划线。当车辆偏离行驶路线或者车轮碾压到划线时,如图5-26所示,系统会发出报警,并给予转向盘一个反方向的力矩,让车辆重新回到原来的行驶路线上,这个方向力矩并不大,仅足够车辆缓慢地回归原来的行驶路线上。假如此时,驾驶人"坚定"地把握住转向盘,这一反向力矩在稍微尝试之后,便会消失——驾驶人的意图和动作会被视为第一优先执行的操作。这一反向力矩在车轮驶离划线之后,就会消失。报警方式视车型不同而有不同:有声音报警,有振动转向盘报警,有振动座椅报警,还有声音和振动同时进行提示的。根据车速的不同,报警提醒的时间也不同,如果是车速较高时,系统会提前发出警告,让驾驶人有足够的时间来校正方向。

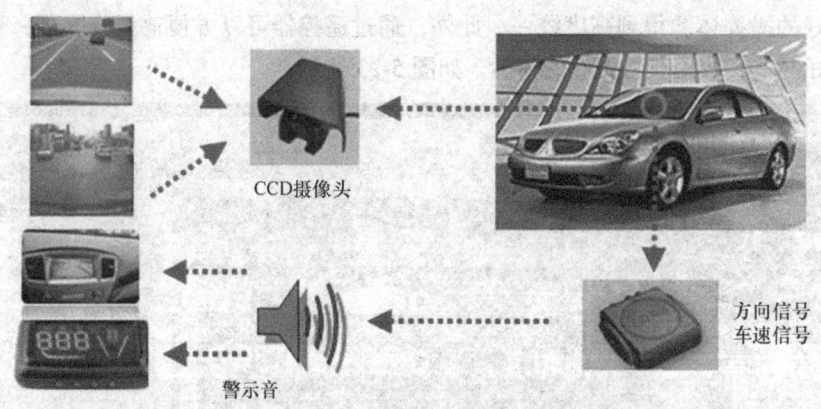

图 5-25　车道偏离预警系统的组成

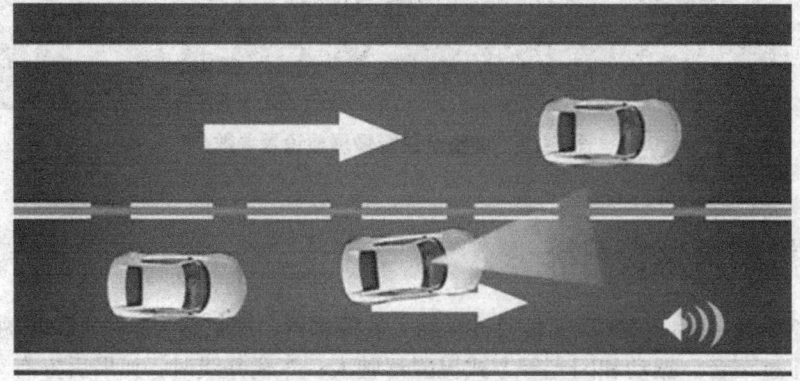

图 5-26　车道偏离预警示意图

车道偏离预警系统具备一定的智能化分析能力,当需要转向或超车时,打开转向灯的情况下,这时候偏离原先车道,系统并不会发出任何警报。车道偏离预警系统并不是万能的,仍具备一定的局限性。由于使用视觉系统识别道路,因此车道偏离预警系统对于应用环境有着比较高的要求,比如行车速度、路面宽度以及分道线的清晰程度,因此该系统适用于高速公路等路面宽度及分道线比较清晰的道路,而对于路况较差的山道或者路况较差的非机构化道路,该系统将难以胜任。此外,如果因为雨雪及雾霾造成路面被覆盖或者辨识度不高时,该系统也无法进行正常工作。虽然车道偏离预警系统的适应范围相对比较严苛,但对于高速行驶中安全隐患的预防作用是非常明显的,同时还能纠正驾驶人不打转向灯的习惯,该系统其主要功能是提醒过度疲劳或解决长时间驾驶引发的注意力不集中等情况。

目前车道偏离预警系统主要有基于雷达的系统、基于视觉的系统以及两者相结合的系统。

与基于雷达的车道偏离预警系统相比,基于视觉的车道偏离预警系统具有以下特点:

1)图像的信息含量丰富,视觉成像能够辨识一定的障碍物,不需要破坏路面或对现有道路进行大规模的改造。

2)可进行多车道的检测,信息获取面积大,能够满足道路检测和障碍物识别。

3)能够提供实时录像,以供后期调取使用。

由于车身设计的缘故,后视镜所能提供视觉范围总会有一些盲区存在,不免会存在行车危险。而并线辅助装置可以解决这一问题。

并线辅助也称为盲区监测,这一装置的形式是在左右两个后视镜内或者其他地方提醒驾驶人后方安全范围内有无障碍物或来车,从而消除视线盲区,提高行车安全,如图5-27所示。

图 5-27 并线辅助示意图

如果系统探测到其他车辆,会通过安装在后视镜中的一个LED警告灯告知驾驶人,如图5-28所示;如果驾驶人在准备转换车道时启动了转向指示灯,但是没有注意到相邻车道中的其他车辆,该系统就会通过LED警告灯发送一个信号来警告驾驶人。

需要注意的是,并线辅助只是一种警告装置,并不会自动完成并线动作。

图 5-28 并线辅助警告灯

5.2.2 车道偏离预警系统的标定

对应不同厂商生产的汽车，其车道偏离预警系统的标定方式各有差异。整体上来讲，需要标定车道偏离预警传感器，之后连上4S店专用的标定设备，在高速道路上以规定的速度在车道线界线明显的道路上安全行驶。需要注意的是，车道偏离预警系统的标定过程中，不能变道，需要在同一车道稳定行驶，如图5-29所示，汽车屏显上的指示灯是红色的。等待指示灯变成绿色后，说明汽车已完成车道偏离预警系统的标定，如图5-30所示。

微课视频
汽车车道偏离系统的标定

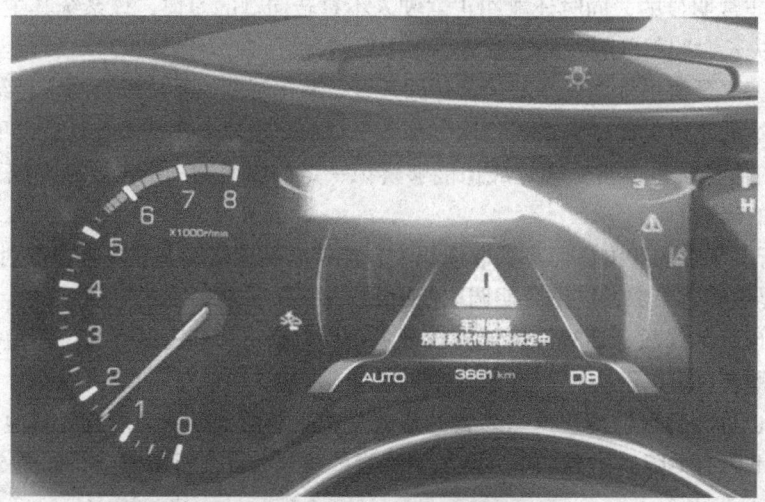

图 5-29 车道偏离预警系统标定中

图 5-30 车道偏离预警系统标定完毕

5.3 自适应巡航系统

随着汽车电子智能化的发展，定速巡航系统的功能已经不能满足人们对驾驶安全性的要求，自适应巡航系统在定速巡航系统的基础增加了定距的功能，大大增加了驾驶安全性。

5.3.1 自适应巡航系统的认知

自适应巡航系统是一种智能化的自动控制系统,它是在定速巡航系统的基础上发展而来的。它将定速巡航系统和车辆前向撞击报警系统结合起来,也就是说,其实还包含了预碰撞功能。可以通过车载雷达等传感器监测汽车前方的道路交通环境,一旦发现当前行驶车道的前方有其他前行车辆时,将根据本车与前车之间的相对距离及相对速度等信息,通过控制汽车的节气门和制动对车辆进行纵向速度控制,使本车与前车保持合适的安全间距,如图5-31所示。采用该系统降低了驾驶人的工作负担,大大提高了汽车的主动安全性,扩大了巡航行驶的范围。

图5-31 自适应巡航系统控制示意图

另外,带排队功能的自适应巡航系统具有定速巡航、跟停、跟车及跟走等功能,同时可以设置5个不同档位的跟车距离,适应于不同的道路。特别是城市拥堵时段,其自动排队功能可实现与前车的自动跟行,包括减速、加速等,可有效减轻驾驶人负担。其中,跟走功能具备在跟停后3s内,前车重新起动并加速,跟随前车加速直至设定时距;而当停车超过3s时,则只需轻点加速踏板或者按一下多功能转向盘上的Resume键重新激活自适应巡航系统,即可继续享受轻松便利的跟车功能。

自适应巡航系统由雷达传感器、人机交互界面、控制单元、执行单元等组成。人机交互界面多数是一个高清大屏或者仪表板屏,用于驾驶人设定系统参数及系统状态信息的显示等。驾驶人可通过设置在仪表板上的人机交互界面启动或清除自适应巡航系统控制指令。启动自适应巡航系统时,要设定主车在巡航状态下的车速和与目标车辆间的安全距离,否则自适应巡航系统将自动设置为默认值。

车辆保险杠上的雷达探头(图5-32)持续向前发射电磁波,当碰到金属表面时会被反射,传感器通过分析反射波得知前车的车速与车距。探测距离为160m左右。

与此同时,前风窗车窗顶部的摄像头(图5-33)不断扫描路面作为自适应巡航系统参考信号,可设置的最低巡航速度为30km/h。

控制单元以微处理器为核心,包括电源电路、时钟电路、复位电路、传感器输入接口电路以及与监控主机进行数据交换的串行通信接口电路,用于实现系统的控制功能。

图 5-32 自适应巡航系统雷达探头、控制器总成

图 5-33 前风窗车窗顶部的摄像头

执行单元包括节气门执行器和制动执行器,节气门执行器用于调整节气门的开度,使车辆作减速、加速及定速行驶;制动执行器用于紧急情况下的制动。

需要注意的是,自适应巡航技术目前发展并不是很完善,当遇到复杂多变的道路时,例如:桥洞、山路、转弯等,自适应巡航系统反应不是很灵敏,自适应巡航系统只能识别前方车辆,是直线扫描,当前方是转弯的时候,仍需要驾驶人手动操作转向盘。另外,自适应巡航系统不适用于紧急制动,自适应巡航系统最大减速 g 值为 0.35,而一般的紧急制动减速 g 值为 0.8以上,也就是说紧急时刻自适应巡航系统失控,当前车紧急制动时,仍需要驾驶人踩制动踏板。还有当前方车辆为超长的货车时,自适应巡航系统无法识别超出来的货物,当前方停车制动时,如果自适应巡航系统按照预定车距自动制动,可能会产生危险。总体来说,目前的自适应巡航系统比较适合在长距离直线的高速道路上使用,能够解放驾驶人脚踩制动踏板,一定程度上缓解了驾驶人长时间高速行驶的疲劳感。

5.3.2 自适应巡航系统的标定

自适应巡航系统的标定主要是校准传感器的安装位置。汽车出厂时,汽车主机厂都会对装有自适应巡航系统的汽车进行标定。自适应巡航系统传感器一般会在四轮定位试验台或者其他驾驶辅助设备(如 360°环视)上进行标定。由于不同车型的传感器本身的特性以及标定设备的成本、节拍、场地要求等方面的限制,标定的方式也不相同。

微课视频
自适应巡航系统的标定

1. 自适应巡航系统校准标定的条件

当汽车经过某些刮蹭、碰撞、拆卸时,控制单元会检测不到自适应巡航系统信号。汽车在进行过下列操作时,需要对自适应巡航系统传感器进行重新标定:

1)进行四轮定位时,对后桥进行过调整。
2)自适应巡航系统控制单元 J428 进行过拆卸、安装。
3)前保险杠松动,进行过拆卸、安装或更换。
4)自适应巡航系统控制单元安装偏差角度超出 -0.8° 到 +0.8° 的范围。

2. 自适应巡航系统校准标定的准备工作

在进行标定校准前,需要做好准备工作,自适应巡航系统校准的前提条件有:
1)检查传感器、支架等固定元件是否损坏,连接是否牢靠。
2)读取自适应巡航系统故障存储器内的故障码并按提示进行清除。

3）车载 CAN 网络工作正常，电源电压在 12V 左右。
4）车辆四轮定位参数已经调整完毕。
5）车辆保持在整备质量（燃油箱、风窗清洗液、冷却液、制动液加满，随车工具到位）。

3. 自适应巡航系统校准标定的方法及步骤

主动式校准的过程主要是通过反射板的 3 个不同位置来进行的，可以测量到传感器在水平和垂直方向上与反射板之间的差，即与汽车行驶轴线的偏差。在测量结果可取的情况下，通过该结果计算出水平和垂直方向上的偏差角度，基于偏差角度可采取进一步的操作（如作为标定值存储或对机械式调整的建议值）。在进行校准时，系统会同时对测量结果进行分析运算，以避免由于镜子被挡住或者没有按照要求倾斜等因素导致的错误，如果有错误产生，该错误信息会发送到诊断工具中。

被动式标定是通过光学测量确定校准镜轴线与行驶轴线的偏差，之后读取校准镜与雷达轴线的偏差角，通过调整水平方向和垂直方向的校准螺栓，使雷达轴线与行驶轴线重合在一个允许的范围内。校准需要在传感器表面装反射镜，要求反射镜轴线和传感器轴线重合，反射镜轴线与传感器轴线的偏差需要提前写入传感器，并且可以在诊断中读取。校准时，外置的集光箱将通过外置光源照射到传感器的反射镜上，反射镜反射的光斑将被 CCD 照相机记录，并通过计算机及相应的算法来计算偏差，之后校正值会从传感器中被读取并记录。

以大众车系为例，进行自适应巡航系统标定的专用工具有：四轮定位仪、第三摄像头、校准工具、校准反射板、诊断仪、蓝牙适配器、调准工具。整个标定过程为：

1）进行标定时，需要先将车辆驶入车辆定位举升平台上，并使前轮朝向正前方。检查车轮胎纹、胎压是否正常。

2）将蓝牙适配器 VAS 5054 连接到诊断插座上，并连接车辆蓄电池充电器。在诊断仪 VAS 6150 上读取自适应巡航系统控制单元故障码并排除故障。确保控制单元 J428 无故障。

3）如图 5-34 所示，将车轮定位仪的钢圈夹具以及反光板安装在四个车轮上，打开四轮定位仪程序，填写工单信息。

4）根据计算机屏幕显示，对车辆做偏位补偿，向后推动车辆，向前推动车辆。之后按照提示信息进行四轮定位仪参数调整。调整完毕后，即可进行自适应巡航系统标定校准。

5）拆卸自适应巡航系统雷达的罩盖并将传感器表明擦拭干净。然后将举升机举升至最低水平位置。

图 5-34　安装车轮反光板

6）将校准专用工具 VAS 6430 放置在车辆前部，调整期中心对准车辆中轴线。旋转定位梁上的微调螺栓，使前后两侧的螺纹长度相等。

7）将反射板 VAS 6430/3 对中安装在 VAS 6430 的横梁上。调整 VAS 6430 后面的摇柄，使反射波与自适应巡航系统雷达大致在同一高度。

8）用红外测距仪或卷尺测量反射板到自适应巡航系统雷达表面的距离，如图 5-35 所示，确保两者的距离在（1200±25）mm 范围内。需要注意的是，不允许校准过程中移动 VAS 6430 底座。

9）在校准梁上安装两个第三摄像头，如图 5-36 所示，通过水平仪确保第三摄像头水平。进行数据线头的切换，使第三摄像头连接至四轮定位仪 VAS 6292。完成后取下前轮反光板。

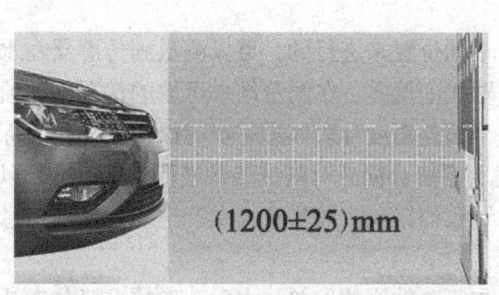

图 5-35　测量自适应巡航系统雷达与反射板的距离

图 5-36　校准梁上的第三摄像头

10）旋转反射板上的旋钮使编号 2 朝向车辆，调整螺栓使反射板上的水平仪 A 和 B 水平，开启反射板上的激光反射器，通过调整摇柄，如图 5-37 所示，使反射板上的激光照射至自适应巡航系统雷达表面的垂直中点。

11）转动横梁上的螺栓，直至四轮定位仪上显示位于公差范围之内。

12）打开 Odis 诊断程序，选择 13 距离控制单元下拉菜单中的"引导型功能"。选择"校准-执行"。

13）根据提示信息调整控制单元 J428 上的设定螺钉，如图 5-38 所示。调整后，继续进行引导型功能测试，直至屏幕显示不需要调整为止。

图 5-37　调整激光照射中心点

图 5-38　调整自适应巡航系统雷达控制单元的设定螺钉

项目 6
检测站与检测线

任务描述

孙先生的私家轿车行驶了 6 年有余,今年刚好过了免检年限,需要去检测站进行年检。首次来到检测站的孙先生对检测站的检测项目和检测流程并不熟悉,遂询问检测站的工作人员。同学们,假如你是检测站的工作人员,能够帮助孙先生介绍下汽车检测站中相关的检测项目和检测流程吗?

学习目标

1. 熟悉汽车检测站的任务、类型、组成与检测内容
2. 熟悉汽车检测线工位布置及检测流程

知识与技能点清单

序号	学习目标	知识点	技能点
1	熟悉汽车检测站的任务、类型、组成与检测内容	1. 汽车检测站的任务 2. 汽车检测站的类型 3. 汽车检测站的组成 4. 汽车检测站的检测项目	能够熟知汽车检测站的基本组成及其检测项目
2	熟悉汽车检测线工位布置及检测流程	1. 汽车检测线的工位布置 2. 汽车检测线的检测流程 3. 汽车检测站计算机控制系统的组成	能够熟知汽车检测站的工位布置及检测流程

鉴定

序号	学习目标	鉴定1	鉴定2	鉴定3	鉴定结论	鉴定教师签字
1	熟悉汽车检测站的任务、类型、组成与检测内容				□通过 □不通过	
2	熟悉汽车检测线工位布置及检测流程				□通过 □不通过	

备注：任课老师可以通过平时教学过程中学习者的学习态度、参与教学活动的积极性、职场安全意识及终结性鉴定结果等确定其最后的鉴定结果，每个学习者最多可以鉴定三次，鉴定老师可以把鉴定情况填写在上表中。

学习信息

6.1 汽车检测站概述

汽车检测站是综合运用现代化检测技术，按国家有关标准，对汽车不解体进行检测、诊断的机构。它使用现代化的检测设备和检测方法，能在室内检测、诊断出车辆的各种参数和可能出现的故障，为全面准确评价汽车的使用性能和技术状况提供可靠依据。

汽车检测线是指由若干检测设备按一定的顺序排列组合后形成的检测系统。汽车检测站视其功能和规模大小，可包括一条或数条检测线。

6.1.1 汽车检测站的任务

根据《汽车运输业车辆综合性能检测站管理办法》的规定，汽车检测站的主要任务如下：

1）对在用运输车辆的技术状况进行检测诊断。

2）对汽车维修行业的维修车辆进行质量检测。

3）接受委托，对车辆改装、改造、报废及其有关新工艺、新技术、新产品、科研成果等项目进行检测，提供检测结果。

4）接受公安、环保、商检、计量和保险等部门的委托，为其进行有关项目的检测，提供检测结果。

经过认定的检测站，对运输车辆进行技术状况监督检测时，应不以营利为目的。

6.1.2 汽车检测站的类型

汽车检测站按不同的方式可以划分为多种类型。

1. 按汽车检测站的服务功能分类

按服务功能不同，汽车检测站可分为安全检测站、维修检测站和综合检测站。不同类型的检测站其作用也不同。

（1）安全检测站

安全检测站按照国家规定的车检法规，定期检测车辆中与安全和环保有关的项目，以保证汽车安全行驶，并将污染减低到允许的范围，它是国家的执法机构。它一般是针对汽车行驶安全和对环境的污染程度进行总体检测，并与国家有关标准进行对比，给出"合格"或者"不合格"的评定，而不进行具体的故障诊断和分析，图 6-1 所示为某安全检测站的实景图。

图 6-1 安全检测站

安全检测站对外承担以下两种检测功能：

1）初次检验。新车登记上牌时进行的安全技术检验，其目的是保证汽车上路行驶之前在技术性能方面必须符合国家有关规定的要求，《中华人民共和国道路交通安全法》第十条规定，申请机动车登记时，应当接受对该机动车的安全技术检验。但是经国家机动车产品主管部门，依据机动车国家安全技术标准认定的企业，生产的机动车型的新车在出厂时经检验符合机动车国家安全技术标准，获得检验合格证的，免予安全技术检验。

2）定期检验。定期检验是在用汽车必须按照国家有关规定，定期到检测站进行的检验。《中华人民共和国道路交通安全法》第十三条规定，对登记后上道路行驶的机动车，应当依照法律、行政法规的规定，根据车辆用途、载客载货数量、使用年限等不同情况，定期进行安全技术检验。对符合机动车国家安全技术标准的，公安机关交通管理部门应当发给检验合格的标志。

汽车每年检验一次，称为年检。近年来，随着新的道路交通安全法的实施，针对不同类型、不同使用年限的车辆规定了不同的检验周期。《中华人民共和国道路交通安全法实施条例》规定，机动车应当从注册登记之日起，按照下列期限进行安全技术检验：

（一）营运载客汽车 5 年以内每年检验一次；超过 5 年的，每 6 个月检验一次；

（二）载货汽车和大型、中型非营运载客汽车 10 年以内每年检验一次；超过 10 年的，每 6

个月检验一次；

（三）小型、微型非营运载客汽车 6 年以内每 2 年检验一次；超过 6 年的，每年检验一次；超过 15 年的，每 6 个月检验一次。

通过定期检查，可及时发现技术上的问题。一旦发现不合格的，必须进行维修调整后方能上路行驶。

（2）维修检测站

维修检测站主要是对维修前、后的车辆的技术状况进行检测，它能检测车辆的主要使用性能，并能进行故障分析与诊断，一般为汽车运输企业或维修企业建立。图 6-2 所示为一维修检测站实景图。在汽车维修前，检测站可以通过对汽车技术状况的检测和故障诊断，确定汽车维护的附加作业、小修项目以及汽车是否需要大修；在汽车维修后，检测站通过对汽车的技术性检测，可以监控汽车的维修质量。

（3）综合检测站

综合检测站既能承担车辆管理方面的安全环保检测，又能承担车辆维修方面的技术状况检测，还能承担科研或教学方面的性能试验和参数测试。

这种检测站设备配套齐全，自动化程度高，数据处理准确，功能齐全，可以进行快速检测，以适应年检的要求；又可以进行高精度的测试，以满足技术评定的需要。这种检测站的检测结果既可作为交通运输管理部门发放或吊扣车辆营运证的依据，也可作为维修单位车辆维修质量的凭证。另外，许多检测站还增加了新车注册登记、二手车过户、机动车迁移登记、站内交通违法处罚窗口等功能，提供更为方便、快捷的一站式服务。图 6-3 所示为汽车综合检测站的实景图。

图 6-2　汽车维修检测站

图 6-3　汽车综合检测站

2. 按检测站的工作职能分类

根据汽车检测站的工作职能不同，可以分为 A 级检测站、B 级检测站和 C 级检测站，不同类型的检测站其工作职责也不一样。

（1）A 级检测站

A 级检测站能对汽车的安全性、动力性、可靠性、经济性、环保性进行全面的检测，并能够对车辆的技术状况及维修质量进行鉴定，能全面承担检测站的任务，能够检测车辆的制动、侧滑、灯光、转向、车轮定位、车速表、车轮动平衡、燃油消耗、底盘输出功率、发动机功率和点火系状况以及磨损、异响、裂纹、噪声、废气排放等状况。

A 级站在国内一般设置两条检测线，一条为安全环保检测线，主要承担车管部门对车辆进行年审的任务；另一条为综合检测线，主要承担对车辆技术状况的检测诊断。其综合检测线一般有两种类型：一种是全能综合检测线，设有包括安全环保检测线主要检测设备在内的比较齐全的工位，这种检测线的检测设备多，检测项目齐全，与安全环保检测线互不干扰，因而检测效率相对较高，但建站费用也高。另一种是一般的综合检测线，设置的工位不包括安全环保检测线的主要检测设备，主要由底盘测功工位组成，能承担除安全环保检测项目以外项目的检测诊断，必要时车辆须开到安全环保检测线上才能完成有关项目的检测，国内已建成的综合检测站有相当多是属于这种类型，与全能综合检测线相比，一般综合检测线设备少，建站费用低，但检测效率也低。

A级检测站出具的检测结果或证明，可以作为汽车维修单位车辆维修质量的凭证。

（2）B级检测站

B级检测站能对在用车辆技术状况、车辆维修质量进行检测和评定。它能检测车辆的制动、侧滑、转向、灯光、车轮动平衡、燃油消耗、发动机功率和点火系统状况以及异响、变形、噪声、废气排放等状况。

B级检测站出具的检测结果或证明，可以作为汽车维修单位车辆维修质量的凭证。

（3）C级检测站

C级检测站能对在用车辆的技术状况进行检测。它能检测车辆的制动、侧滑、转向、灯光、车轮动平衡、燃油消耗、发动机功率及异响、变形、噪声、废气排放等状况。

3. 按规模大小分类

按规模大小不同，检测站可分为大、中、小三类。大型检测站检测线多，自动化程度高，能检测多种车型。中型检测站至少有两条检测线。小型检测站指那些服务对象单一的检测站。

4. 按自动化程度分类

按自动化程度不同，检测站可分为手动式、半自动式和全自动式三类。

5. 按检测线的数目分类

按站内检测线数分为单线检测站、双线检测站和三线检测站等多种类型。

6.1.3 汽车检测站的组成

目前国内已建立的或正在筹建的检测站大多为A级综合检测站，其主要由检测车间、业务大厅、停车场、试车道路及辅助设施等组成。

1. 检测车间

检测车间（图6-4）是检测站的核心，检测线设置其内。根据检测站的检测纲领、承担的检测项目及执行的技术标准，检测车间一般设有单条、双条或三条（多条）自动检测线。各条检测线应在总体规划中根据检测流程进行合理设置，应充分考虑到检测线与业务大厅、待检停车场、已检停车场、试车道路、车辆进出、行人及行车安全以及其他配套设施的位置和功能相匹配，不能有流转不畅、堵塞和瓶颈现象。

有的检测站设置多个检测车间，如安全环保检测车间、综合性能检测车间、外检车间、测功车间、

图6-4 检测车间

调试车间等，可对汽车进行分门别类的检测。

检测车间的高度、长度、宽度应满足被检测车型的检测工作需要，并符合建筑标准。在检测线上各个检测工位应有足够的空间，各工位间应根据所能检测的最大车型的长度确定安全距离，在检测线入口、出口处应有足够长的引车道和醒目的交通标志，以保证车辆进出安全。检测线内设有非工作人员行走区域，并有安全防护装置，以保证检测工作的安全进行。

车间高度由车间内的噪声、空气污染因素及车轮通行高度决定，一般净空高度不得低于6m，进出口高度不得低于4.5m。

车间长度由检测线长度决定，而检测线长度主要取决于检测工位的数量和检测车辆的长度尺寸，例如布局一条6工位检测线时，以客车最长12m计算，其车间长度应以90m为宜。若工位数减少，应根据实际情况确定。各个工位能同时检测一台车，各工位检测车辆互不干扰，一般检测线长度不得小于54m。

车间宽度受到车间内检测线的数目和每条检测线的宽度影响，既要考虑设备的安装，又要考虑检测的安全性，一般每条检测线的宽度不得小于8m。

检测车间的地理位置一般略高于检测站的其他部分，以保证车间排水畅通，另外，车间都设有通风装置，保证空气的循环流通。

2. 业务大厅

业务大厅是检测站的办公场地，车辆的报检、打印报表、办证等都在业务大厅内完成。大厅墙上应设置检测站的检测工作程序、员工工作守则、服务质量承诺、检测收费标准以及其他信息资料，以充分显示企业的服务特色。大厅内应设置上线车辆检测动态显示装置，增加检测工作的透明度，以充分展示检测的公正性；大厅内应设置车主休息区，以供车主休息等待。图6-5所示为业务大厅。

3. 停车场

停车场是被检车辆停车的场地，如图6-6所示。停车场地一般分为待检停车区和已检停车区，它们应有明确的标识加以区分和分开设置，进检车辆、待检车辆和已检车辆的行驶路线应符合检测工艺流程，不能有相互交叉和碰头现象，以保证检测车辆行进有序、安全行驶。

图6-5 业务大厅

图6-6 检测站停车场

停车场地的面积应与检测能力相适应。通常，已检停车区的面积一般为检测线能同时检测最大型车辆数量停车面积的1.5~2.5倍；待检停车区的面积一般为检测线能同时检测最大型车辆数量停车面积的3~4倍。若检测站通行能力强，且日检测数最较多时，可在已检停车区、待检停车区设置专职人员对车辆进行指挥和调度，以充分保证场内车辆安全、有序，不会发生拥堵和瓶颈现象，从而确保检测线高效运行。

为保证安全、高效，停车场地不允许与检测场地、试车道路和行车道路等设施共用。

4. 试车道路

试车道路用于汽车的道路试验，它主要用于受检汽车的委托性检测或争议仲裁性检测。从安全角度考虑，试车道一般设置在检测车间的后面，并在试车道进出口区域有明显的警示标志，防止非工作人员和非试车车辆自行进入，以免引起安全事故。另外还有驻车坡道，如图6-7所示，用于驻车制动试验，通常驻车坡道设置在试车道尽头。

5. 辅助设施

检测站的辅助设施是为车辆检测提供服务和保障的各种设施的总称。一般包括检测所需的能源供给设施、办公设施、职工休息生活设施等，此外，如图6-8所示，还有专门的车辆维护车间。

图6-7　检测站试车道路

图6-8　维护车间

6.1.4　汽车检测站的检测内容

汽车综合检测站对机动车实施检测主要划分为五类，即：综合性能检测、安全环保性能检测、修理质量检测、二级维护竣工检测和委托检测。

1. 检测项目

如果检测种类不同，则检测所依据的标准就不同，因此其检测的项目和参数也会发生相应变化。

（1）综合性能检测

综合性能检测项目主要是：发动机性能、驱动轮输出功率、制动性能、驻车制动器性能、前照灯特性、车速表性能、车轮定位、车轮动平衡、转向性能、侧滑性能、尾气排放物含量、噪声、轴荷、客车防雨密封性、悬架特性、使用可靠性和外部检视。

（2）安全环保性能检测

安全环保性能检测项目主要是：制动性能、前照灯特性、车速表性能、侧滑性能、尾气排放物含量、噪声、轴荷、使用可靠性和外部检视。

（3）修理质量检测

修理质量检测项目主要是：发动机性能、制动性能、前照灯特性、车速表性能、车轮定位、转向性能、侧滑性能、尾气排放物含量、轴荷、客车防雨密封性、使用可靠性和外部检视。

（4）二级维护竣工检测

二级维护竣工检测项目主要是：发动机性能、制动性能、车轮定位、转向性能、车轮动平衡、侧滑性能、尾气排放物含量、轴荷和外部检视。

（5）委托检测

委托检测项目由用户指定，可以是检测线上的任何检测项目，也可以是路试检测项目。

2. 检测参数

各类检测项目的主要检测参数如下。

1）发动机性能。发动机无负荷功率、怠速转速、气缸压力、起动电压、起动电流、蓄电池电压及内阻、汽油机燃油喷射压力、柴油机供油压力等。有时还应检测如下参数：点火提前角、配气相位、点火波形、点火高压、单缸转速降、喷油压力、针阀开启压力、燃油雾化质量、供油泵供油量和供油均匀性及曲轴箱污染物。

2）驱动轮输出功率。校正驱动轮输出功率、滑行距离和整车加速时间。

3）制动性能。行车制动力、同轴制动力平衡、车轮阻滞力、制动协调时间和驻车制动力。

4）前照灯特性。基准中心高度、远光灯发光强度和远/近光灯光轴偏移量及前照灯配光特性。

5）车速表性能。车速表指示值误差。

6）车轮定位。车轮前束、车轮外倾角、主销后倾角和主销内倾角等。

7）转向性能。转向盘自由转动量、转向盘操纵力和转向轮转向角。

8）侧滑性能。车轮横向侧滑移。

9）尾气排放物含量。对于汽油机主要有碳氢化合物、一氧化碳、二氧化碳、氮氧化合物和氧气；对于柴油机主要有微粒、烟度值和光吸收系数。

10）噪声。喇叭声级、客车车内噪声、车辆定置噪声和驾驶人耳旁噪声。

11）轴荷。各轴质量和整车质量。

12）悬架特性。悬架吸收率和悬架效率。

13）车轮平衡。动不平衡量和静不平衡量。

14）客车防雨密封性。客车门窗泄漏量。

15）使用可靠性。主要分为以下几个部分。

① 底盘异响。离合器、变速器、传动轴和主减速器等。

② 发动机异响。敲缸、活塞销、连杆轴瓦、曲轴轴瓦和气门敲击等。

③ 总成螺栓、铆钉紧固。发动机（附离合器）紧固、底盘传动系紧固、转向装置紧固、悬架装置紧固、制动器（系）紧固、轮胎螺栓（母）紧固、半轴螺栓（母）紧固、备胎紧固、车轴U形螺栓（母）紧固和油箱螺栓（母）紧固等。

④ 主要部件间隙。车轮轮毂、传动轴万向节、传动轴轴承、传动轴花键、转向拉杆球头、转向节主销、钢板弹簧衬套（销）、减振器杆件衬套（销）和传动轴跳动量等。

⑤ 重要部位缺陷。承载轴（桥）裂纹、转向系杆件（臂）裂纹、悬架弹性组件裂纹、车架裂纹以及制动管路磨损、老化、龟裂等。

16）外部检视。主要分为以下几个部分。

① 车辆唯一性确认。车牌号码/颜色/车主（单位）、整备质量或座位数、车型类别/整车外廓尺寸、厂牌型号和出厂编号（或VIN代码）、车架号码/悬架形式、发动机形式/号码、驱

动形式、燃油类别、车身颜色、制动形式、车辆轴数、前照灯制式等。

② 整车装备完整有效性基本检验。车容/漆面、后/侧视镜、车门/行李箱门/车窗及门窗玻璃、车门把手/车门锁/行李箱锁、安全门/安全窗/安全带/灭火器/刮水器/洗涤器、灯光/仪表/信号装置及控制、车内地板、车身外缘对称部位左右差、车身对称部位高度差、左右轴距差、挡泥板、轮胎气压、轮胎规格及胎冠花纹深度、牵引车与挂车连接机构、可见螺栓/管/线紧固、漏油/漏水/漏气、漏电、离合器操纵装置自由行程、行车制动系统操纵装置自由行程、应急制动系统操纵装置自由行程、驻车制动系统操纵装置自由行程等。

6.2 汽车检测线的工位设置及布局

检测工位是指对车辆进行独立检测作业的工作位置。工位设置及布局是指按照一定的要求和方式，依据生产纲领、检测项目及参数等，确定检测线的工位和工艺流程。

6.2.1 工位设置及布局的基本要求

工位的设备设施应根据服务对象的检测项目和参数来确定，要充分论证，不能盲目扩大设备设施的投资规模。合理的工位设置及布局，既不会导致资源的浪费，又能保证检测数据的准确、可靠。

1. 先进性

工位设置及布局的先进性应该体现在新技术、新工艺的有效运用，如能很好地配置国内外先进检测设备、设施，能充分地利用信息、网络、计算机控制技术等。先进的工位设置及布局能保证检测过程的有序和高效，能适应现代汽车高技术性能检测的需求。

2. 前瞻性

工位设置及布局要适应国家有关政策、法律、法规变化的需要，要适应检测标准的更新和变化。工位设计及布局应考虑检测站功能的扩展和发展的需要，其工艺性应灵活、项目参数的增减和调整要留有空间、技术手段要能随时更新，这样才能适应形势发展，满足前瞻性的要求。

3. 可行性

工位设置及布局一定要结合实际，不能好大求全、浪费资源和重复投资。既要合理配置资源，又要以充分的资源保证国家有关法律、法规及标准的贯彻和落实。

6.2.2 工位设置及布局的基本形式

检测线工位的设置、工位检测项目的安排以及检测顺序的确定并无标准规定。但设计时最好遵循"三最原则"，即检测时全线综合效率最高、所需人员最少、对现场的污染最小。

工位设置及布局时，应根据基本要求和"三最原则"，重点考虑检测项目及参数的数量、检测时间、使用设备台数、人员配置、排放污染、车辆行驶路线及停放等因素，通常将检测线设置成多工位，且各工位节拍尽量趋于一致。

检测线的布置形式多为直线通道式，其检测工位按一定顺序分布于直线通道上，检测时各工位同时有一辆车处于测试过程，各工位互不干涉，汽车检测工艺是循序渐进、流水式作业。

一般的检测线有 3~5 个工位，工位数太少时，检测效率低；工位数太多时，检测线太长，占地太多。为了提高检测效率，可将几个检测项目在一个工位同时检测，但同时应使各工位检测所用时间大致相同。除此之外,有些检测项目之间有先后顺序要求,例如称轴重一定要在测制动之前进行。由于检测排气、烟度和校验车速表时要排除较多的废气,同时噪声较大,所以这些项目的检测尽量不安排在检测线的中间。

我国引进的检测线的工位布局一般有:

1)L工位(lamps and safety deviceinspection),主要负责汽车车体上部的外观检查。

2)ABS工位(A——alignment:侧滑试验台;B——brake tester:制动试验台;S——speedometer:车速表试验台),统称为侧滑制动车速表工位。

3)HX工位(H——headlight:前照灯检验仪;X——exhaustgas tester:废气分析仪),统称灯光尾气工位。

4)P工位(pit inspection),车底检查工位,需要设置地沟。

6.2.3 双线综合式检测线工位设置及检测流程

双线综合式检测线工位设置是将汽车安全环保检测项目组成的工位布置成一条检测线,即安全环保检测线,再将汽车性能综合检测项目组成的工位布置成另一条检测线,即综合检测线,如图6-9所示。

微课视频
汽车检测线的工位
布局及检测流程

1. 安全环保检测线

这种检测线检测的内容基本一致,但项目的组合、工位的设置因实际情况的不同会有差异,通常设置3~5个工位,如图6-10所示。

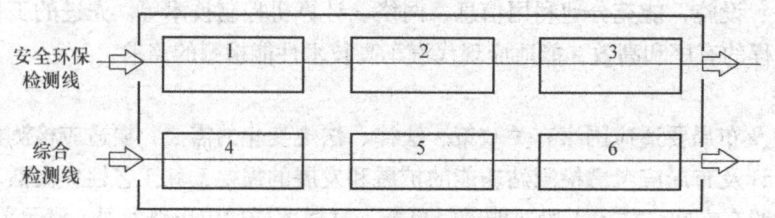

图6-9 双线综合式检测站平面布置示意图

1—外观检查工位 2—侧滑制动车速表工位 3—灯光尾气工位 4—外观检查及车轮定位工位
5—制动工位 6—底盘测功工位

图6-10 安全环保检测线

（1）四工位安全环保检测线

国内采用的一种四工位安全环保检测线，如图6-11所示，其各工位的情况说明如下。

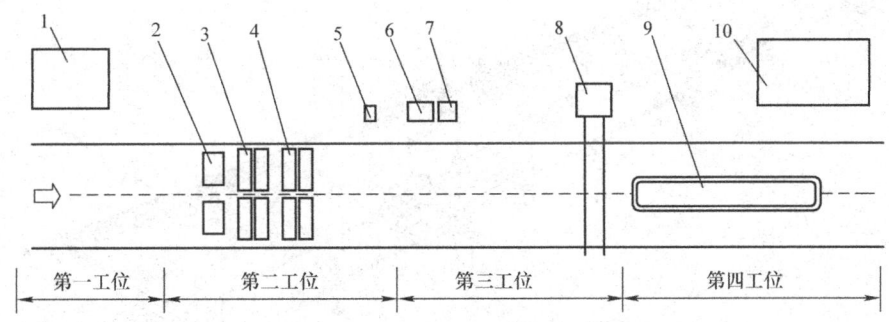

图6-11 四工位安全环保检测线布局

1—入口计算机房 2—侧滑试验台 3—制动试验台 4—车速表试验台 5—声级计
6—废气分析仪 7—烟度计 8—前照灯检验仪 9—地沟 10—主控计算机房

1）外部检视工位。该工位设置在室外，属于人工检验，主要进行车辆唯一性确认和整车装备完整有效性检查等。

2）排放、车速表工位。该工位检测项目是排放检测、烟度检测、车速表检测、车底外观检查和汽车底盘间隙检测等。该工位配置的主要设备有：不分光红外分析仪、不透光烟度计、车速表校验试验台和汽车底盘间隙检测台等，另外还配有地沟，用于车底外观检查。

3）轴重、制动工位。该工位进行轴重检测和制动检测，主要检测内容是各轴轴重、各轮制动力、制动力平衡、车轮阻滞力、驻车制动力和制动系协调时间。该工位配置的主要设备有制动试验台和轴重计，或带有轴重检测功能的制动试验台。

4）前照灯及噪声、侧滑工位。该工位检测项目是前照灯检测，喇叭声级检测、车轮侧滑量检测等。该工位配置的主要设备有：汽车前照灯检测仪、声级计和双滑板式侧滑试验台。

也有的安全环保检测线把车轮侧滑量检测、制动检测和车速表检测安排在同一个工位，简称ABS工位。

这种检测线工位设置的主要特点是：各工位检测项目搭配恰当，工艺节拍性好，工位停留时间短，检测效率高；各工位布局合理，污染严重的排放项目检测靠近大门，检测时车辆排放对检测现场的空气污染小。手动式安全检测线的检测流程如图6-12所示。

对于一些手动和半自动安全检测线，一般将外观检查和车底检查合并为一个工位，即三工位安全环保检测线。

（2）五工位安全环保检测线

五工位一般是汽车资料输入及安全装置检查工位、侧滑制动车速表工位、车底检查工位、灯光尾气工位、综合判定及主控室工位，如图6-13所示。

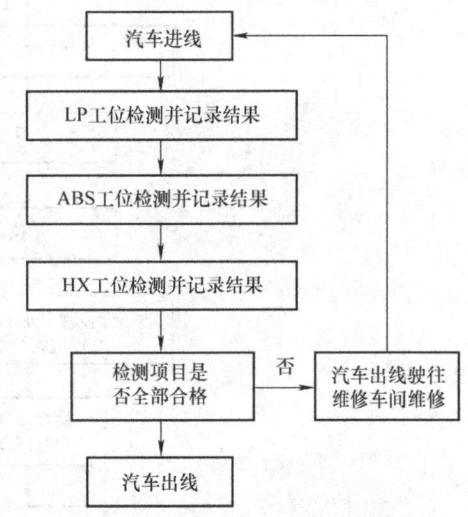

图6-12 手动式安全检测线的检测流程

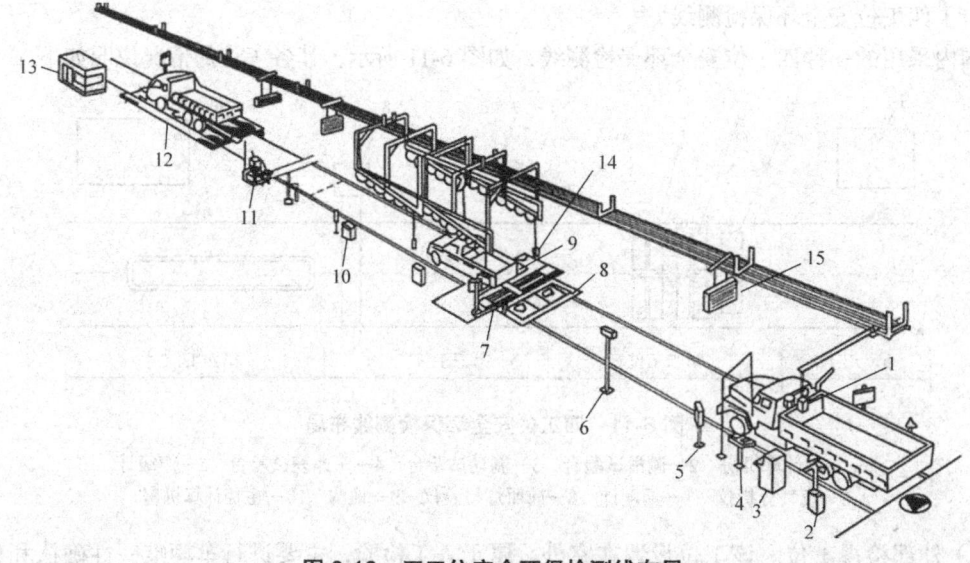

图 6-13 五工位安全环保检测线布局

1—进线指示器 2—烟度计 3—汽车资料登录计算机 4—安全装置检查不合格项目输入键盘 5—烟度计
6—电视摄像机 7—制动试验台 8—侧滑试验台 9—车速表试验台 10—废气分析仪 11—前照灯检测仪
12—车底检查工位 13—主控室 14—车速表检测申报开关 15—检验程序指示器

汽车在全自动安全环保检测线进行检测的步骤如图 6-14 所示。进行指示灯为绿灯时，被检测车辆可驶入检测线停在第一工位上。此时，进线指示灯转为红色。由登录员根据车证和报检单，将车辆有关资料输入入口计算机。需要输入的资料有：车主信息、车牌号、发动机号、底盘号、厂牌型号、燃料类别、灯制、驱动形式、车辆状况（新车或在用）、检验类型（初检或年检）和检验次数等。

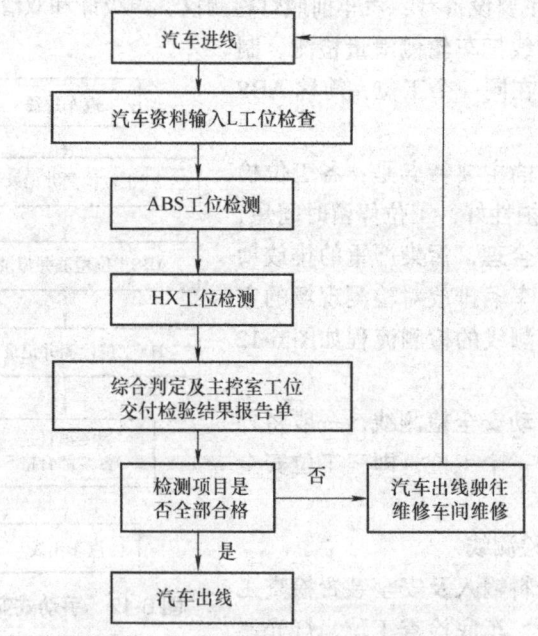

图 6-14 全自动安全环保检测线的检测流程

这些资料将传给主控计算机，只要有一项不合格，主控计算机即判定安全装置检查不合格，并将检测结果显示在检验程序指示器上。当第二工位无车时，指示器会显示"前进"二字。当汽车驶离时遮挡光电开关，进线指示灯转为绿色，通知下一辆汽车驶入。

2. 综合检测线

一般综合检测线工位的设置不包括安全环保检测线的主要检测内容，它主要由底盘测功工位、发动机综合检测工位和车轮定位及转向检测工位组成。国内大多A级检测站都采用安全环保检测线与综合检测线分离的形式，即为双线综合式检测线，如图6-15所示。

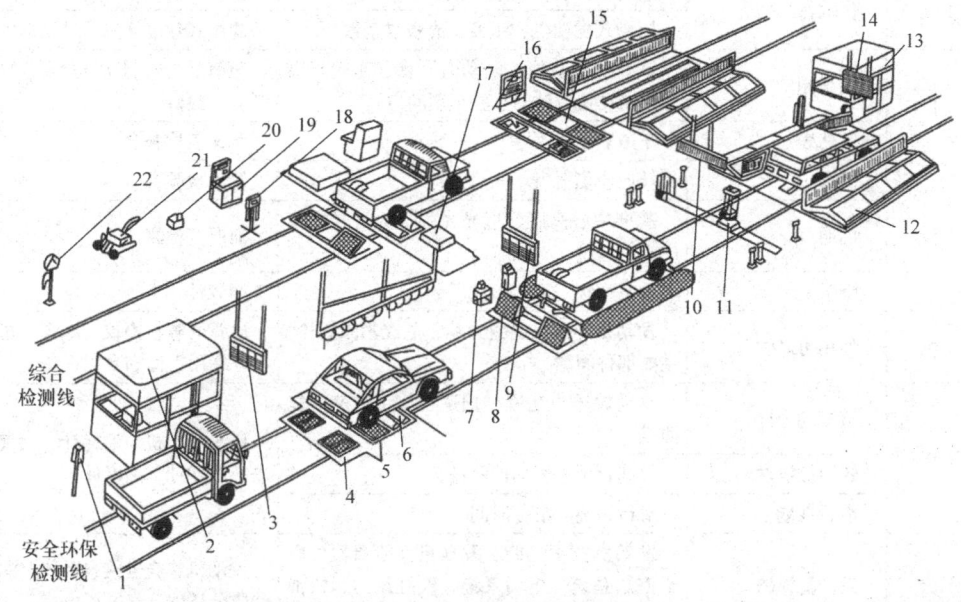

图 6-15 双线综合式检测线

1—进线指示灯 2—进线控制室 3—L工位检验程序指示器 4—侧滑试验台 5—制动试验台 6—车速表试验台 7—废气分析仪 8—烟度计 9—ABS工位检验程序指示器 10—HX工位检验程序指示器 11—前照灯检测仪 12—地沟系统 13—主控制室 14—P工位检验程序指示器 15—侧滑试验台 16—前轮定位检测仪 17—底盘测功工位 18、19—发动机综合测试仪 20—机油清净性分析仪 21—就车式车轮平衡机 22—轮胎自动充气机

一般综合检测线上测量的项目有：

1）测试整车性能。检测驱动轮的输出功率或驱动力、测试车速、加速性能、滑行性能，检测百千米耗油量和经济车速等，检测设备为底盘测功机。

2）测试发动机性能和技术状况。点火系统，废气排放，供油系统、润滑系统检测、分析和判断，检测设备为发动机综合分析仪、废气分析仪（分析空燃比、燃烧状况、气缸密封性状况和污染等状况，CO、HC、NO、CO_2和O_2浓度、烟度）。

3）测试底盘技术状况。车轮定位、传动系统和转向系统等，检测设备为四轮定位仪。

4）异响检测、分析并判断。发动机和传动系统，检测设备为异响分析仪。

5）检测各总成温度和发动机排气温度。

6.2.4 全能综合式检测线工位设置及检测流程

全能综合式检测线设有包括安全环保检测线在内的比较齐全的工位，通常的工位设置及布局是：外部检视工位→车轮定位工位→制动工位→底盘测功工位。典型的工位设置、检测项目和检测设备见表6-1。

表6-1 全能综合式检测线工位设置、检测项目及检测设备

工位号	主要检测内容	主要检测项目	主要检测设备
第一工位	外部检视	车辆唯一性确认、整车完整有效性检查	卷尺、轮胎压力表、轮胎花纹深度尺
第二工位	排放污染物	点燃式发动机：CO、HC、NO_x	排气分析仪
		压燃式发动机：烟度、光吸收系数	滤纸式烟度计、不透光烟度计
第三工位	轴荷制动	轴荷、制动力、制动力平衡、车轮阻滞力、制动协调时间、驻车制动力	滚筒反力式制动试验台、平板式制动试验台
	车速表	车速表示值误差	车速表检验台
第四工位	侧滑	转向轮侧滑量	侧滑检验台
	前照灯	基准中心高度、远光光强、远近光光束中心偏移量	前照灯检测仪
	喇叭	喇叭声级	声级计
第五工位	使用可靠性	发动机异响、底盘异响、总成紧固螺栓、主要部件间隙	底盘间隙检测仪、地沟、扭力扳手、专用手锤和专用设备
第六工位	整车动力性	驱动轮输出功率、加速性能、加速性能曲线	底盘测功机、油耗计、大气压力表、温度计、湿度计
	燃油经济性	等速百千米燃油消耗量	
	滑行性能	滑行距离、滑行时间	
第七工位	发动机检测	发动机技术性能、发动机性能参数、电子控制系统、电喷系统、气缸压力、机油污染指数	发动机综合性能参数仪、润滑油油质分析仪、气缸压力表
第八工位	车轮定位	车轮前束值/张角、车轮外倾角、主销内倾角、主销后倾角、推力角、转向20°时的张角、车轮轮距	前轮定位仪或四轮定位仪
	转向性能	转向盘自由转动量、转向盘操纵力、转向轮最大转角	转向盘转向力/转角仪、转向轮转角仪
第九工位	悬架	吸收率、左右轮吸收率差、悬架特性曲线、悬架效率	悬架装置检测台
	车轮动平衡	车轮动平衡	就车式车轮平衡仪
第十工位	车身密封性	车身淋雨试验	淋雨试验台或专用装置

1）外部检视工位设在室外，主要进行车辆唯一性确认、整车装备完整有效性检查。

2）车轮定位工位的主要检测项目有：车轮动平衡检测、车轮定位检测、车轮侧滑量检测、底盘间隙检测、传动系游动间隙检测、转向系检测、悬架检测。

3）制动工位的主要检测项目有：轴重、各轮制动力、制动力平衡、车轮阻滞力、驻车制动力、制动系协调时间。

4）底盘测功工位的主要检测项目有：底盘测功、车速表校验、油耗测量、排放检测、电气检测、发动机各大系统综合检测、前照灯检验、噪声测定等。

全能综合检测线检测流程如图6-16所示。

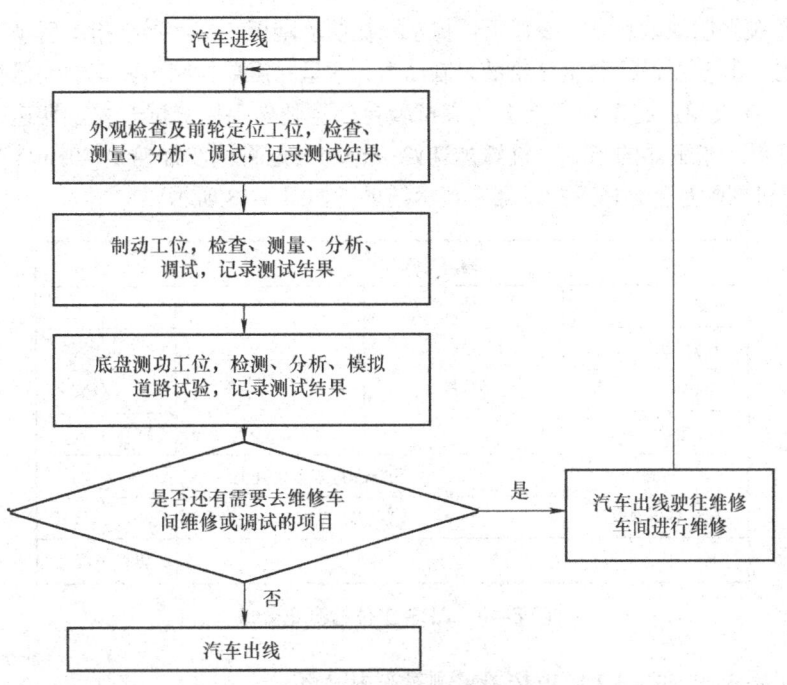

图 6-16 全能综合检测线检测流程

全能综合检测线检测工序一般有 L 工位检测、ABS 及噪声检查工位检测、HX 工位检测、P 工位检测。检测步骤如下：

1) L 工位检测程序。在进线指示灯亮起后、进线并由检查人员检查。车上驾驶人依据程序检验指示器操作。控制程序检验指示器显示检查结果，如图 6-17 所示。检查结果为"通过"或"不合格"。当下一个工位空时，显示"前进"。

前照灯	变光灯	雾灯
示廓灯	制动灯	倒车灯
转向灯	停车灯	警告灯
刮水器	喇叭	非常信号装置
安全装置	○	×
前	进	

图 6-17 L 工位检测记录单

2) ABS 及噪声检查工位检测步骤如下：

① 被检测汽车沿着地面标线，低速通过侧滑试验台。整个过程中需要注意汽车应垂直于侧滑板，不可转动转向盘。通过时，同样由主控计算机判断是否合格，在第二工位指示器显示结果。

② 汽车驶上轴重计或轮重仪测量轴重。

③ 将前轮驶上制动试验台测量前轴制动力。按工位指示器的提示，将制动踏板踩到底，可测得左右车轮的最大制动力。若不合格，允许再测量一次。

④ 将后轮驶上制动试验台，按指示器提示踩住制动踏板，指示器会指示后制动检测结果。

⑤ 拉紧驻车制动器，检测左右轮最大制动力，这里只需要检测与驻车制动器相连的车轴。

⑥ 将与车速表相连的车轮开上车速表试验台，驾驶人手持测试开关。变速杆置于最高档位，按照检测程序指示器的指令，慢踩加速踏板，均匀地将汽车加速至 40km/h 时按下测试按钮。主控计算机判断是否合格后指示器上显示结果，如图 6-18 所示。

侧滑试验台		○	×
前制动		○	×
中间制动		○	×
后制动	放开	踩下	○	×
驻车制动		○	×
车速表试验台	40km/h按下申报开关		
	踩制动开关	○	×
	前进	再检一次	

图 6-18　ABS 工位检测记录单

⑦ 按提示要求按喇叭约 2s，或按要求测量车内噪声。

3）HX 工位的检测步骤如下：

① 检测前照灯灯光。按引导指示器的指令将汽车停在距前照灯检测仪一定距离（一般为 3m）的停车线上，注意应与前照灯检测仪导轨保持垂直。按指示器指令打开远光灯，前照灯检测仪会自动驶出，分别检测左右远光灯的发光强度和光轴照射方向。在指示器上显示检测结果。左右前照灯中有一项不合格，前照灯的综合判定即为不合格。

② 检测汽车排放尾气。检测汽油机时，按引导指示器的指令将排气分析仪的探头插入怠速运转的汽车排气管中，抽取气样，几秒钟后指示器即可显示检测结果。检测柴油机时，按引导指示器的指令将烟度计的探头插入汽车排气管规定深度，再按指令在怠速状态下，将加速踏板迅速踩到底，做四次自由加速。计算机以后三次检测数据的平均值作为烟度检测值。判定后在指示器上显示检测结果，如图 6-19 所示。检测完成后，当指示器提示"前进"时，可将汽车开入下一工位。

	上偏		开远光灯		上偏		插入探头		
左偏	光强度	右偏	检查中	左偏	光强度	右偏	检查中		
							取出探头		
							CO	○	×
○	下偏	×	前进	○	下偏	×	HC	○	×
							按喇叭	○	×

图 6-19　HX 工位检测记录单

4）P 工位主要是人工检查车底情况。检测人员在地沟内检查车底部件连接是否牢靠、有无变形、断裂等，并注意散热器、油道等装置有无泄漏，并通过键盘或对讲机等工具，将检测结果传送给主控计算机。主控计算机判断结果时，只要有一项不合适，即判定车底检查不合格，并通过工位检验程序指示器显示判断结果。

检测完毕后，主控计算机会根据前面各项检测结果进行综合判定，只有各项检查均合格，整车检测的总评判才为合格，只要有一项不合格，则总评判为不合格，然后将数据存储后打印出检测清单，如图6-20所示。驾驶人拿到检测结果报告单后，将汽车驶出检测线。

检测结果为不合格的汽车需要送至维修站进行修复，修复完成后再来进行复检。

检查中		
发动机熄火		
转动转向盘		
踩制动踏板		
拉驻车制动器手柄		
踩离合器踏板		
底盘检查	○	×
前进		

图6-20 P工位检测记录单

6.2.5 检测站的计算机控制系统

现代汽车检测站普遍采用计算机控制系统，如图6-21所示。它是将计算机技术与自动控制技术、网络通信技术相结合，对车辆的安全性、动力性、燃料经济性、尾气排放、整车装备等参数进行测量、计算、判断，并将结果进行输出、存储、传送的智能化系统。它具有实时性、可靠性、准确性的特点，是现代汽车检测作业中不可或缺的重要工具。

图6-21 检测站计算机系统

1. 计算机控制系统的要求

检测站计算机系统是由模拟与数字部件组成混合系统，其信号形式包括连续模拟、离散模拟、离散数字等，可同时控制多个被控对象，可以为多个控制回路服务。同一台计算机可以采用串行或分时并行方式实现控制，每个控制回路的控制方式都有软件程序来实现。计算机控制系统在基本功能和性能方面应满足以下要求。

（1）基本功能要求

1）控制系统应具有车辆登录、检测调度、项目测控、系统设置、节拍调整、数据存储、报表打印、系统标定、标准设定、故障自诊断、故障屏蔽、数据查询、统计、路试数据录入、在线补测、容错、选择复检项目、检验日志记录、重复打印、管理功能、监控、数据修正补偿功能。

2）控制系统应建立检测车型数据库和检测标准数据库。

3）控制系统应具有人工检测项目和未能联网的检测仪器设备检测结果的人工录入功能。

4）控制系统不得改变检测设备的测试原理、分辨率、数据位数。

5）控制系统不能采用纯软件标定的功能。

（2）基本性能要求

1）检测数据要精准，检测站每一种检测设备测量时都会带来一定的误差，计算机在数据采集和数据处理时又会产生一些误差。按照国家标准规定，采用计算机控制系统后，某个项目测量总误差不应超过该项目测量允许的示值误差。

2）检测系统的可靠性要高。检测站的工作环境是比较差的，由于汽车连续通行，存在较多烟尘、噪声、振动和电磁干扰，同时受气候影响，环境温度也经常变化。全自动检测线每天要连续工作好几个小时，不能因环境干扰或自身系统故障而中断。计算机系统平均无故障运行时间应在600h以上，有效度A应在98%以上。

2.计算机控制系统的组成

汽车检测站计算机控制系统由车辆登录子系统、测控子系统、监控子系统、业务管理子系统、财务子系统、系统维护子系统等构成，如图6-22所示。

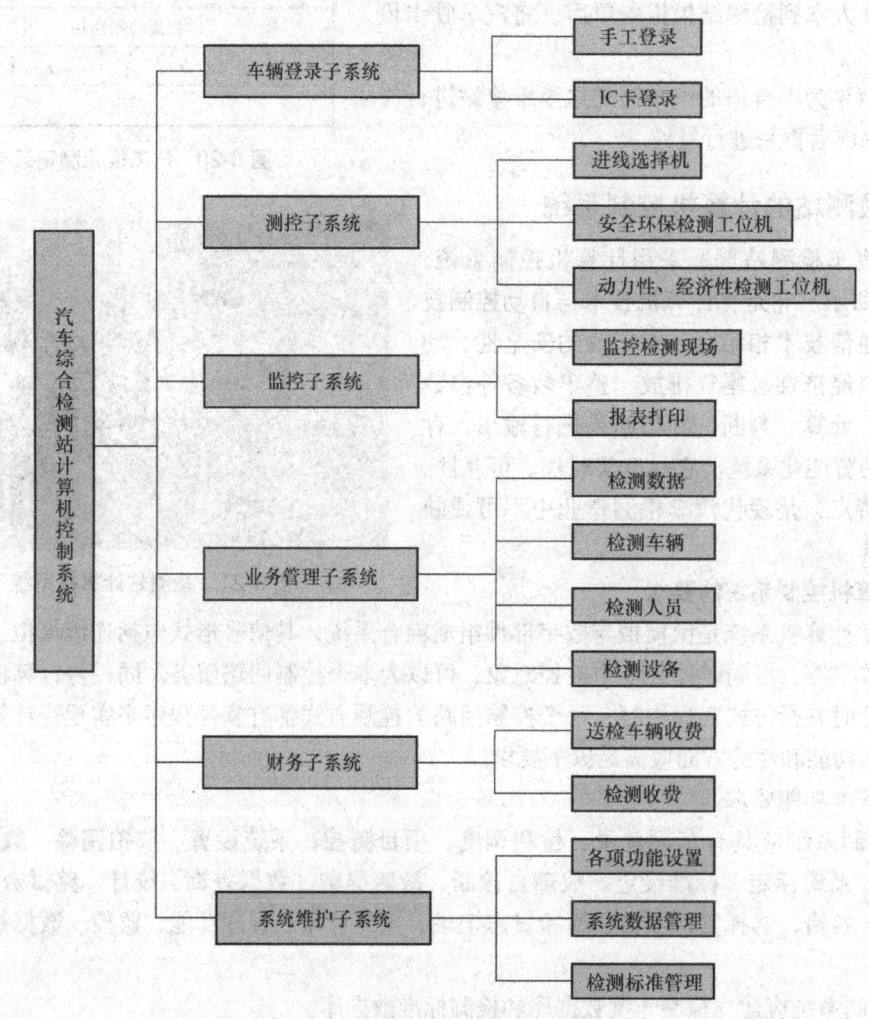

图6-22 检测站计算机控制系统

（1）车辆登录子系统

车辆登录子系统用于输入登录待检车辆的基本信息，如厂牌型号、车牌号码、车辆类别、检测类别和检测项目等，系统将根据这些数据安排测控系统进行检测。

车辆登录子系统有手工登录和IC卡登录两种方法。对于首次登录的车辆必须用手工的方法进行输入，它们的区别是：首次登录完成输入后，数据存储介质不同。手动登录的方法是将车辆的信息自动存到检测系统的注册信息数据库内，IC卡登录的方法是将车辆信息存到IC卡上。当车主再次登录时，手动登录的方法需要先将车牌号、牌照类别信息输入信息库，然后系统自动从注册信息库里调出车辆信息，再补充检测项目。对于 IC 卡登录，当插入 IC 卡时，按下读卡键，车辆信息会自动从 IC 卡中调出，然后再补充检测项目。

（2）测控子系统

测控子系统是与安全环保、动力、经济性和可靠性等检测工位上的检测设备进行联网的测量控制系统。安全环保检测工位要对车辆外观、车速表、排放废气、烟度、前照灯、喇叭声级、侧滑、制动、底盘状况进行检测，剩余工位要对发动机运行状况、底盘测功、油耗、前轮转向、悬架性能等状况进行检测。

系统设计时可以将若干检测项目组合起来，设置一个工作站。需要注意的是，每个工位只能有一辆汽车在进行检测，工位设置的越多，整个检测系统的响应速度就越快，但相应的成本也会提高。

（3）监控子系统

监控子系统用于监视测控子系统各工位的工作情况以及在线车辆的检测状况和所在位置，以供休息室内的车主和其他有关人员观察检测情况，体现公平、公正的原则，提高检测的透明度。

（4）业务管理子系统

业务管理子系统可以接收登录子系统的车辆资料和测控子系统的检测结果，送至系统的信息管理数据库。应用该数据库资料可实现检测数据、车辆资料、送检单位、检测人员和检测设备的档案化管理、快速查询等有关的统计功能，实现系统资料的电子化管理。

（5）财务子系统

财务子系统可将财务收费和检测业务结合起来，根据登录资料和检测结果自动计算检测费用并打印发票，可以自动统计年、季、月的收支情况，实现汽车检测站的财务电算化。

（6）系统维护子系统

维护子系统是为了保证汽车检测站计算机控制系统的正常工作而设置的，可实现网络系统数据、用户权限、检测标准等管理功能。

3. 计算机网络系统

计算机网络是一系列具有独立操作系统的计算机用通信线路连接起来，这些计算机可按事先商定的规则相互进行高速而及时的数据通信。将计算机与设备连接起来，从而实现资源共享的概念则叫"联网"。计算机网络系统主要由硬件与软件组成。硬件部分由计算机设备和辅助设备组成，软件部分除检测程序外，一般还包括数据库管理设备标定程序、检测诊断标准修正程序和系统自检、自诊断与维护等程序。

计算机网络系统的硬件主要有：

1）主控制机。收集、存储数据并判断是否合格，显示、打印、指挥检测仪器动作。

2）终端机。申报被检车辆的主要参数、检测项目。

3）接口控制箱。一是负责单机仪表的数据传送，二是对主机的输入输出控制信号进行缓冲。

4）单机仪表。采集、显示检测数据；向上位机传输数据。

5）辅助设备。控制台、稳压电源、显示屏、光电开关、警告灯和报警器等。

计算机网络系统的软件包括检测程序、数据库管理、设备标定程序、检测标准修正程序、系统自检、自诊断维护程序等。其软件操作系统如下：

1）服务器操作系统：Windows 2000 Server、Windows 2003 Server、Windows NT、Novell Netware 等。

2）工位机操作系统：Windows 2000、Windows XP、OS/2、UNIX 等。

3）数据库管理系统（DBMS）：Microsoft SQL Server 2000、Microsoft SQL Server 2003 等。

计算机网络涉及到三个方面的问题：计算机网络连接（至少两台计算机互联），通信设备与线路介质，网络软件、通信协议和网络操作系统。

通过计算机网络，可实现网络资源共享，包括以下三个方面：

1）硬件资源共享。允许连至网络的任何用户使用计算机和其他设备，诸如打印机、调制解调器、扫描仪、硬盘机、软盘机、CD-ROM、磁带机、绘图机或其他与计算机连接的检测设备。

2）软件资源共享。网络可集中安装和配置软件，使资源得到充分利用。

3）信息资源共享。服务器保存共享信息，网络中其他计算机可通过网络访问这台计算机的信息，用户可在自己的终端上获取这些信息。

项目 7
发动机技术状况检测

任务描述

陈先生有一辆大众捷达轿车,前几天更换过汽油泵,最近冷车起动时,起动困难,起步无力,行驶时感觉加速无力,并伴有抖动现象,去 4S 店检测时,燃油压力只有 0.22MPa 左右。再次更换汽油泵总成和燃油滤清器,但情况并未改善。同学们,你们能根据自己所学的维修技能,帮助陈先生解决该故障吗?

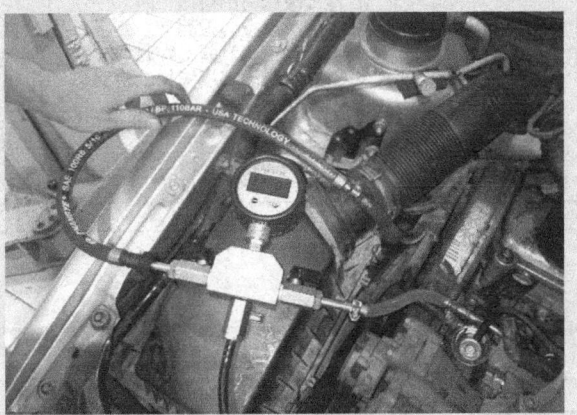

学习目标

1. 掌握发动机功率检测的方法
2. 掌握气缸密封性检测的方法
3. 掌握发动机点火波形的检测方法
4. 掌握发动机燃油压力的检测方法
5. 掌握发动机机油的检测方法
6. 掌握发动机冷却系统的检测方法
7. 掌握发动机异响的检测方法

知识与技能点清单

序号	学习目标	知识点	技能点
1	掌握发动机功率检测的方法	1. 稳态测功 2. 动态测功 3. 无负荷测功仪的结构组成 4. 无负荷测功仪的测功步骤 5. 发动机综合检测仪的结构组成 6. 发动机综合检测仪的测功步骤	能够使用无负荷测功仪、发动机综合检测仪对发动机的功率进行检测
2	掌握气缸密封性检测的方法	1. 气缸压缩力的检测 2. 气缸漏气量的检测 3. 进气歧管真空度的检测 4. 曲轴箱窜气量的检测	能够使用压力表、检测仪对气缸的密封性能进行检测
3	掌握发动机点火正时的检测方法	1. 点火波形的检测 2. 点火正时的检测	能够使用示波器、正时灯对发动机的点火波形、点火正时进行检测
4	掌握发动机燃油压力的检测方法	1. 燃油压力的检测 2. 喷油信号的检测	能够使用燃油压力表对发动机燃油压力进行检测
5	掌握发动机机油的检测方法	1. 机油压力的检测 2. 机油消耗量的检测 3. 机油品质的检测	能够对机油压力、机油消耗量、机油品质进行检测
6	掌握发动机冷却系统的检测方法	1. 冷却液压力的检测 2. 冷却液冰点的检测 3. 散热器盖蒸汽阀的密封性检测 4. 膨胀水箱冷却液液位的检测 5. 节温器的检测	能够对冷却液压力、冷却液冰点、散热器盖蒸汽阀、膨胀水箱液位、节温器进行检测
7	掌握发动机异响的检测方法	1. 影响发动机异响的因素 2. 曲柄连杆机构异响的检测 3. 配气机构异响的检测	能够使用听诊器、示波器对发动机异响进行检测

鉴定

序号	学习目标	鉴定1	鉴定2	鉴定3	鉴定结论	鉴定教师签字
1	掌握发动机功率检测的方法				□通过 □不通过	
2	掌握气缸密封性检测的方法				□通过 □不通过	
3	掌握发动机点火波形的检测方法				□通过 □不通过	
4	掌握发动机燃油压力的检测方法				□通过 □不通过	
5	掌握发动机机油的检测方法				□通过 □不通过	
6	掌握发动机冷却系统的检测方法				□通过 □不通过	
7	掌握发动机异响的检测方法				□通过 □不通过	

备注：任课老师可以通过平时教学过程中学习者的学习态度、参与教学活动的积极性、职场安全意识及终结性鉴定结果等确定其最后的鉴定结果，每个学习者最多可以鉴定三次，鉴定老师可以把鉴定情况填写在上表中。

7.1 发动机功率的检测

发动机在使用过程中，随着各零件的磨损、性能下降，其动力性变差，发动机的功率下降。恢复汽车发动机的动力性，是对发动机进行维修的主要任务。同时，测量发动机的输出功率，可以作为衡量发动机技术状况、确定其维修质量的一个重要指标。

7.1.1 发动机功率的测量方式

发动机的额定功率是指发动机携带必要的部件运转时所发出的最大功率。发动机在使用一段时间后，能够输出的最大功率会比出厂时要小，相应地，汽车的动力性也会逐渐变差。因此，测量发动机最大功率的下降程度，可以作为评价发动机使用前后技术状况变化的一个指标。国家相关标准规定：车用发动机功率不得低于原额定功率的75%。

发动机的有效功率是指发动机曲轴对外输出的净功率。该指标可以确定发动机的技术状况，是衡量汽车的动力性、经济性、可靠性和排气净化性等性能的参考指标。

检测发动机功率，常用稳态测功和动态测功两种方式。

1. 稳态测功

稳态测功又称为有负荷测功、有外载测功（由于稳态测功时，需要对发动机施加外部负荷），是指发动机在节气门开度一定、转速一定和其他参数都保持不变的稳定状态下，在测功机上通过给发动机加上一定的模拟负荷测定发动机功率的一种方法。

稳态测功必须在专门台架上进行，它常用于发动机的研究开发和质量检测，其特点是：测定的功率比较准确，需要专门的测功设备给发动机加载。常见的测功器有：水力测功器、电力测功器、电涡流测功器。由于设备复杂、昂贵，在一般的汽车运输企业、汽车维修厂、汽车检测站中应用并不广泛。目前通常利用测功机测出发动机的转速和转矩，然后计算出发动机的有效功率。发动机的有效功率表达式为

$$P_e = \frac{M_e n}{9550}$$

式中，P_e 为发动机有效功率，单位为 kW；M_e 为发动机转矩，单位为 N·m；n 为发动机转速，单位为 r/min。

水力测功器是以水的阻力做负载的，目前应用不多。电力测功器是以发动机作为负载，将汽车的驱动功率转化为发电机的电功率，如图7-1所示。其功能最强，但成本较高。其工作原理是将交流发电机发出的交流电经ACS变频器逆变为直流电，然后再逆变为交流电上网。ACS变频器

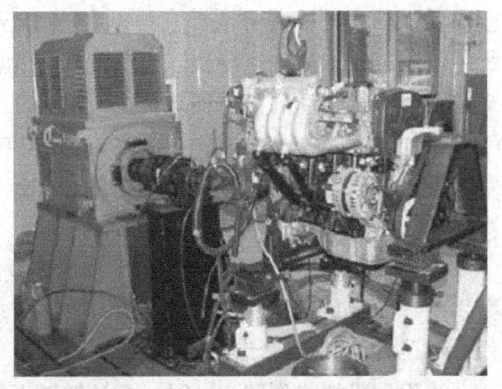

图 7-1　电力测功器稳态测功

调速系统通过调节发电机的上网电流来控制原动机的转速和转矩。

电涡流测功器是以转子旋转时产生的涡流阻力矩作为负载,其体积小,运转平稳且测量精度高,故应用最广泛。电涡流测功器因结构形式不同,分为盘式和感应子式两类。现在应用最多的是感应子式电涡流测功器。感应子式电涡流测功器的结构组成如图 7-2 所示。制动器由转子和定子组成,制成平衡式结构。转子为铁制的齿状圆盘。定子的结构较为复杂,由励磁绕组、涡流环、铁心组成。电涡流测功器吸收的发动机功率全部转化为热量,测功器工作时,冷却水对测功器进行冷却。

当励磁绕组中有直流电通过时,在励磁绕组、空气隙、涡流环和铁心形成的闭合磁路中产生磁通。当转子转动时,空气隙发生变化,则磁通密度也发生变化。在转子齿顶处的磁通密度大,齿根处磁通密度小,由电磁感应定律可知,此时将产生感应电势,试图阻止磁通量的变化,于是在涡流环上感应出涡电流,涡电流的产生引起对

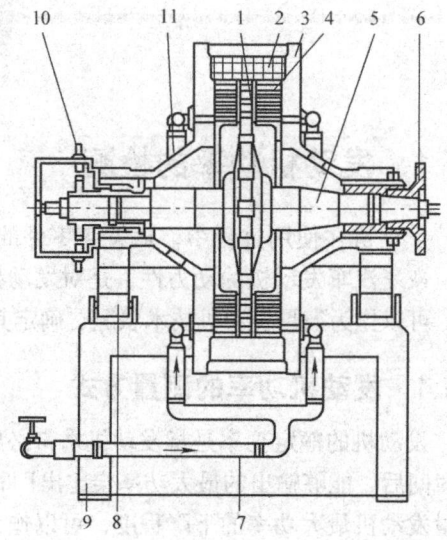

图 7-2 感应子式电涡流测功器结构组成
1—转子 2—励磁绕组 3—外壳 4—冷却水腔
5—转子轴 6—连接盘 7—进水管 8—轴承座
9—底座 10—转速传感器 11—冷却水管

转子的制动作用,涡流环吸收发动机的功率,产生的热量由冷却水带走。其测试过程如下:

1)将发动机安装在测功器台架上,使发动机曲轴中心线与测功器转轴中心线重合。

2)安装仪表并接上电器线路及接通各种管路。

3)检查调整气门间隙、分电器的断电器触点间隙、火花塞电极间隙及点火提前角,紧固各部分螺栓螺母。

4)对于柴油机,需要检查调整喷油器的喷油提前角、喷油压力、喷油锥角及喷雾情况。

5)起动发动机,操纵试验仪器,观察仪表工作情况,记录下数据,根据记录数据计算并绘制出 P_e、M_e、n 曲线。

2. 动态测功

动态测功又称为无负荷测功,它是在发动机节气门开度和转速均为变化的动态情况下,测量发动机功率的一种方法。它可以在汽车不解体条件下进行就车检测发动机功率,其特点是:所用仪器轻便、测功速度快、方法简单,但测功精度较低。把发动机的所有运动部件看成一个绕曲轴中心线转动的简单回转体。没有外加负荷的发动机在怠速或低速情况下,突然加大节气门将其加速到某一高转速,此时发动机除克服各种机械阻力外,剩余的转矩,即有效转矩将使发动机加速运转。通过测量发动机的角加速度或测量发动机从低速到高速所用的时间,即可计算出发动机所发出的功率。

无负荷测功可分为两类:一类是用测量瞬时角加速度的方法测量瞬时有效加速功率;另一类是用定加速时间的方法测量平均有效加速功率。

(1)发动机瞬时功率的检测

当发动机加速到转速 n 时,在该转速下的瞬时功率可以表示为

$$P_e = cn\frac{dn}{dt}$$

式中，P_e 为瞬时功率，单位为 kW；c 为常数；n 为发动机转速，单位为 r/min；t 为时间，单位为 min。

由公式可知，发动机加速过程中，在某一转速下的有效功率与该转速下的瞬时加速度成正比。只要测出加速过程中的这一转速和对应的加速度，即可求出该转速下的功率。

（2）发动机平均有效功率的检测

平均功率测试指在无负荷工况下根据发动机从某一指定转速急加速到另一指定转速所经过的时间，求得在加速过程中发动机的平均有效功率 P_{av}。发动机在指定转速范围内的平均有效功率为

$$P_{av} = \frac{C_2}{\Delta T}$$

式中，P_{av} 为平均有效功率，单位为 kW；ΔT 为发动机从初始转速 n_1 加速到终止转速 n_2 的加速时间，单位为 s；C_2 为转动惯量。发动机平均有效功率的测量曲线如图 7-3 所示。

实际测量时，n_1、n_2 可以人为给定，所以只要测量时间 ΔT，就可以算出平均功率。这种方法也是发动机无外载测功仪或发动机综合分析仪测量发动机功率时常用的方法。实际上，所测量汽车发动机的转动惯量 C_2 常常不容易查到，只能参考同类车辆数据或凭经验选取，因而给测试结果精度造成影响，不过这种试验方法在准确度要求不高的情况下，例如，作为同一台发动机维修调整前后的质量判断，或一般的车况分析，常常是十分有效的，而且操作十分简单。

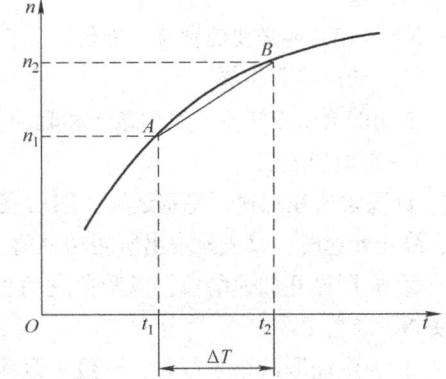

图 7-3 通过速度变化所需时间计算平均功率

7.1.2 无负荷测功仪的组成及测功检测

汽车发动机功率的检测类型中以平均功率的检测最为广泛，下面以无负荷测功仪检测发动机平均功率为例具体说明。

1. 无负荷测功仪的组成

发动机无负荷测功仪主要由转速信号传感器、转速脉冲整形装置、起始转速触发器、终止转速触发器、时标、计算与控制装置和显示装置等组成，如图 7-4 所示。

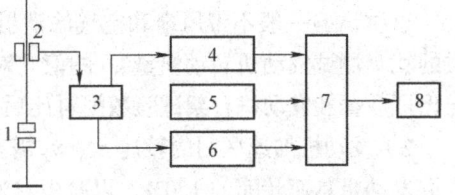

图 7-4 无负荷测功仪结构组成示意图
1—断电器触点 2—转速信号传感器
3—转速脉冲整形装置 4—起始转速触发器
5—时标 6—终止转速触发器
7—计算与控制装置 8—显示装置

测量发动机功率时，转速信号通过点火系统电路感应出发动机的转速脉冲信号，送入转速脉冲整形装置，整形为触发脉冲并转变为与转速对应的电压信号，当转速达到设定值起始触发器触发计算与控制电路，使时标信号进入计算器并寄存。当转速达到终止转速时，终止转速触发器触发计算与控制电路，使时标信号停止进入计数器。寄存器中时标脉冲经数模转换成电信号，通过显示装置显示出加速时间或最大功率。

2. 无负荷测功仪的测功步骤

无负荷测功仪既可以制成单一功能的便携式测功仪，也可以与其他测试仪表组合成发动机综合检测仪。其测量步骤如下：

（1）测试前的准备

1）调整发动机配气机构、供油系统和点火系统，使之处于技术完好状态；预热发动机至正常工作温度（80～90℃）；调整发动机怠速，使之在规定范围内稳定运转。

2）接通电源，预热仪器并调零，把传感器按要求连接在规定部位。

3）按检测仪器的要求设置起始转速 n_1 和终止转速 n_2。

4）将被测发动机的转动惯量置入仪器内。若被测发动机的转动惯量未知时，则应先测定其转动惯量。

5）操作其他必要的键位，如机型（汽油机、柴油机）选择键、缸数选择键和测试键等。

（2）功率检测步骤

常用的测试方法有怠速加速法和起动加速法两种。

1）怠速加速法。

① 发动机在怠速下稳定运转，然后突然将加速踏板踩到底，发动机转速急速上升，当转速超过终止转速时，仪表显示出所测功率值。

② 立即松开加速踏板，以避免发动机长时间高速运转。记下或打印出读数后，按"复零"键使指示装置复零。

③ 为保证测试结果可靠，一般重复测量 3 次，取其平均值。该测试方法既适用于汽油机，也适用于柴油机。

2）起动加速法。将加速踏板踩到底，然后起动发动机使其自由加速运转，当转速超过终止转速后，仪表显示出测试值。起动加速法可避免因迅猛加速操作发动机引起的误差，也可排除化油器式汽油机加速泵附加供油作用的影响，但该方法不适合电喷发动机。

（3）注意事项

1）发动机转动惯量 C_2 的值选取要准确，转动惯量 C_2 的值将直接影响无负荷测功的精度。通常，仪器生产厂家提供的某些车型的转动惯量 C_2 的值多为发动机台架试验测得的。

这种试验一般不带风扇和空气滤清器，与就车测试的条件不同，因此必须使用有关部门提供的就车测试发动机转动惯量 C_2 的值。对于新型或初次测试的车型，必须经过大量的试验，并与出厂数据和发动机台架试验数据对比后，才能得出适当的转动惯量 C_2 的值。

2）发动机加速区间的转速 n_1、n_2 需要选取适当，通常起始转速 n_1 应高于发动机怠速转速，常取发动机怠速转速的 150%，以减少怠速的影响，提高测量精度；终止转速 n_2 应取额定转速，以便检测发动机最大功率。

3）检测时，踩加速踏板的速度和力度要均匀。

4）无负荷测功所测得的发动机加速性能，仅仅是汽车动力性能的一个参考指标，功率指标高的发动机，其加速性能不一定优良。

7.1.3 发动机综合检测仪的组成及测功检测

做发动机无负荷测功试验、功率均衡性检测时，可以使用无负荷测功仪来进行。但目前在企业中大都使用更为先进的发动机综合检测仪，它不仅能够进行无负荷测功试验，还可以检测发动机各系统的工作状态和运行参数以及测试点火、喷油、电控系统传感器和气缸压力的动态波形等，并且能够对测试数据进行分析、处理和存储。发动机综合检测仪是汽车检测设备中功能最多、检测项目涉及最广的装置，其结构也较为复杂，技术含量较高。

在用发动机功率不得低于原额定功率的 75%，大修后发动机功率不得低于原额定功率的 90%。

若发动机功率偏低，应首先检查燃料供给系统和点火系统技术状况，若该两系统工作正常但功率仍然偏低时，应结合气缸压力和进气歧管真空度的检查，判断机械部分是否有故障。

1. 发动机综合检测仪的组成

发动机综合检测仪主要由信号提取系统、信息预处理系统和采控与显示系统、操作控制系统组成，如图 7-5 所示。

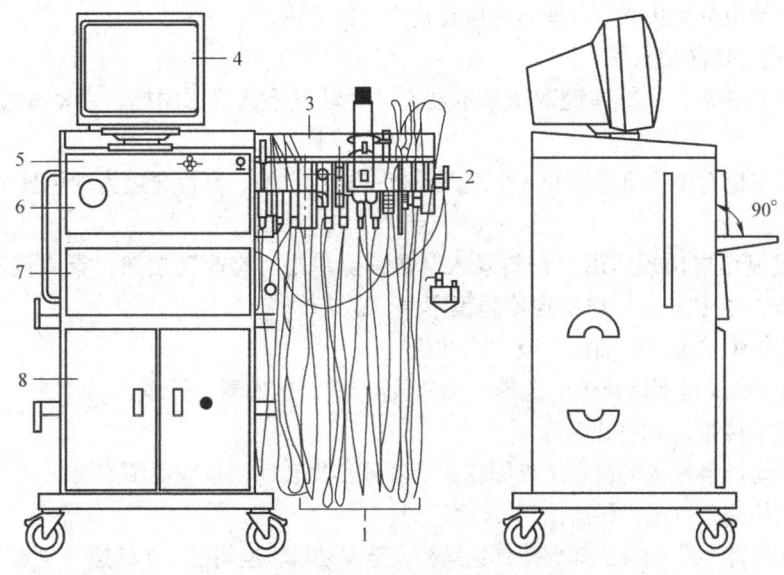

图 7-5 发动机综合检测仪

1—信号提取系统　2—传感器挂架　3—前端处理器　4—采集处理与显示系统　5—热键板
6—主机柜与键盘柜　7—打印机柜　8—排放仪柜

（1）信号提取系统

信号提取系统的作用是拾取测量点的信号，配备有多种传感器、夹持器和探针等，直接或间接地与被测点接触。例如 EA1000 的信号提取系统由 12 组拾取器组成，每一组拾取器根据用途不同，由相应的传感器、夹持器或探针，通过电缆与其适配器或接插头构成。适配器的作用是对采集的信号在进入前端处理器之前进行预处理。

（2）信号预处理系统

信号预处理系统，又称为前端处理器，能对所有或部分采集的信号进行预处理，即进行衰减、滤波、放大、整形等处理，并能将所有脉冲信号和数字信号直接输入 CPU 的高速输入端。从发动机采集来的信号千差万别，不能被检测仪中央控制器直接使用，必须经过预处理，转换成标准数字信号后，才能送入处理器。

（3）采控与显示系统

现代的发动机综合性能检测仪均由计算机控制，能高速采控信号。检测仪的显示装置名为彩色显示器或液晶显示器。系统采用菜单式操作，简捷方便。

(4) 操作控制系统

热键板上安装了十几个具有快速操作功能的按钮，用于一些基本操作控制。

2. 发动机综合检测仪的测功步骤

(1) 检测仪的准备

1) 接通电源，打开检测仪总开关、计算机主机开关和计算机显示器开关。

2) 在发动机不工作和点火系关闭的情况下，将检测仪信号提取系统连接到被测发动机上。

3) 检测仪电源线必须可靠接地。

(2) 汽车发动机机准备

1) 发动机应预热至正常工作温度。

2) 调整发动机怠速状态，怠速转速应在规定范围之内。

(3) 综合检测仪测功步骤

1) 检测仪预热后，鼠标左键双击显示器上"发动机检测仪"图标，启动检测仪综合性能检测程序。

2) 检测仪主机对单片机通信和 8 个适配器逐一进行自检。自检通过为绿色显示，未通过将给以提示。

3) 检测仪显示屏出现"用户资料录入"界面。单击"修改"按钮，录入汽车用户资料，然后单击"确定"按钮，显示屏出现检测程序主、副菜单。

4) 在主菜单中单击"柴油机"或"汽油机"。

5) 在柴油/汽油机下级菜单中选择"无外载测功"，进入测功界面。

6) 设定起始转速 n_1 和终止转速 n_2。

7) 输入发动机当量转动惯量（查阅相关资料或使用转动惯量仪器测定）。

8) 单击"检测"按钮，界面出现 5s 倒计时。

9) 当倒计时为"0"时，迅速踩下加速踏板，至发动机转速超过终止转速 n_2 时松抬加速踏板。

10) 读取发动机的加速时间和最大平均功率，单击"保存报表"按钮，对数据进行保存或打印。单击"显示菜单"返回。

7.1.4 单缸功率的检测

发动机所发出的功率应等于各气缸发出的功率的总和。理论上，汽车正常行驶时，发动机各气缸所发出的功率应是相同的。但由于结构、供油系统以及点火系统方面的差异，各气缸实际发出的功率还是会有些差异。当某气缸存在故障时，这种差别会更加明显。例如，汽车行驶时，若某气缸火花塞突然断火，则该气缸不能做功，发动机总功率会下降。

微课视频
发动机功率检测

检查各个气缸的功率及各缸动力性能是否一致是动力性检测的重要内容。单缸断火检测有以下两种方法：用无负荷测功仪测定（单缸功率）；用断火试验时的发动机转速下降值判断单缸动力性。

1. 单缸功率的检测

使用无负荷测功仪检测单缸功率的方法是：先测出发动机整机功率，再测出某气缸断火情况下的发动机功率，两功率之差即为断火气缸的功率。技术状况良好的发动机，各缸功率应是一致的，亦即各气缸功率差应是相等的，否则将造成发动机运转不平稳。比较各单缸功率，可以判断各缸工作状况。

发动机单缸功率偏低，一般是由于该气缸高压分火线或火花塞技术状况不佳、气缸密封性不良、气缸窜机油、喷油器故障等原因造成，应调整或检修。

2. 单缸断火后转速变化的检测

发动机在一定转速下运行时，若某气缸突然断火，则发动机输出功率将减少，因而转速也会降低，以寻求与负载和摩擦功率的新平衡。若各气缸的功率是均衡的，则各气缸轮换地断火时，转速下降的幅度应基本相同；反之，若转速下降的幅度差别很大，则说明有的气缸工作异常。我们可以通过单缸断火时发动机转速下降的数值，来判断各气缸的工作情况。

通常在发动机各气缸都正常工作时，以某一平衡转速下单缸断火时发动机转速下降的平均值作为诊断标准。表 7-1 为某些发动机以 800r/min 转速稳定工作条件下，单缸断火后转速下降平均值的诊断标准。

表 7-1 发动机单缸断火后转速下降平均值

发动机气缸数	转速下降平均值/（r/min）
4	80 ~ 100
6	60 ~ 80
8	40 ~ 60

若发动机各气缸轮换断火时，转速下降的幅度基本相同，说明各气缸工作状况良好，其功率均衡性良好；若各气缸转速下降的幅度差别很大，说明各气缸的均衡性差，个别气缸工作不正常。若某气缸转速下降值为零，则说明这个气缸单缸功率为零，该气缸不工作，无法做功。

需要注意的是，利用单缸断火后转速下降值来检测各气缸功率的均衡性，对于 8 缸以上的发动机是不适宜的。因为发动机的气缸数目越多，单缸断火后转速下降值越小，测量误差也就越大。

7.2 气缸密封性的检测

发动机气缸活塞组包括气缸、活塞、活塞环、气门、气缸盖、气缸垫等，是包围发动机工作介质的零部件，是发动机的心脏。气缸密封性不良，会导致发动机动力下降、燃油经济性下降、排放性能下降，使用寿命缩短。评价气缸密封性的主要参数有气缸压缩压力、气缸漏气量、曲轴箱窜气量、进气歧管真空度等。

7.2.1 气缸压缩压力的检测

气缸压缩压力是指活塞在气缸内压缩终了到达上止点时气缸内的压缩气体压力，是评价气缸密封性最为直接的指标。气缸密封性差，压缩过程中压缩空气从缸内泄漏量大，必然使气缸压缩压力降低。检测气缸压缩压力常用的工具有气缸压力表和气缸压力检测仪。

1. 气缸压力表检测

（1）气缸压力表的结构组成

气缸压力表有多种结构形式，一般由表盘、导管、单向阀和接头等组成，如图 7-6 所示。

微课视频
汽车压缩压力的检测

压力表表盘的作用是指示压力，压力表接头的作用是连接火花塞或喷油器安装孔，有螺纹管接头和锥形或阶梯形橡胶接头两种；单向阀的作用是当阀处于关闭位置时可保持测得的气缸压力读数，当阀门打开时可使压力表指针回零。

使用气缸压力表进行检测的方法简单易行，适用于气缸组的常规诊断，但检测效率低，需要拆下火花塞或喷油器（柴油机），且需每个气缸逐步测量。

（2）气缸压力表的检测步骤

气缸压力表检测气缸压缩压力的步骤如下：

1）将发动机运转至正常工作温度（冷却液温度达 70~90℃）后，发动机熄火。

2）拧出各缸火花塞或喷油器，以减少曲轴转动阻力；汽油机还应将节气门全开，以减少进气阻力。

3）如图 7-7 所示，将气缸压力表锥形橡胶接头压紧在火花塞或喷油器安装孔上。

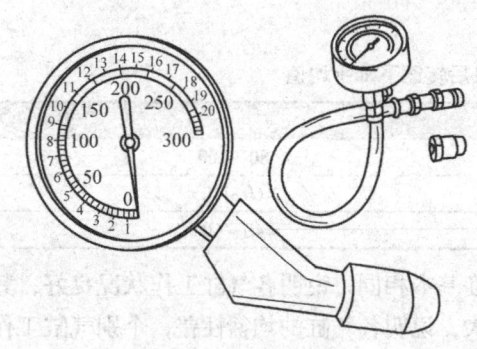

图 7-6　气缸压力表

图 7-7　测量气缸压缩压力

4）用起动机带动发动机运转，其转速应符合原厂规定，3~5s 后从压力表上读取最高压力数值。

5）为使测量数据准确，每缸应重复测量 2~3 次，取其平均值作为被测气缸的压缩压力。

6）依次测量各气缸，即可得到各气缸的压缩压力。

（3）检测注意事项

整个检测过程需要注意的事项有：

1）不能在凉车时测气缸压力。由于温度和大气压等因素的影响，只有在发动机达到正常的工作温度时测得的气缸压力才最有实质性的参考价值。

2）对于电喷车在测试中必须拆下燃油泵或其他继电器、熔丝后再测量，否则往往会导致"淹缸"以及气缸压力偏低的情况。

3）测试过程中，必须将节气门全部打开。否则会由于燃烧室内进气量不足，导致气缸压力偏低。

4）由于气缸压力测量有一定的偶然性，只测一次往往不准确，只有经过 2~3 次测量然后取其平均值，测试结果才精准。

5）测试中起动机运转时间不能过长或过短。时间过长会过多消耗电能和损害起动机，过短则会达不到测试标准。

（4）检测结果分析

根据气缸压缩压力检测的结果，可以评价发动机的当前技术状况，若气缸压缩压力不符合标准（过低或过高），则说明发动机气缸组技术状况不良，存在故障，通常可根据以下几种情况进行判断：

1）测得的单缸或者数缸压力值偏低，可以用30mL左右的机油注入压力偏低缸的火花塞或喷油器孔内，再次测量气缸压力并记录结果。若第二次测得的压力值比第一次高，接近标准压力，表明是气缸活塞环、活塞磨损过大或者是活塞环对口、卡死、断裂及缸壁拉伤等原因造成气缸封闭不严；若第二次测得的压力值与第一次略同，但仍比标准压力低，说明进、排进门或气缸密封不良。

2）个别气缸在2～3次测量中，压力读数时高时低，相差较大，说明其进、排气门关闭不严。

3）个别气缸压力几次测量的压力值都偏高，原因可能是积炭过多而导致燃烧室容积减少。

4）各气缸测得的压力值都偏高，汽车行驶中又出现过热或爆燃，则可能是燃烧室积炭过多，或经几次大修因缸径加大，缸盖结合平面修理磨削过度，或气缸衬垫过薄而使压缩比增大所致。

2. 气缸压力检测仪检测

（1）气缸压力检测仪的检测原理

气缸压力检测仪是利用电流传感器测出起动机起动过程中起动电流的变化波形来测定发动机各气缸压缩压力，其实物如图7-8所示。气缸压力检测仪主要有压力传感器式、起动电流式、电感放电式三种类型。

起动机驱动发动机运转时，起动阻力矩与起动电流呈线性关系，起动阻力矩越大，起动电流越大。发动机起动阻力矩是由机械阻力矩和气缸内压缩气体的反力矩两部分组成的，正常情况下机械阻力矩可以认为是常数，缸内压缩气体的反力矩是随气缸压缩过程而波动的变量。因此，起动发动机时，起动电流的变化与气缸压缩力的变化存在对应的关系（图7-9），我们可以通过测量反映阻力矩波动的起动机电流变化曲线来确定气缸的压缩压力。

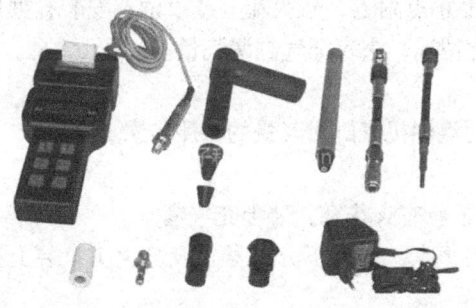

图7-8 气缸压力检测仪

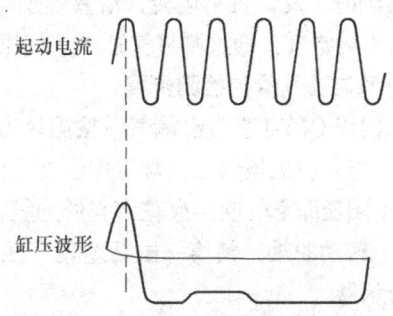

图7-9 起动电流与缸压波形

（2）气缸压力检测仪的检测步骤

1）用气缸压力测试仪检测气缸压力时，发动机首先运转至正常工作温度，并把节气门置于全开位置。

2）拆下任一缸火花塞，把缸压传感器安装在火花塞孔中。

3）把电流传感器夹在蓄电池的接地线上，传感器上箭头指向蓄电池负极，两爪极对正、贴合。

4）用起动机带动发动机运转4～6s，仪器将会自动打印出各缸的压缩压力值。缸压传感器所在缸为标准缸，其余各缸的压缩压力值从标准缸以下按点火次序排列。

7.2.2 气缸漏气量的检测

气缸漏气量是指活塞处于压缩行程上止点附近时缸内一定压力的气体，通过气缸活塞组配合副间隙、活塞环对口、进排气门密封面、气缸衬垫密封面泄漏的空气量。气缸漏气量越大，气缸的密封性越差。

微课视频
汽缸漏气量的检测

1. 气缸漏气量检测工具

气缸漏气量的检测可以通过气缸漏气量检测仪或者气缸漏气检测表来进行，气缸漏气量检测仪主要由调压阀、出气阀、进气压力表、测量表、校正孔板、橡胶软管、快换管接头、充气嘴等组成，如图 7-10 所示。

 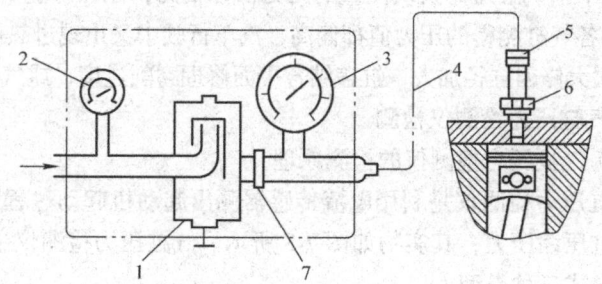

图 7-10 气缸漏气量检测仪

1—调压阀 2—进气压力表 3—测量表 4—橡胶软管 5—快换管接头 6—充气嘴 7—校正孔板

气缸漏气量检测仪配备外部气源、活塞位置指示器。其中，外部气源用以提供相当于气缸压缩压力的压缩空气，压力一般为 600～900kPa。活塞位置指示器用来确定各缸活塞压缩行程及其上止点位置。

检测时，发动机不运转，活塞处于压缩行程上止点附近，从火花塞或喷油器安装孔处通入一定压力的空气，通过测量气缸内空气压力的变化情况，来表征气缸漏气量。

2. 气缸漏气量的检测步骤

我们以 QLY-I 型气缸漏气量检测仪为例，说明汽油机气缸漏气量的检测步骤。

1）将发动机预热至正常工作温度后停机。

2）用压缩空气吹净火花塞空处的脏物，并拧下所有火花塞，装上充气嘴。

3）转动曲轴，使第一缸活塞位于压缩行程上止点，并拆下分电器盖及分火头，装上活塞位置指示器。

4）将变速器置于 1 档，并拉紧驻车制动器手柄，以防压缩空气进入气缸后推动活塞下移。

5）调定测量表初始压力，将仪器与气源接通，在出气阀完全关闭的情况下，调整调压阀，使测量表初始压力为 400kPa。

6）在第 1 缸充气嘴上接上快换管接头，打开出气阀，向第 1 缸充入压缩空气，此时测量表的读数便反映了该气缸的漏气量。同时听可能漏气部位是否有漏气声，以便确诊故障所在位置。

7）转动曲轴，根据点火顺序，使活塞位置指示器指针指向各缸压缩行程上止点位置，按上述方法分别检测各缸漏气量。为使检测结果可靠，各缸应重复再检测一次。

3. 检测结果分析

检测气缸漏气量时，测量表的读数越接近其调定的初始压力，说明气缸漏气量越少，气缸密封性越好。在测量表调定的压力为 400kPa 条件下，当测量表读数大于 250kPa 时，表明气缸活塞组密封状况符合要求，发动机可继续使用；当测量表读数小于250kPa时，气缸活塞组密封状况不符合要求，发动机需换活塞环或者镗缸。通常，漏气量在0～10%，表示气缸密封性良好；漏气量在10%～20%，表示气缸密封性一般；漏气量在20%～30%，表示气缸密封性较差。

一般来讲，当漏气量达到30%～40%时，若能确认进排气门、气缸衬垫、气缸盖和气缸套等是密封的，说明气缸活塞摩擦副的磨损临近极限值，需要换活塞环或镗磨气缸。

若气缸密封性不符合要求，则检测时可采用下列辅助手段诊断其故障部位。

1）在空气滤清器入口处监听，若有漏气声，则表明该气缸进气门与座密封不良。

2）在消声器管口处监听，若有漏气声，则表明该缸排气门与座密封不良。

3）在散热器加水口处观察，若有气泡冒出，则表明气缸与水道相通，多为气缸衬垫密封不良漏气所致。

4）在被测气缸相邻缸火花塞安装孔处监听，若有漏气声，则表明相邻两缸之间的气缸衬垫烧穿漏气。

5）经上述检查，若进排气门、气缸衬垫等处不漏气，而检测的气缸漏气量仍然超标，则表明气缸与活塞的磨损严重，配合间隙过大，或者活塞环对口、损坏、弹性不足而失去密封作用，导致漏气量过大。此时，在曲轴箱机油尺插孔处能监听到严重的漏气声。

6）通过检测活塞在压缩行程进气门关闭后不同位置的气缸漏气量变化，可以估计各气缸纵向磨损情况。

7.2.3 进气歧管真空度的检测

发动机进气歧管真空度（又称进气管负压）是进气歧管管内的进气压力与外界大气压力的压力差，单位用Pa表示。其真空度数值随气缸活塞组的磨损而变化，并与配气机构零件状况以及点火系和供油系统的调整有关。因此，检测进气歧管真空度，不仅可以评价发动机气缸的密封性，而且还能诊断相关系统的故障。检测时，主要通过真空表来进行测量。

微课视频
进气歧管
真空度的检测

1. 真空表检测步骤

真空表由测量系统（包括接头、弹簧管、齿轮传动机构）、指示部分（包括指针、度盘）、表壳部分组成，其实物如图7-11所示。

进气歧管真空度的检测需要在发动机怠速运转条件下进行，其检测步骤如下：

1）发动机预热至工作温度。

2）真空表软管与进气歧管上的检测孔连接。

3）变速器置于空档，发动机保持怠速稳定运转。

4）读取真空表指示的数值。

2. 真空表检测结果分析

1）在海平面高度条件下，发动机怠速运转时，如果真空表指针稳定在57～70kPa之间，表明气缸密封性正常，海拔高度每升高500m，真空度应相应降低4～5kPa；当迅速开启、关闭节气门时，真空表指针应能随之在6.7～84.5kPa范围内摆动。

图7-11 真空表

2）急速时，指针在 50.66～67.55kPa 之间摆动，表示气门黏滞或点火系统有故障。

3）急速时，指针低于正常值，主要是由于活塞环、进气管衬垫漏气造成；若指针在 20kPa 以下，主要是由于进气管漏气。此时若突然加大并关闭节气门，指针指示值降至零且回跳不到 84.5kPa。

4）急速时，指针在 33.78～74.31kPa 之间缓慢摆动，且随转速升高而加剧摆动，表示气门弹簧弹力不足、气门导管磨损或气缸垫泄漏。

5）急速时，若指针指示值有规律地下跌几千帕或十几千帕，表明气门密封不严、气门烧蚀或有结胶。

6）急速时，指针指示值逐渐下降至零，表示排气消声器或排气系统堵塞。

7）急速时，指针快速摆动；升速时，指针反而稳定，这表示进气门、气门导管磨损松旷。

7.2.4 曲轴箱窜气量的检测

测量曲轴箱漏气量是在不解体情况下检测气缸密封性的重要手段，气缸和活塞组配合副磨损、间隙增大，或活塞环对口、断裂及拉缸时，窜入曲轴箱的气体量就会增加，发动机动力性会随之下降。

根据统计，新发动机曲轴窜气量约为 15～20L/min，磨损后的发动机窜气量高达 80～130L/min。

采用曲轴箱气量作为诊断参数是间接了解了气缸和活塞组结构参数的变化状况，并诊断其故障时很重要的技术手段。

曲轴箱窜气量还与发动机的负荷、转速及曲轴箱的密封性有关，因而在测定这项参数时，应该注意密封曲轴箱和选择适当的发动机负荷与转速范围。

1. 曲轴箱窜气检测仪结构与原理

曲轴箱窜气量检测仪主要用于测定发动机曲轴箱窜气量，从而考核发动机的动态密封，判断发动机磨损，检查缸内故障，还可监测发动机磨合情况，以及检测气泵漏气量等，其实物如图 7-12 所示。该仪器适用于汽车综合性能检测站、生产制造厂的流水线上检测使用，同时也适用于运输单位及汽车修理店检测使用。

曲轴箱窜气检测仪由放大电路、表头、按键、微调器、指示灯和传感器线插孔等组成，如图 7-13a 所示。放大电路的作用是将传感器的信号放大处理后传给表头并转换成窜气量值显示。

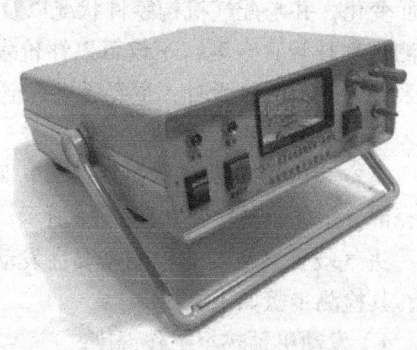

图 7-12　曲轴箱窜气检测仪

当按下电源键时，电源指示灯亮，未检测时表头指针应指向零位，否则可通过电源微调钮调整。按键分两档，按低档时检测值在表头的上行刻度显示，按高档则在下行刻度显示。

测头信号的转换原理如图 7-13c 所示，其测头为热敏元件，当一恒定电流通过加热线圈时，其热敏元件内温度升高并于静止空气中达到一定数值，此时其内测量元件热电偶产生相应的热电势，并被传送到测量指示系统。此热电势与电路中产生的基准反电势互相抵消，使输出信号为零，仪表即指在零位。

若测头热敏元件有空气流过时，因热交换使热电偶热电势发生变化，并与基准电势比较后产生微弱差值信号,经仪表内放大器放大后推动表头工作,显示窜出气量的大小。因这种传感方式测头不直接接触发动机的窜气,可避免对测头的污染,同时保证了测量的精度。

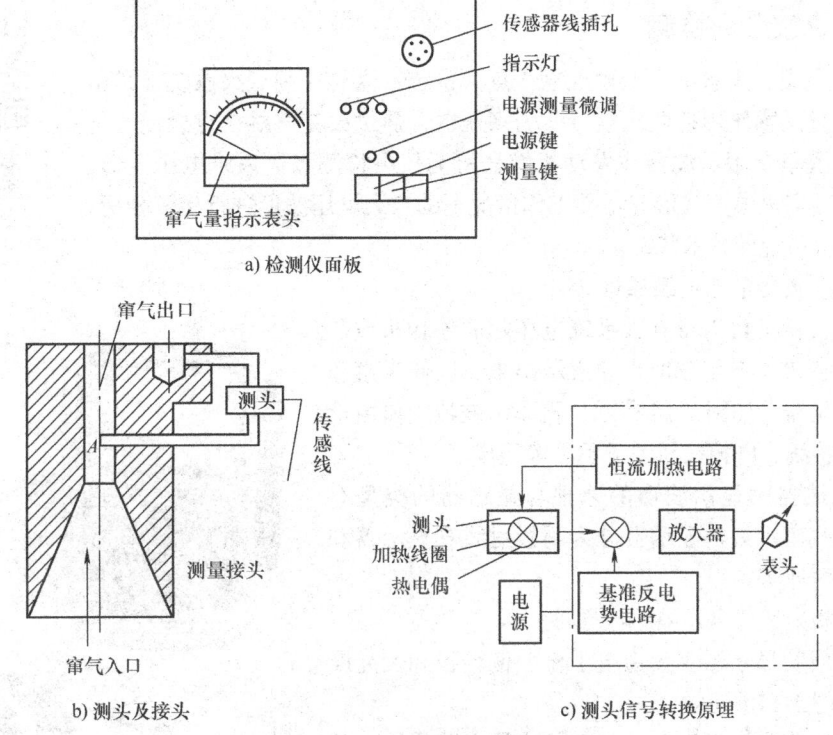

图 7-13 曲轴箱窜气量检测原理

2. 曲轴箱窜气量检测步骤

1）调整测量表头。按下电源键和低档键,传感器线插入插孔,测量接头平放,中心孔无气流通过,将表头指针调整到零位。

2）堵塞曲轴箱各通风孔、油尺孔等,仅保留加机油口为窜气孔。

3）气压制动汽车的发动机需拆除空气压缩机,以免气体通过回油孔充入曲轴箱,影响窜气量的测量。

4）起动发动机,汽车在热车状态下开始测试。

3. 曲轴箱窜气量检测结果分析

1）在用发动机的曲轴箱窜气量应符合标准,标准一般为同车型测量积累数据。

2）在定期检测中,若某次窜气量测量值突然明显增加,可能是活塞环磨损所致。在变动工况测试时,若稳定低速比高速时窜气量大,说明活塞环磨损已接近使用极限。

3）在某一稳定转速检测时,若指针无规律按一定幅度摆动,说明有拉缸或断环故障。

7.3 发动机点火系统的检测

发动机点火系统能够在适当时刻为发动机的各个气缸提供足够能量的电火花以点燃气缸内

的压缩可燃混合气。点火系统的技术状况影响发动机的动力性能、燃油经济性能和排放性能，决定发动机是否能正常工作。作为汽油发动机故障率最高的系统，定期对点火系统进行检测十分必要。

7.3.1 点火波形的检测

传统触点式点火系统、无触点电子点火系统、微机控制点火系统都是由点火线圈通过互感作用把低压电转变为高压电，通过火花塞跳火点燃混合气做功。通过汽车专用示波器或发动机综合检测仪可检测点火系统电压波形，将实际测得的点火电压波形与正常工作情况下的点火电压波形进行比较分析，可以判断点火系统的技术状况。

微课视频
发动机点火波形的检测

1. 汽车示波器的组成及原理

汽车示波器是可以将点火系统电压随曲轴转角或凸轮轴转角的变化关系用波形直观表示出来，以便观察和分析的测试仪器。如图 7-14 所示，汽车示波器主要由检测探头、外接线、电控按钮、显示屏等组成。

汽车示波器的显示波形的原理与显示器的类型有关，常用的汽车示波器显示器分为阴极射线管显示器和液晶显示器两种。

（1）阴极射线管显示器示波原理

阴极射线管显示器主要由电子枪、偏转板和荧光屏等组成，如图 7-15 所示。

电子枪向荧光屏发射电子束并使之撞击荧光屏，激发荧光屏内表面磷层产生光亮点。偏转板有两组：水平放置的两块称为垂直偏转板，垂直放置的两块称为水平偏转板，当偏转板带有电荷时，偏转板间便形成电场，电子枪发射的电子束经过这些电场时，其方向会偏转。

在水平偏转板电场的作用下，电子束在荧光屏上的光亮点由屏幕左端移动到右端，因扫描速度很快，显示器屏幕上会出现一条光亮的直线。当示波器接受被测信号时，垂直偏转板便从示波器电路接收到与被测信号电压变化成比例的电荷，于是电子束从左到右扫描的同时，又在垂直偏转板电场作用下上下移动，从而在荧光屏上扫出一条信号电压随时间变化的波形曲线。

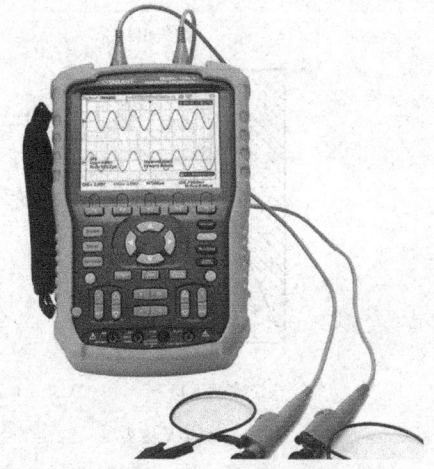

图 7-14 汽车专用示波器

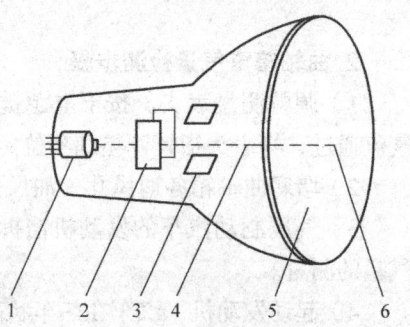

图 7-15 阴极射线管

1—电子枪 2—水平偏转板 3—垂直偏转板
4—电子束 5—荧光屏 6—光亮点

（2）液晶显示器示波原理

液晶显示器屏幕为双玻璃夹层结构，夹层间填充液晶。当在液晶上加电场时，液晶分子重新排列，从而改变液晶的透光特性，使光线能按照控制的方式通过并显示其检测信号波形。

2. 点火波形的检测步骤

发动机点火系统的波形有初级电压波形和次级电压波形之分。在初级线圈周期性通电和断电的过程中，初级、次级线圈都因电流的变化产生感应电动势。点火波形可以通过示波器或发动机综合分析仪进行检测，其检测步骤如下：

1）按发动机点火示波器或发动机综合检测仪使用说明书的要求，对仪器通电预热，检查校正。

2）起动发动机并预热至正常工作温度。

3）如图 7-16 所示，将示波器探针分别连接点火线圈的"-"接线柱和接地端，可以测得初级电压波形；将示波器一个探针接地，另一根外接线用感应夹连接高压线，可测得次级电压波形。

4）通过选择可分别测得发动机的重叠波、并列波、平列波和单缸选缸波。调节检测仪上的"亮度""对比度""水平位置""水平幅度""垂直位置""垂直幅度""示波同步"等旋钮，可使荧光屏

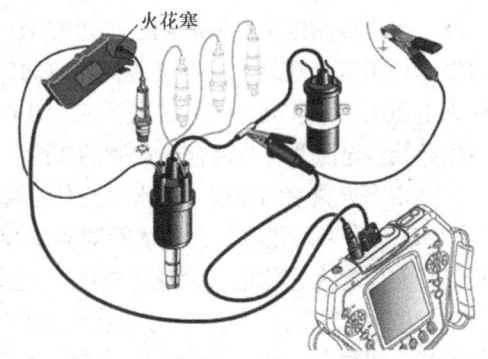

图 7-16 示波器的连接

上的亮度、对比度、波形位置、波形幅度等符合观测要求。同时，观测波形时，应使发动机在规定转速下运转。

3. 点火波形检测结果分析

（1）点火波形

点火示波器采集到发动机点火信号后，通过不同排列，以多缸平列波、多缸并列波、多缸重复波和单缸选缸波四种排列形式分别显示点火波形，以便于检测人员从不同排列形式波形中观测、分析、判断点火系统技术状况。

1）标准点火波形。标准点火波形是点火系统正常工作时点火线圈初级线圈、次级线圈的电压波形，是点火系统的诊断标准，传统点火系统单缸的初级线圈、次级线圈电压标准波形如图 7-17 所示。

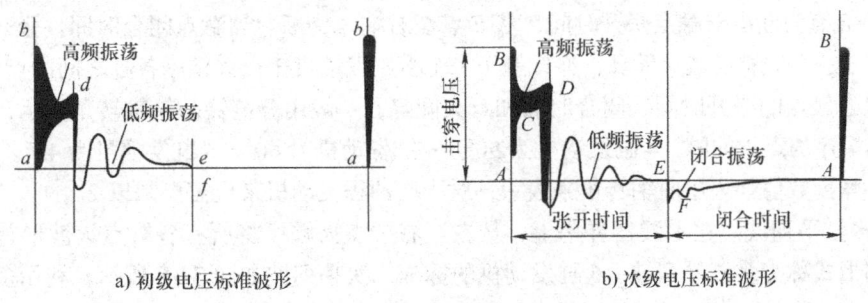

a) 初级电压标准波形　　　　　　　　b) 次级电压标准波形

图 7-17 单缸电压标准波形

① 初级电压标准波形。单缸初级电压波形如图 7-17a 所示，当断电器触点张开时，初级电压迅速提高（100～200V），从而导致次级电压急剧上升击穿火花塞间隙。当火花塞两级火花放电时，出现高频振荡波，放电结束后，由于点火线圈和电容器中残余电量的释放，会出现低频振荡波，其幅值迅速衰减至初级电压并趋向于蓄电池电压。

当断电器触点闭合后，初级电压几乎为零，成一直线延续到触点的下一次张开循环。通常，示波器上触点的张开时间和闭合时间分别称为触点的张开角和闭合角，各缸点火间隔时间

称为点火间隔角。

上述角度数值如果用曲轴转角来表示,对于四冲程发动机来说需要乘以2。

② 次级电压标准波形。AB 线称为点火线,在断电器触点打开的瞬间,由于一次电流迅速下降,点火线圈内一次线圈的磁场迅速消失,二次线圈中感应出的高压电动势急剧上升。当二次电压还没有达到最大值时就将火花塞间隙击穿。击穿火花塞间隙的电压称为击穿电压(又称点火电压),如图 7-17b 中 AB 线所示。B 点的高度表明点火系克服火花塞间隙、分火头间隙和高压导线各电阻并可将混合气点燃的实际二次电压。

在击穿火花塞间隙后,二次电突然下降,BC 线为此时的放电电压。

CD 线称为火花线,火花塞间隙被击穿后,通过火花塞间隙的电流迅速增加,致使两电极间隙之间引起火花放电。火花放电电压比较稳定。在示波器屏幕上 CD 的高度表示火花放电的电压,CD 的宽度表示火花放电的持续时间。根据资料,当发动机转速为 2000r/min 时,火花放电持续时间约为 0.01s,即使一个完整的点火循环,对于六缸发动机来说也不过 0.01s。

在火花塞间隙被击穿的同时,储存在分布电容,即点火线圈匝间、火花塞中心电极与侧电极间、高压导线与机体间等所共有的电容总和中的能量迅速释放,故 ABC 段称为"电容放电",其特点是放电时间极短(1μs),放电电流很大(可达几十安培)。所以,A、C 两点基本上是在同一垂线上。电容放电时,伴有迅速消失的高频振荡,其频率为 106~107Hz。但电容放电只消耗了磁场能的一部分,剩余磁场能所维持的放电称为"电感放电"。其特点是放电电压低,放电电流小,持续时间长,但振荡频率仍然较高。所以,整个 ABCD 段波形为高频振荡波形。

DE 线为低频振荡波阶段,当保持火花塞间隙持续放电的能释放完毕时,电火花在 D 点消失,点火线圈和电容器中的残余能量以低频振荡的形式耗完。此时电压变化为一连续的减幅振荡,波峰一般在 4、5 个以上。

EF 线为断电器触点闭合,点火线圈一次电路又有电流通过,二次电路导致一个负压。

FA 线阶段,触点闭合后,先是产生二次闭合振荡,之后二次电压由一定负值逐渐变化到零。当至 A 点时,断电器触点又打开,二次电路又产生击穿电压。从图中可以看出,由左至右,从 A 点至 E 点为断电器触点张开时间,从 E 点至右端 A 为断电器触点闭合时间。张开时间与闭合时间等于一个完整的点火循环,亦即等于一个多缸发动机按点火顺序各缸之间的点火间隔。

断电器触点的张开时间、闭合时间和点火间隔,一般用分电器凸轮轴转角表示,多缸发动机按点火顺序的点火间隔,4 缸发动机为 90°、6 缸发动机为 60°、8 缸发动机为 45°。

上述角度数值如果用曲轴转角来表示,对于四冲程发动机来说需要乘以2。

2)多缸平列波。在示波器屏幕上,从左至右按点火顺序将所有各缸点火波形首尾相连的一种排列形式称为多缸平列波。6 缸发动机的标准二次平列波如图 7-18 所示。利用多缸平列波很容易观察比较各缸点火电压的高低以及点火状况是否正常。

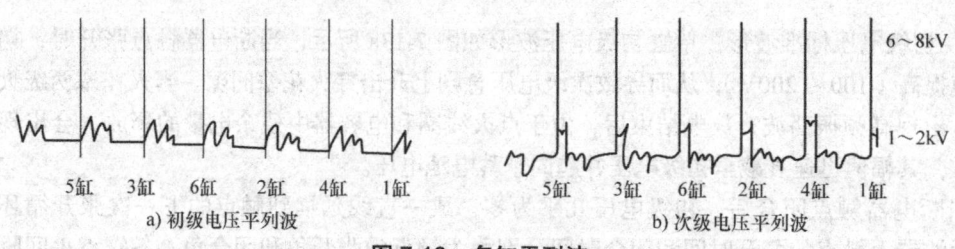

图 7-18　多缸平列波

3）多缸并列波。在示波器屏幕上，从下至上按点火顺序将所有各缸点火波形之首对齐并分别放置的一种排列形式，称为多缸并列波，如图7-19所示。有的示波器会将各缸点火波形按点火顺序以三维的排列形式显示出来，可称之为三维多缸并列波。利用多缸并列波很容易观察各缸火花线长度、断电器触点的张开角和闭合角是否一致，从而判断点火系统工作状况是否正常。

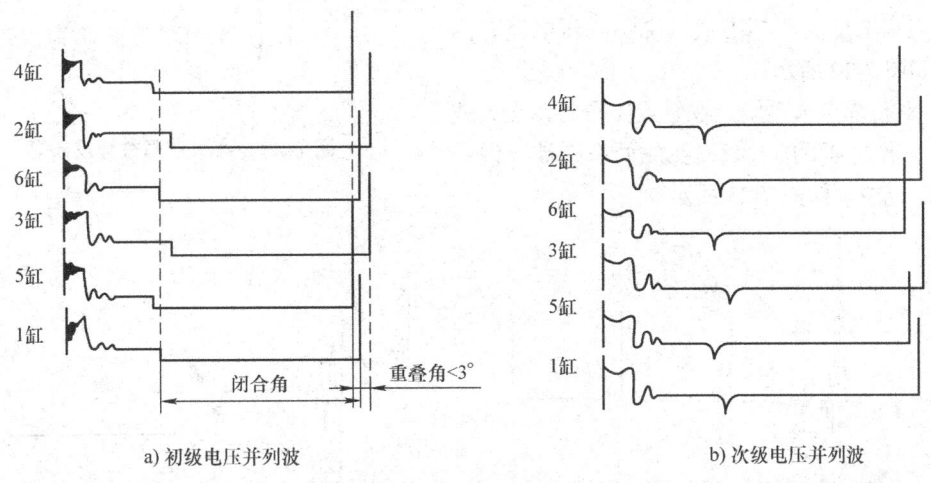

图 7-19　多缸并列波

4）多缸重叠波。在示波器屏幕上，将各缸电压波形之首对齐并重叠放在一起的波形，称为多缸重叠波，如图7-20所示。

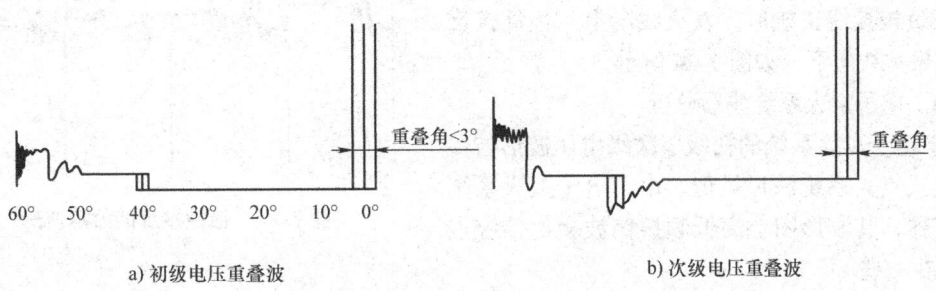

图 7-20　多缸重叠波

利用多缸重叠波很容易观察各缸工作是否一致，标准的多缸重叠波与单缸波形接近，发动机各缸工作时，如果其中一缸工作不佳，其波形会偏离重叠波，此时可以通过逐缸断火的方法找出工作不佳的气缸。

5）单缸选缸波。在故障判断过程中，有时为了仔细观察某一缸的故障波形，可将其单独选出观测。单缸选缸波形是根据需要单独选出的任何一缸的单缸点火波形。

将选出的波形适当提高其垂直幅度以及水平幅度，更容易观察。

（2）点火波形故障反映区

当点火示波器与发动机联机后，如果实测点火波形与标准波形相比有差异，说明点火系统有故障。传统点火系统在点火波形上有4个故障反映区，如图7-21所示。

图中 A 区为断电器触点故障反映区，B 区为电容器、点火线圈故障反映区，C 区为电容器、断电器触点故障反映区，D 区为配电器、火花塞故障反映区。

（3）典型故障波形分析

1）转速稳定时，选择显示出各缸平列波，若某一缸点火电压高于标准值，说明高压电路有高电阻，如图 7-22 所示。

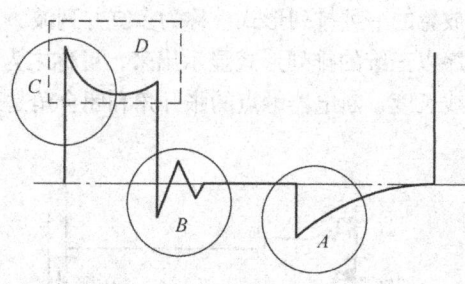

图 7-21 点火波形故障反映区

2）对传统点火系统，在触点闭合时，点火波形上产生垂直向下的直线，在此处有杂波，说明白金触点烧蚀，如图 7-23 所示。

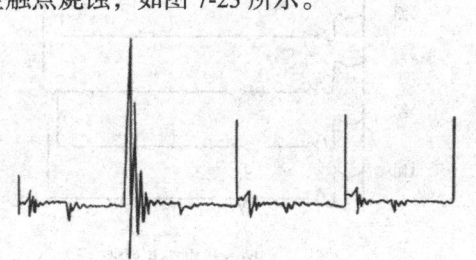

图 7-22 单缸电压波形过高

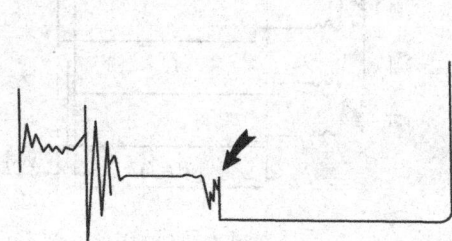

图 7-23 触点烧蚀故障波形

3）点火线圈正负极接反时，发动机也能起动，但点火消耗的能量增加。这是因为火花塞工作时，中心电极的温度较旁电极高，电子从中心电极向旁电极运动较容易；反之则稍难。点火线圈正负极接线正确时，发火线向上；极性接反时，则发火线向下，如图 7-24 所示。

（4）电子点火系统波形分析

1）电子点火系统的初级、次级电压波形与传统触点式点火系统波形类似，由于电子点火系统无电容器，其波形图上高低频振荡波会比传统点火系统少一些。

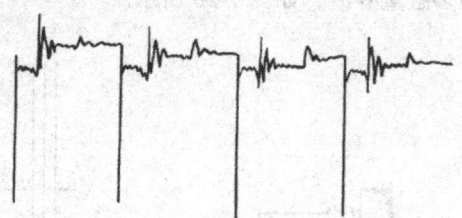

图 7-24 极性接反的故障波形

2）电子点火系统的初级、次级电压波形的张开与闭合时间是由晶体管的导通与截止电流造成的，其闭合段波形会有波纹或凸起，属于正常现象。闭合段结束时，先产生一条锯齿状的上升斜线，再导出点火线。

3）电子点火系统的初级、次级电压波形中的闭合角一般都随发动机转速而变化，低速时闭合角减小，高速时闭合角增大。若检测时闭合角像传统点火系统那样不随速度而变，则说明电子点火器闭合角控制功能失效。

4）在无分电器点火系统中，有两缸共用一个点火线圈的点火系统。该种点火系在一个气缸中会发生两次点火：一次点火发生在压缩行程终了，为有效点火；另一次点火发生在排气行程终了，为无效点火。在有效点火波形上，因气缸内可燃混合气电离程度低，所以击穿电压和火花电压都较高。在无效点火波形上，因气缸内废气电离程度高，所以击穿电压和火花电压都较低。这些均属正常现象。

7.3.2 点火正时的检测

在发动机的压缩行程终了，活塞达到行程的顶点时，点火系统向火花塞提供高压火花以点燃气缸内的压缩混合气做功，这个时间就是点火正时。

点火正时随辛烷值的变化是在静态情况下通过获得最佳初始点火提前角（亦即获得最佳分电器壳固定位置）得到的。

在离心式调节器和真空式调节器工作正常的情况下，发动机最佳点火提前角往往决定于初始点火提前角。

点火太早或太晚都会影响汽车发动机的运行状况，严重时发动机将无法起动。检测点火正时的方法有人工（经验）法、闪光（频闪）法和缸压法等。

1. 闪光法检测点火正时

（1）正时灯结构组成

闪光法检测点火正时需要使用的检测工具为正时灯。如图 7-25 所示，正时灯主要由闪光灯、传感器、整形装置、延时触发装置和显示装置组成，既可以作为便携式检测仪单独使用，又可以与其他仪表组合成多功能综合式。

（2）正时灯检测原理

如果在精确的确定时刻，相对转动零件的转角，照射一束短暂的且频率与旋转零件转动频率相同的光脉冲，由于人的视角具有暂留的生理现象，似乎觉得零件是不转动的。

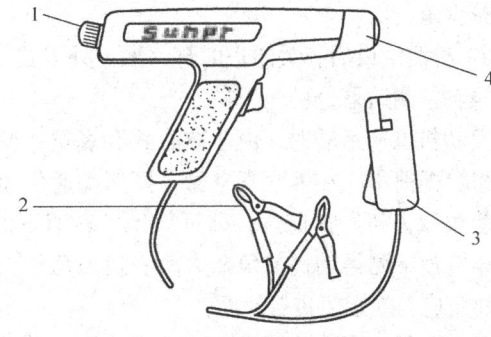

图 7-25 正时灯

1—电位计旋钮 2—电源夹 3—点火脉冲传感器 4—闪光灯

在发动机飞轮或曲轴带轮上，一般都刻有正时标记，在与之相邻的固定机壳上也刻有标记。曲轴旋转至活动标记与固定标记对齐时，第 1 缸活塞刚好到达上止点。

通常用点火感应传感器获取的第 1 缸点火信号来触发闪光灯，闪光灯每闪光一次表示第 1 缸的火花塞点火一次，其闪光与第 1 缸点火同步。如图 7-26 所示，测试时，把点火脉冲传感器串接或外卡在第 1 缸高压线上，第 1 缸点火信号电脉冲经过整形后，进入延时装置，若不延时，直接触发闪光灯，此时活动标记与固定标记重

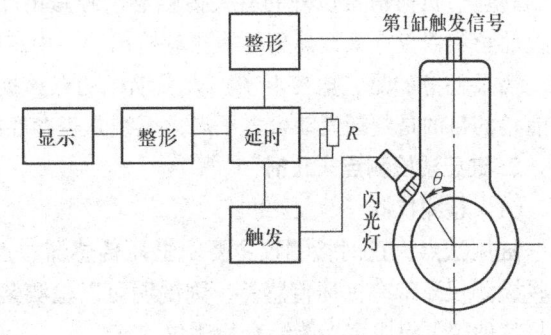

图 7-26 正时灯工作原理

合，提前角为零，若延时某一时刻后触发闪光灯后活动标记与固定标记重合，说明延时时刻曲轴转过的角度即为点火提前角。

（3）正时灯检测步骤

1）将正时灯的两个电源夹，接到蓄电池的正、负电极上。

2）将点火脉冲传感器串接在第 1 缸火花塞与高压线间或外卡在第 1 缸高压线上（感应式传

感器)。

3) 把正时灯的电位计调到初始位置，打开开关，正时灯应闪光，指示装置应指示零位。

4) 擦拭飞轮或曲轴带轮使之清晰显露出正时标记；置发动机于怠速工况下运转，打开正时灯并使之对准正时标记，如图7-27所示。

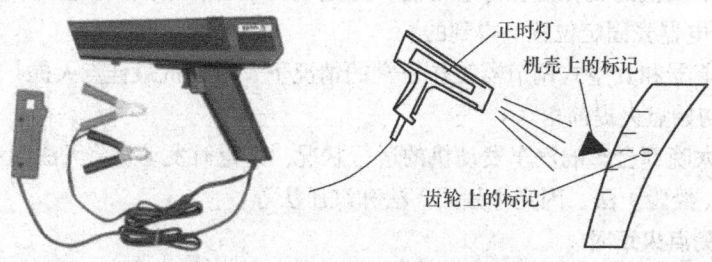

图7-27　正时灯检测示意图

5) 调整电位计旋钮，使活动标记与固定标记对齐，此时所显示的读数即为怠速工况下的点火提前角。

6) 检测结束后，关闭正时灯，取下外卡式传感器和两个电源夹。

(4) 检测结果分析

发动机怠速运转时，由于离心式和真空式调节器未起作用或作用很小，此时测得的提前角实为初始提前角。在拆下真空管（要堵塞通化油器的管道）的情况下，发动机在某转速下测得的提前角减去初始提前角，即可得到该转速下的离心提前角；反之，在连接真空管的情况下，在同样转速下测得的提前角减去离心提前角和初始提前角，则又可得到真空提前角。测出的点火提前角应与规定值进行对照。

对于电控电子点火系统而言，其实际点火提前角的检测方法与传统点火系统的完全相同，但由于电控电子点火发动机的实际点火提前角包含初始点火提前角、基本点火提前角和修正点火提前角，而其电子控制单元（ECU）总是根据发动机转速、负荷信号控制基本点火提前角，根据转速、负荷信号以外的有关传感器信号修正点火提前角，因此其初始点火提前角、基本点火提前角和修正点火提前角的检测应按制造厂规定的步骤进行。

需要注意的是，电控电子点火发动机的点火提前角，一般是不可进行调整的，检测其点火提前角的目的是判断发动机电子点火系统是否存在故障，即判定ECU或传感器是否失效。

2. 缸压法检测点火正时

(1) 检测仪器

缸压法点火正时检测仪主要由缸压传感器、点火感应传感器、处理电路和指示装置组成，一些检测仪还带有油压传感器，则说明可以检测柴油机供油提前角。缸压法点火正时检测仪往往与其他仪器组成多功能综合检测仪。

(2) 检测原理

发动机气缸内活塞到达压缩行程上止点时，气缸内压缩压力最高。采用缸压传感器找出某一缸压缩压力的最大点作为活塞上止点，同时用点火传感器找出同一缸的点火时刻，两者之间的凸轮轴转角即为点火提前角，如图7-28所示。

(3) 检测步骤

缸压法检测点火提前角可以使用点火正时仪或发动机综合检测仪来测量，其中使用点火正时仪的操作步骤如下：

1）预热发动机至正常工作温度。

2）拆下任意一缸的火花塞，装上缸压传感器。

3）拆下的火花塞上高压线，在高压线与火花塞之间接点火传感器或在高压线上卡上外卡式点火传感器，然后将火花塞放置在机体上使之接地良好。

4）起动发动机怠速运转。通过按键或输入操作码，即可从指示装置得到怠速转速下的点火提前角及对应的转速。

5）测得的点火提前角如不符合规定，应在点火正时仪监测情况下重新调整，直到符合要求。

6）用同样的方法，改变发动机转速，即可测得发动机在任意转速下的点火提前角及其对应的转速。

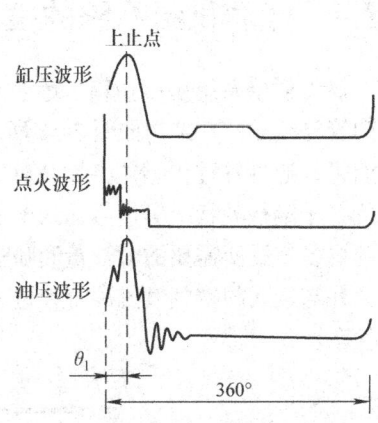

图 7-28　缸压法检测点火提前角原理

7）对具有打印功能的检测仪，按下打印键后，可以打印出检测结果。

使用发动机综合检测仪测量点火正时的操作步骤如下：

1）检测仪经预热后，用鼠标左键双击显示器上"检测仪图标"，启动检测仪综合性能检测程序。

2）检测仪主机将对单片机通信、适配器逐一进行自检。自检通过为绿色，未通过给以提示。

3）显示屏出现"用户资料录入"界面。点击"修改"按钮，录入汽车用户资料，然后点击"确定"按钮，显示屏出现检测主副菜单，依次选择"汽油机""点火系统"。

4）将第1缸信号夹夹在第1缸高压线上。

5）按动上下键或用鼠标在屏幕上选择"点火提前角"功能。

6）从传感器挂架上卸下正时灯，对准曲轴带盘或飞轮上的第1缸上止点标记。

7）按下正时灯电源的按钮，旋转正时灯调整电位器，直到旋转件的上止点标记对准壳体上的上止点标记为止。显示器上的指针和数字将显示出点火提前角数值，如图7-29所示。

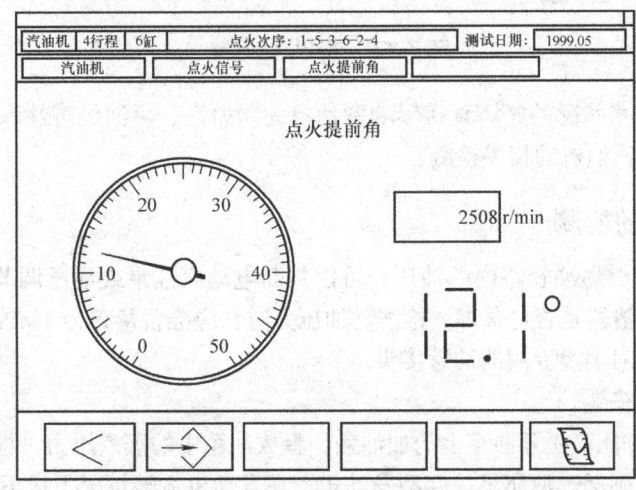

图 7-29　发动机综合检测仪测量点火正时数据

7.4 燃油供给系统的检测

燃油供给系统由燃油箱、燃油泵、燃油分配管、燃油压力调节器、喷油器、燃油滤清器和回油管等组成,其结构如图 7-30 所示。随着汽车电子技术的发展,目前生产的汽车已采用电喷汽油机,通过各种传感器将发动机的温度、空燃比、节气门状况、发动机的转速、负荷、曲轴位置、车辆行驶状况等信号输入电子控制装置,电子控制装置根据这些信号参数,计算并控制发动机各气缸所需要的喷油量和喷油时刻,将汽油在一定压力下通过喷油器喷入到进气管中雾化,并与进入的空气气流混合,进入燃烧室燃烧,从而确保发动机和催化转化器始终工作在最佳状态。

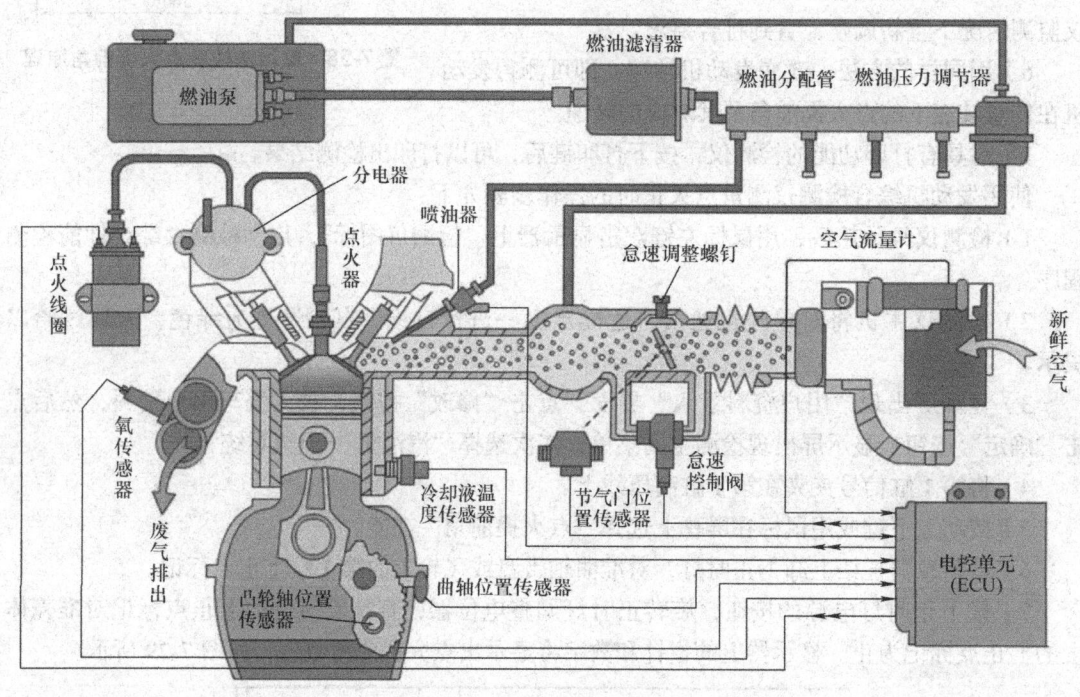

图 7-30 燃油供给系统

燃油供给系统技术状况的好坏直接影响发动机的动力性、燃油经济性和工作稳定性。这里我们重点讲解下电喷汽油机的相关检测。

7.4.1 燃油压力的检测

检测发动机运转时燃油管路内的油压,可以判断电动汽油泵或油压调节器有无故障、汽油滤清器是否堵塞等。检测燃油压力时,应准备量程为 1MPa 左右的油压表(图 7-31)及专用的油管接头。

微课视频
燃油压力的检测

1. 燃油压力表的安装

1)将燃油系统卸压。松开油箱上的加油盖,释放油箱中的蒸汽压力,检查油箱内的燃油量,确保燃油充足。起动发动机,在发动机运转情况下拔下电动汽油泵继电器及其线束插接器。待发动机自行熄灭后,再连续起动发动机 2~3 次,直至不能起动为止,卸压完成后，关闭点火开关，装上汽油泵继电器及其线束插接器。

2）在确保蓄电池电压正常的条件下，拆下蓄电池负极接地线。

3）安装燃油压力表，有油压检测孔的可直接将油压表接在油压检测孔上。无燃油压力检测孔时，可断开进油管，将三通管接头及燃油压力表安装在系统管路中，如图7-32所示。

4）重新装上蓄电池负极接地线。

2. 静态燃油压力的检测

1）用一根导线短接电动燃油泵端子和电源端子。

2）将点火开关置于"ON"档位，不起动发动机，使电动燃油泵运转3~5s，建立燃油压力。

图7-31 燃油压力表

3）读取燃油压力表压力，正常情况下压力值为300kPa左右。若燃油压力过高，应检查燃油压力调节器；若燃油压力过低，应检查油路有无泄漏，重点检查电动燃油泵、汽油滤清器、燃油压力调节器。

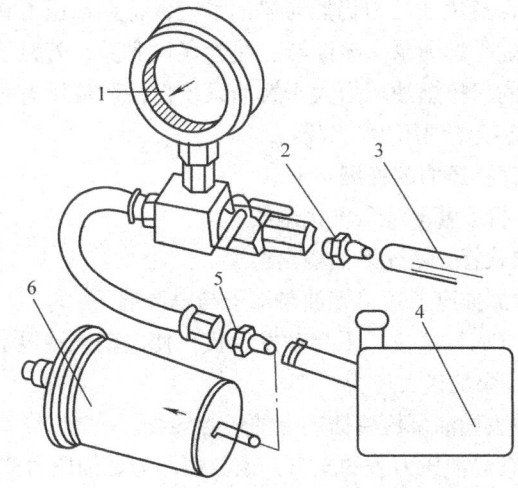

图7-32 使用三通管接头安装燃油压力表

1—燃油压力表　2、5—专用接头　3—进油管　4—燃油箱　6—汽油滤清器

4）拔掉检测插座上连接电动燃油泵端子和电源端子的短接导线，关闭点火开关。

3. 静态保持燃油压力的检测

静态燃油压力检测过程结束5min后，再次读取燃油压力表读数，此时称为燃油系统静态保持燃油压力，其数值应不小于147kPa。若保持燃油压力过低，则发动机难以起动。

4. 发动机运转时燃油压力的检测

1）起动发动机，使发动机怠速运转。测量此时的燃油压力，其燃油压力表读数即为发动机怠速运转时的燃油压力。

2）缓慢踩下加速踏板，增大节气门开度，在节气门全开时读取此时燃油压力表读数，该数值即为节气门全开时燃油压力。

3）拔下燃油压力调节器上的真空软管，并用手堵住，让发动机怠速运转，测量此时的燃油压力,该压力应和节气门全开时的燃油压力基本相等,并大于怠速时的燃油压力,通常为250～350kPa。

由于不同车型燃油系统的燃油压力不尽相同,具体的检测结果应与各车型的参考手册进行对比,若测得燃油压力过低,则需检查燃油系统有无泄漏,燃油滤清器、燃油泵滤网、燃油管路是否堵塞。若未发现堵塞,需要检查燃油泵及油压调节器。若测得燃油压力过高,应检查回油管路有无堵塞,真空软管是否破裂,若无异常,则需检查燃油压力调节器。

5. 燃油压力调节器的保持燃油压力检测

当上述检测过程中燃油压力表显示的数值过低时,如果怀疑是燃油压力调节器出现故障时,需要对其进行检测:

1)用一根导线在检测插座上短接燃油泵端子与电源端子。
2)将点火开关置于"ON"档位,不起动发动机,使电动燃油泵运转10s左右。
3)关闭点火开关,拔去燃油泵检测插座上的短接导线。
4)夹紧燃油压力调节器回油管上的软管,堵住回油通道。
5)等待5min后,观察燃油压力表的压力,该数值即为燃油压力调节器的保持压力。

若燃油压力调节器的保持燃油压力仍然与燃油系统保持燃油压力相同,则说明燃油系统保持燃油压力过低的原因可能是燃油泵、喷油器、油管存在泄漏;若燃油系统保持燃油压力低于标准,而燃油压力调节器的保持燃油压力大于燃油系统保持燃油压力时,则说明燃油压力调节器回油阀有泄漏,应立即更换燃油压力调节器。

6. 燃油泵最大压力和保持压力的检测

1)将燃油系统卸压,拆下蓄电池负极接地线。
2)夹紧通往喷油器的软管,堵死燃油输出通道。
3)使用一根导线在检测插座上短接燃油泵端子与电源端子。
4)将点火开关置于"ON"档位,不起动发动机,使电动燃油泵运转10s左右。此时燃油压力表指示的压力即为燃油泵的最大压力。
5)关闭点火开关,拔去燃油泵检测插座上的短接导线。
6)等待5min后,观察燃油压力表的压力,该数值即为燃油压力调节器的保持压力。

因车型而异,燃油泵的最大燃油压力和保持燃油压力标准也不尽相同,通常燃油泵的最大燃油压力标准值为490～640kPa,保持燃油压力应大于340kPa。

7. 装复燃油系统零部件

整个检测过程结束后,应按照要求重新装复燃油系统,保证发动机的正常工作。其操作步骤如下:

1)将燃油系统卸压。
2)拆下蓄电池负极接地线。
3)拆下燃油压力表。
4)重新安装油管接头。
5)安装蓄电池负极接地线。
6)预置燃油系统燃油压力,在检测插座上用导线短接燃油泵端子和电源端子,打开点火开关,不起动发动机。使燃油泵工作10s左右后,关闭点火开关,拆下短接线。
7)检查油管各个连接处有无泄漏。

7.4.2 喷油控制信号波形的检测

喷油器根据发动机 ECU 发出的喷油脉冲信号，将一定量的燃油喷入进气歧管或气缸内。在电控燃油喷射系统中，由于燃油压力调节器能够保持喷油压力恒定，因此从喷油器喷出的燃油量仅取决于喷油器开启时间的长短，而喷油器开启与关闭是通过各种传感器、ECU 来控制的，如图 7-33 所示。

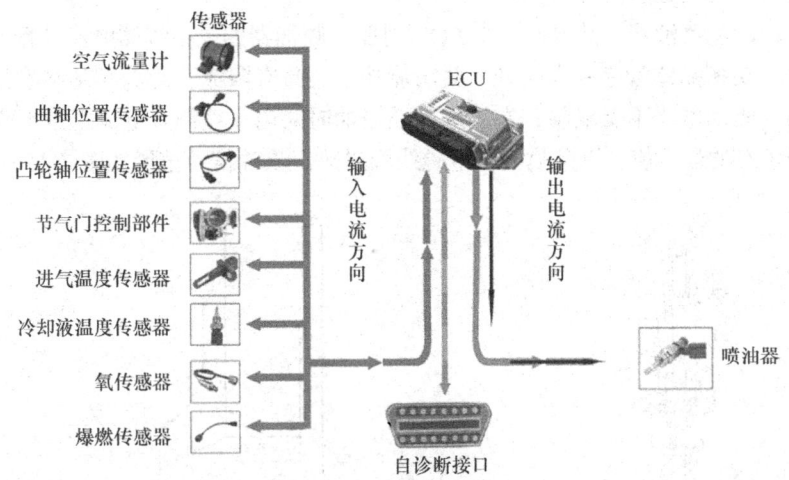

图 7-33 电控燃油喷射系统

为了判断喷油系统是否正常运作、各种传感器喷油量的修正控制是否良好，ECU 和喷油器是否存在故障，需要对喷油控制信号波形进行检测。

1. 喷油信号波形的检测步骤

喷油器工作时的喷油信号波形，一般使用汽车专用示波器或发动机综合检测仪来进行检测。为测取电控喷油系统的喷油电压脉冲信号，可拆开喷油器电路插头，中间接入一专用 T 字形接头，其一端接原喷油器，另一端接原电路插头，中间引出端接分析仪的信号提取系统的信号探针，如图 7-34 所示。该 T 字形接头有两种形式，左图为直接插头引出式，右图为鳄鱼夹引出式，可供多种传感器信号的引出之用。

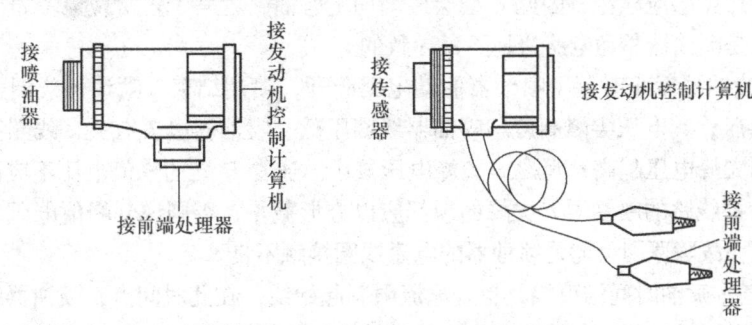

图 7-34 T 字形接头的连接

喷油信号波形的检测步骤如下：
1) 按照使用手册，连接检测仪器，通常使用专用 T 字形接头与喷油器连接。
2) 起动发动机，使发动机稳定运转预热至正常温度。

3）打开检测仪器显示器，按照规定工况运转发动机，示波器则显示喷油器工作时的喷油信号波形和喷油脉宽。

2. 标准喷油信号波形

标准喷油信号波形是电控燃油喷射系统工作正常时喷油控制信号电压随时间变化的波形，它是不解体动态检测电控燃油喷射系统的诊断标准。喷油器的驱动方式有电压驱动和电流驱动两种，这里我们以电流驱动型为例具体分析。

对于电流驱动型喷油器，其电控系统 ECU 对驱动喷油器的电磁线圈电流进行调节控制，在其控制电路中，功率晶体管除基本的开、关功能外，还具有限流功能。在基本喷油时间内，功率晶体管导通，驱动电流不受限制；在加浓补偿喷油时间内，控制其电流迅速下降到能维持喷油器处于全开状态的最小值，以免喷油器电磁线圈过热。喷油信号波形如图 7-35 所示。

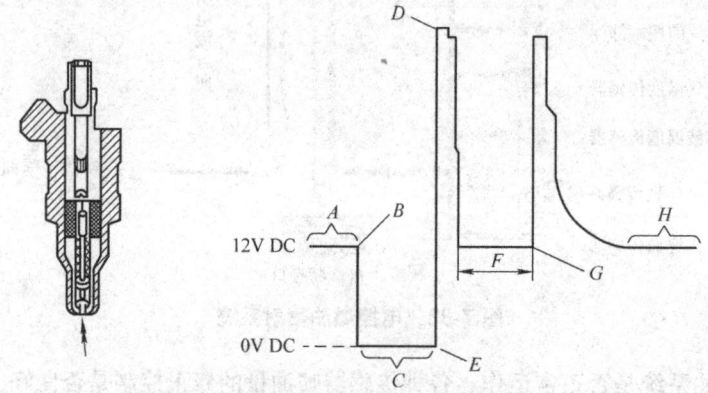

图 7-35　电流驱动型喷油器喷油信号波形

1）A 线：喷油器关闭时的系统电压信号，通常为蓄电池电源电压 12V。

2）B 线：喷油器信号传递过来时，功率晶体管完全导通，电压迅速降为 0V，喷油器开始喷油。B 线应光滑平顺，否则说明功率晶体管性能不良。

3）C 线：喷油器驱动电路处于饱和导通阶段，波形电压接近 0V，喷油器喷油，其电磁线圈电流由零迅速上升至最大，喷油器针阀迅速全开喷油，在实际的波形中，由于电路增加时喷油器电磁线圈会产生感应电压，因此 C 线会逐渐向上弯曲，这属于正常现象。如果 C 线波形异常，大多数情况是喷油器驱动电路接地不良导致的。

4）D 线：喷油器截止时刻，喷油器驱动电路断开，喷油结束。喷油器线圈因电流突变而产生感应脉冲电压，其电压尖峰高度与喷油器线圈匝数、喷油器电流有关，线圈匝数越多，电流变化越大，则尖峰电压越高；反之，尖峰电压较小。通常 D 处的峰值电压不应低于 35V。装有齐纳二极管保护线路的喷油器，尖峰的顶部应以方形截止，否则说其峰值电压未达到齐纳二极管的击穿电压，故障原因可能是喷油器的电磁线圈接触不良。

5）E 线：基本喷油时间结束线，也是电流限制起始线。在此时间点，喷油器针阀已达到最大开度，只需小电流维持喷油器针阀开启，以便转入加浓补偿喷油期。ECU 启动电流限制功能，减小驱动电路电流。

6）F 线：加浓补偿喷油期。此时喷油器处于电流限制状态，功率晶体管在不停地截止与导通，使喷油器电磁线圈的电流为 1A 左右。喷油器针阀处于开启状态，喷油器进行加浓补偿喷油。F 线中的电压与电源电压接近，若波形时不时发生畸变，则说明喷油器功率晶体管性能不良。

7）G 线：喷油信号截止时刻。此时喷油器驱动电路断开，喷油器线圈因电流突变而产生感应脉冲电压，幅值约为 30V，从喷油开始信号 B 线到截止信号 G 线所对应的时间就是喷油器的总喷油时间。

8）H 线：喷油器针阀关闭，电压从峰值逐渐衰减到电源电压，等待下一个工作循环。

3. 喷油信号波形诊断分析

汽车专用示波器在显示喷油信号波形的同时可以用数字显示喷油脉宽，即喷油信号开始至喷油信号截止所经历的时间。喷油脉宽越大，喷油量也越大。当检测到的喷油脉宽与标准值有较大差异时，表明燃油喷射系统存在故障。

通过改动发动机的工况来观察喷油信号波形的变化，可以诊断电控燃油喷射系统的故障。检测时，先将示波器的检测线通过专用插头与喷油器端子连接，变速器置于空档，然后起动发动机，热车后，可以根据不同工况检查喷油信号的变化。具体操作如下：

1）在发动机处于怠速、高速及加速时来观测喷油信号波形的变化，正常情况下喷油脉宽应随着转速的提高、节气门的加大而变宽，否则表明喷油器、ECU、氧传感器等元件存在故障。

2）发动机高速稳定运转时，通过改变混合气浓度来观察喷油信号波形。当从进气管中加入丙烷使混合气变浓时，正常情况下喷油脉宽变窄，会对浓混合气进行修正。当拔下发动机真空软管使混合气变稀时，正常情况下喷油脉宽会延长，对稀混合气进行补偿。在这两步操作中，若喷油脉宽无变化，则表明喷油器、ECU、氧传感器等元件存在故障。

7.5　润滑系统的检测

汽车发动机润滑系统一般由油底壳、机油泵、限压阀及旁通阀、机油滤清器，机油散热器、机油压力传感器等组成，如图 7-36 所示。发动机的润滑系统是保证发动机正常运转的依据。润滑系统的基本任务就是将润滑油不断地供给各零件的摩擦表面使其润滑，减少零件的摩擦和磨损。润滑系统虽然不参加发动机功能转换，却能保证发动机正常工作，使其具有较长的使用寿命。通过对发动机润滑系统故障的分析、检测和维修，才能更好地使汽车发动机良好地运行。

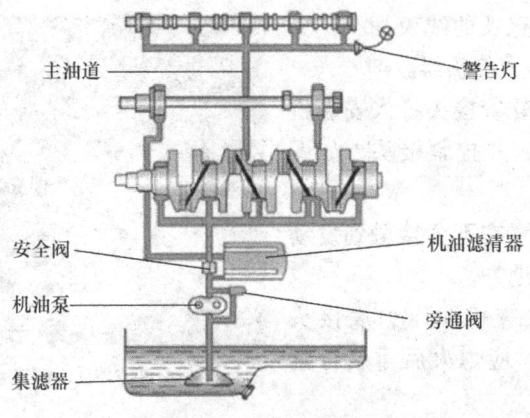

图 7-36　发动机润滑系统组成

7.5.1 机油压力的检测

机油压力是发动机润滑系统的重要诊断参数。机油压力的大小取决于机油的温度和黏度、机油泵的供油能力、限压阀的调整、机油通道和机油滤清器的阻力以及曲轴主轴承、连杆轴承和凸轮轴轴承的间隙等。

微课视频
机油压力的检测

在发动机常用转速范围内、发动机技术状况正常的前提下,汽油机的机油压力应为 196~392kPa,柴油机机油压力应为 294~588kPa。

机油压力过高或过低,都属于异常工况。例如,中等转速下机油压力低于 147kPa,急速时低于 49kPa,则表明润滑系统可能出现故障。

1. 机油压力的检测步骤

润滑系统的机油压力值可以由汽车仪表板上的机油压力表或由警告闪亮(油压传感器提供触发信号)情况显示压力是否正常,如图 7-37 所示。

由于仪表板上机油压力表或油压传感器不能时时保证必要的测量精度,因此定期检测时,需要通过专用的机油压力表来测量,如图 7-38 所示。它由表头、导管和螺纹组成。也可以用普通的油压表(量程为 1MPa 左右)配上相应的高压软管和接头测量。

图 7-37 机油压力警告灯

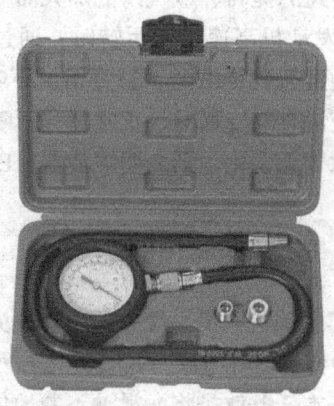

图 7-38 机油压力表

测量机油压力的方法如下:

1)拔下机油压力传感器的线束插头,如图 7-39 所示,拆下机油压力传感器。

2)将机油压力表的软管接头拧入安装机油压力传感器的螺孔内,并拧紧接头,如图 7-40 所示。

3)将机油压力表放置在不会接触到发动机旋转部件及高温部件的地方。

4)起动发动机,检查机油压力表接头处有无漏油,如有漏油,应熄火后重新拧紧接头。

图 7-39 拆下机油压力传感器

5)运转发动机使之达到正常的工作温度(80℃),分别在急速和 2000r/min 时检查机油压力表的读数,并与标准压力值进行比较。急速时,发动机机油压力应超过 60kPa,提速至

2000r/min 后，油压应超过 260kPa。

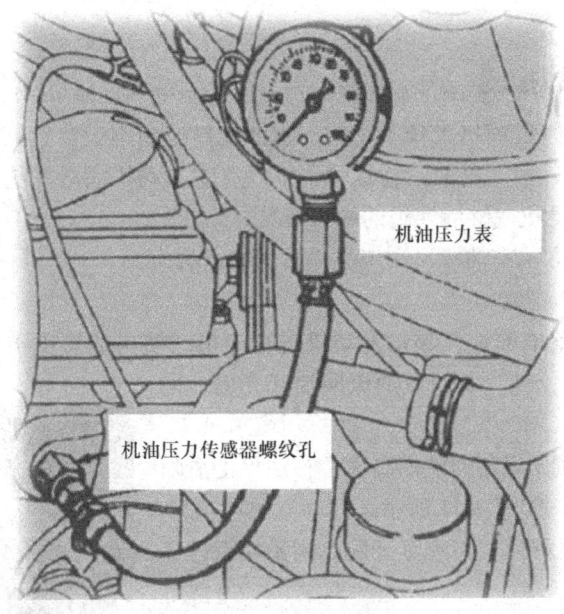

图 7-40 安装机油压力表

6）检测完毕后，重新安装机油压力传感器，需要注意的是，在传感器螺纹处缠上密封胶带，确保机油的密封性。

2. 机油压力的检测结果分析

1）若油压过低或油泵停止工作 2~5min 内油压迅速下降，应先检查油路是否泄漏，然后检查喷油器是否泄漏、燃油压力调节器是否故障、燃油滤清器是否堵塞和油泵是否故障等。机油压力过低的诊断维修建议如表 7-2 所示。

表 7-2 机油压力过低的诊断维修方案总结

诊断原因	维修方案
机油油位低	添加机油至合适位置
测量表、警告灯、传感器不准确	检查更换损坏的器件
由于稀释、质量差或型号不对而导致机油过稀	排干原先的机油，并使用原车推荐的机油加注曲轴箱
机油温度过高	修复发动机过热的故障
机油压力卸压阀发生卡滞现象	拆下并检查机油压力卸压阀总成
机油进口管和滤网总成堵塞或漏气	拆下并检查机油进口管和滤网总成
机油泵间隙过大	检查机油泵，必要时进行更换
主轴承、连杆轴承或凸轮轴承间隙过大	测量轴承间隙，按需要维修更换

2）若油压为零，先检查油箱存油量及油道是否严重外泄，燃油滤清器是否完全堵塞。排除可能性后，油压依然为零，则需检查燃油系统的控制电路，如熔丝是否烧断、继电器是否不工作等。

3）若油压过高，应检查压力调节器顶部的真空管是否松脱或破裂漏气，油压调节器回油管是否堵塞等。

7.5.2 机油消耗量的检测

润滑系统渗漏、空气压缩机工作不正常、机油规格选用不当、气缸活塞组磨损等会影响机油消耗量。机油消耗量除了可以反映发动机润滑系统技术状况外，还可以反映发动机气缸活塞组的磨损情况。

目前，常用的检测方法有油标尺测定法和质量测定法。

微课视频
机油消耗量、品质的检测

1. 油标尺测定法

1）将车停放在平整地面上，起动发动机进行暖机，使机油温度不低于60℃。关闭发动机等几分钟，以便机油流回油底壳内，同时使机油冷却。

2）将机油加至油底壳规定的液面高度，在油尺上清晰地划上刻线，做好标记，如图7-41所示。

3）驾车行驶若干里程后，将汽车开回原测量地点，停止发动机工作。

4）向油池内加入已知体积的机油，使油面高度升至原先标记的刻度线，根据所加机油的量计算每1000km的机油消耗量。

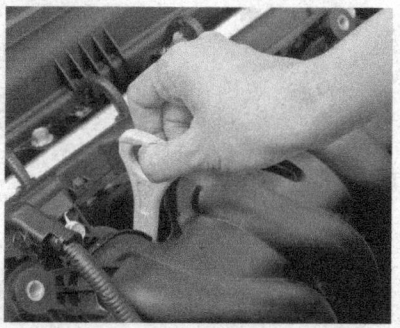

图7-41 油标尺测量机油液面高度

正常情况下机油消耗量为0.1~0.5L/1000km，最大值不超过0.5L/1000km。若检测到的机油消耗量过大，可以按照表7-3所示进行诊断维修。

表7-3 机油消耗量过大的诊断维修方案总结

诊断原因	维修方案
机油油位太高	将机油排放至规定的油位
PCV阀卡在关闭位置	更换PCV阀
机油黏度不对	更换为规定的机油
气门杆导油器损坏	更换气门杆导油器
气门室盖挡板安装不当或脱落	更换气门室盖
活塞环断裂或脱落	更换断裂或脱落的活塞环
活塞磨损	更换活塞
活塞环在槽中过松	测量活塞环间隙，按需要进行修理
压缩环安装颠倒	反置压缩环
气缸壁磨损	按需要进行修理
主轴承或连杆轴承间隙过大	测量轴承间隙，按需要维修更换

2. 质量测定法

1）将发动机预热至正常温度后停止工作，将车辆平置，打开油底壳的放油螺塞，放出机油。

2）当机油变成完全放空时，拧上油底壳的放油螺塞，将已经称重的机油加入油底壳至规定液面高度。

3）路试若干千米，按照原测试条件，放出全部机油，称重。

4）加入和放出的机油质量之差即为机油消耗量，常以每 1000km 机油消耗量来计算。

7.5.3 机油品质的检测

机油在使用过程中，其品质会逐渐变差，将使得发动机润滑效果变差、磨损加剧。影响机油品质的原因有：杂质污染（摩擦表面的磨损微粒、外界尘埃、积炭）、燃油污染、高温变质和清净分散剂的消耗。

发动机机油需要定期地检查更换，常采用滤纸油斑试验法、机油介电常数分析法、机油不透光分析法进行检测。

1. 滤纸油斑试验法

1）将一滴在用机油按照规定条件滴在专用滤纸上，如图 7-42 所示，等待油滴逐渐向四周浸润扩散，于是滤纸上形成颜色深浅不同的多圈环形斑点。需要注意的是，油样采样时，应在发动机处于热状态怠速运转时，从润滑系主油道取样，当无法在主油道取样时，可以在发动机熄火 5min 后，从油底壳放油孔取样。

2）把滴定的斑点图与标准斑点图谱对比分析，可以作为现场分析机油品质的一种简单、快速的方法。整个检测过程需要在室内常温下进行，最低温度不小于 20℃，平均每滴油量为 0.02g 左右。该种方法能表征在用机油的剩余清静分散性和老化变质程度。

3）滤纸上的油斑形态如图 7-43 所示。

① 对于沉积环：位于斑点图中心，是机油内粗颗粒杂质沉积区，从其颜色的均匀深浅可粗略判断机油被污染的程度。

图 7-42 机油采样

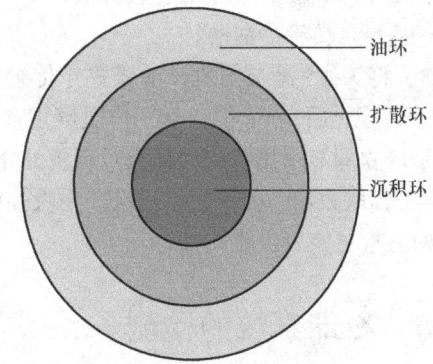

图 7-43 机油斑点图

② 对于扩散环：悬浮细颗粒杂质向外扩散时留下的痕迹，宽度和颜色的均匀程度表示机油中污染杂质分散程度，即机油的清静分散能力或清静分散剂的消耗程度。

③ 对于油环：颜色由浅黄到棕红，表示机油被氧化的程度。

2. 机油介电常数分析法

机油是电介质，有一定的介电常数，其数值取决于机油添加剂和存在的污染物。清洁的机油不含污染物时，有较为稳定的介电常数。当机油污染后，介电常数会发生变化，可以使用润滑油质量微电脑检测仪来测量机油介电常数的变化,如图7-44所示,从而间接检测机油污染程度。

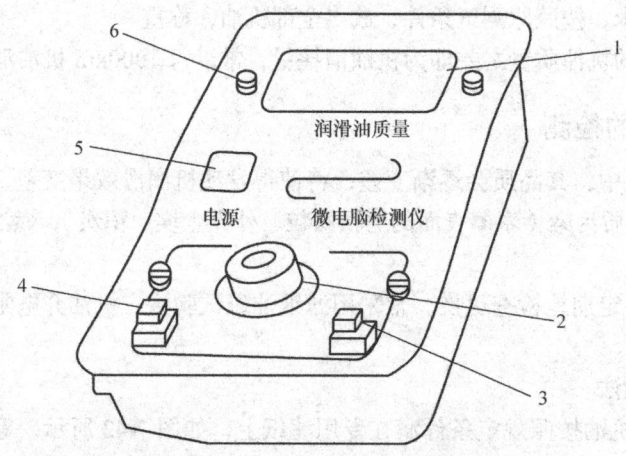

图7-44 润滑油质量微电脑检测仪
1—数字显示屏 2—机油传感器 3—清零按钮 4—测量按钮 5—电源开关 6—固定螺钉

润滑油质量微电脑检测仪采用对污染物有较大灵敏度的平面电容器作为传感器,机油试样如同电容的电介质,当机油的介电常数变化时,电容值随之变化。通过专用的数字电路,将其变成数字信号,送入微机处理并与参考数字信号比较。当显示为零时,表明所测机油有污染;显示值越偏离零值,表明机油污染的程度越大。微电脑检测仪检测机油品质的操作流程如下:

1)使用微电脑检测仪时,应先用脱脂棉彻底清洁传感器油槽。

2)将3~5滴与被测机油同牌号新机油置于传感器油槽中,使机油与油槽边沿齐平。2~5s后机油在油槽内扩散完毕后,轻轻按一下"清零按键",约2s后清零,显示"±00.00",5s后再一次彻底清洁传感器油槽。

3)将3~5滴被测机油油样置于传感器油槽中,操作步骤与上述相同。被测机油的油样,应在运转停止后5min内,从工作温度正常的发动机油底壳提取。轻轻按一下"测量按键",数字显示屏立即显示出被测油样相对新机油介电常数改变值。

4)读取数据,并作数据记录。当汽油机机油的测定值在4.2~4.7、柴油机机油在5.0~5.5之间时,应更换发动机机油。

7.6 冷却系统的检测

发动机冷却系统能够使发动机在所有工况下都保持在适当的温度范围内。正常情况下,发动机冷却液温度80~90℃。根据所用冷却介质不同,冷却系统可分为风冷式和水冷式。现代汽车发动机冷却系统大多采用水冷式,如图7-45所示,由水泵、散热器、冷却风扇、节温器、膨胀水箱、发动机机体和气缸盖中的水套等组成。以水为冷却介质,热量先由机件传给水,靠水的流动把热量带走而后散入大气中。散热后的水再重新流回到受热机件处。适当调节水路和冷却强度,就能保持发动机的正常工作温度。同时,还可用热水预热发动机,便于冬季起动。

由于发动机部件的耐热性有限,冷却系统的安全运行非常重要。例如汽车在行驶过程中,冷却液温度表指针处在红区,或者冷却液温度警告灯闪烁,发动机过热,冷却液沸腾出现蒸汽。

这时就需要对发动机冷却系统进行检测维修。

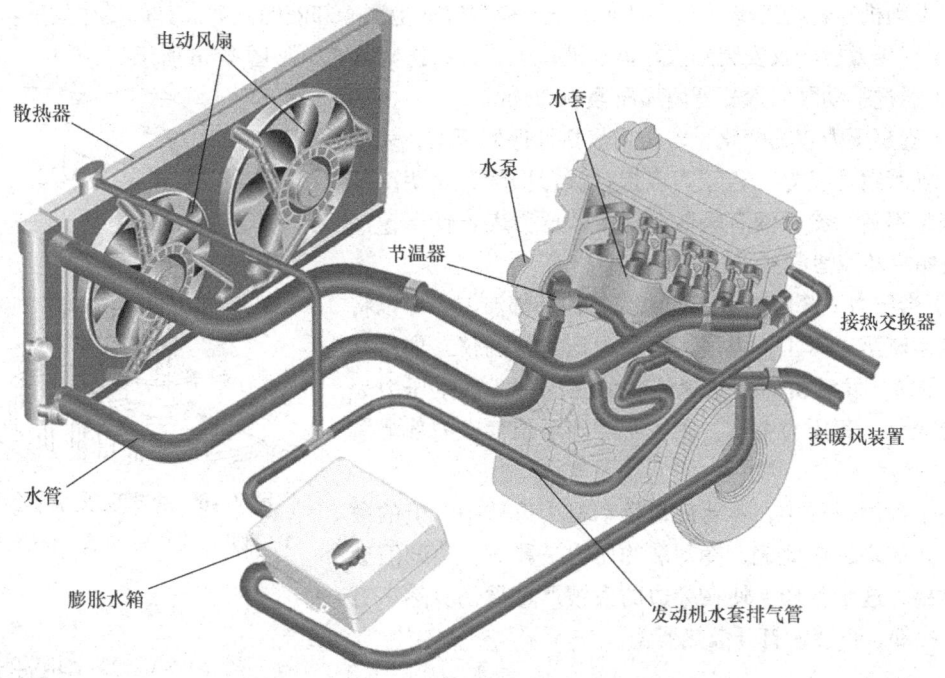

图 7-45　发动机水冷却系统

7.6.1　冷却系统密封性检测

现代汽车大多采用压力循环水冷式冷却系统，汽车长期行驶后，冷却液容易泄漏。冷却液泄漏分为外部泄漏和内部泄漏两种情况。外部泄漏常见的部位有冷却系统散热器、各软管接头、水泵、水套、密封垫等。内部泄漏主要是冷却液渗入发动机油底壳，常见的部位为缸体、缸盖裂纹处。当发动机冷却液不足，发动机容易过热时，应检查冷却系统的密封性。

1. 外观检查

外观检查主要是通过查看散热器、水泵、水套、放水开关等部位是否漏水，冷却液的量是否足够，风扇和散热器的距离是否正确，传动带是否打滑且传动带两侧是否有磨损。

（1）检查外漏

发动机冷却液大多为绿色或黄色，在发动机处于中等转速稳定运行时，很容易观察到有无冷却液滴漏现象。发动机停机后顺着冷却液滴漏的痕迹，查找外部的泄漏点。这里需要特别注意散热器盖及密封垫的检查，若其密封性差，则发动机工作时易使冷却液蒸发逸出，若汽车行驶过程中振荡比较严重，或造成冷却液的飞溅。

（2）检查内漏

发动机停机状态下拔出机油尺观察，若发动机机油呈白色或有水泡，则说明冷却液内部泄漏比较严重。

发动机起动后，用手掌心迎向排气管，若手心有凝结水雾，则说明冷却液有内部泄漏。

拆下散热器盖，在发动机运转的条件下，查看加液口处是否有高温气体涌出或者产生大量气泡，若有则说明发动机冷却液存在泄漏。

2. 压力检测

在发动机停转的工况下，可以使用压力检测仪来检测冷却液的压力。具体操作如下：

1）将压力检测仪安装到散热器加液口上，保持密封状态，如图 7-46 所示。

2）通过手动泵向散热器内加压至 100kPa。

3）观察压力表的变化，若压力表指针保持不动，表明冷却系统密封性良好；若压力表指针缓慢回降，表明冷却系统密封不良，冷却液有轻微泄漏；若压力表指针迅速回降，表明冷却液泄漏严重。

4）当压力下降时，若未检测到任何外部泄漏，可以将发动机运转至正常工作温度，再装上压力检测仪，加压至 48kPa 左右，发动机保持怠速运转的工况下，观察压力表指针的变化，若压力上升，则表明冷却系统存在内部泄漏故障。

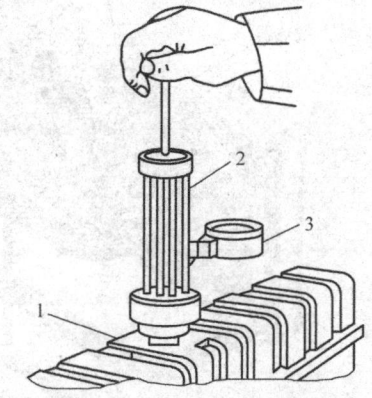

图 7-46 冷却液压力的检测
1—散热器　2—手动泵　3—压力表

整个检测过程中，不要旋松发动机（运转中）上的散热器盖。如果旋松此盖，冷却液的压力被释放，冷却液会突然喷出，这个动作会使在旁边的人被严重烫伤。热车首先进行冷却，再缓慢打开散热器盖。

7.6.2 冷却液品质的检测

冷却液使用过程中的一项重要性能是要具有防冻性能，所以有时冷却液又称防冻液。防冻液在低温条件下的防冻性能决定于冰点，不同的防冻剂含量对应不同的冰点范围。

微课视频
冷却液冰点的检测

冷却液随着汽车使用时间的延长，乙二醇会逐渐被氧化衰变，防腐剂不断被消耗掉。当冷却液质量下降到一定程度后，冷却系统就会出现腐蚀或达不到防冻要求。因此，为了保证冷却液质量，需要对冷却液进行定期定项的检测。

1. 冷却液的外观检测

观察冷却液的外观、辨别其气味，进行直观判别。正常情况下，冷却液应透明、无异味、无沉淀。如图 7-47 所示，如发现外观浑浊、气味异常、有悬浮物时，说明冷却液已经变质，应立即停止使用并更换。

2. 冷却液的冰点检测

冰点检测是对冷却液能否在寒冷天气里使用的一种防冻性能检测。采用冰点测试仪，能快速测出冷却液的结晶冰点。检测步骤如下：

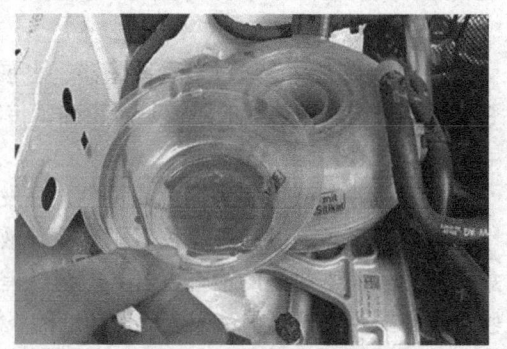

图 7-47 冷却液外观检查

1）将折光棱镜对准光亮方向，调节目镜视度环，直到标线清晰为止。

2）调整基准，掀开盖板，然后取 1~2 滴标准液（纯净水）滴于折光棱镜上，并用手轻轻按压盖板得出一条明暗分界线。旋转校准螺栓使目镜视场中的明暗分界线与基准线重合。

3）打开发动机舱盖，如图 7-48 所示，拧下冷却液壶盖，这里值得注意的是，尽量在冷车状态下进行取样。如果汽车处于热车状态,发动机温度较高的时候,需要等待一段时间进行冷却后,再一点一点地拧开,如果感觉有压力向上冲,说明冷却液的温度没有降下来,需要按紧壶盖,等待冷却液壶温度和压力下降后,再彻底拧下壶盖,避免高温状态下的冷却液飞溅。

4)将吸管伸入冷却液液壶内,如图7-49所示,吸取3~5滴冷却液。

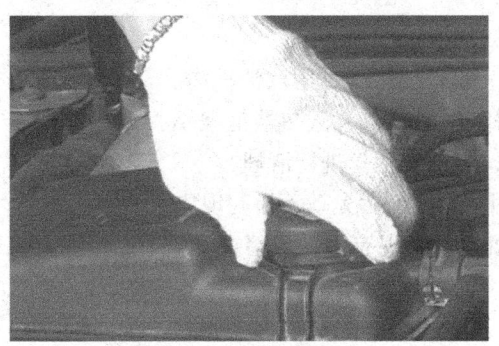 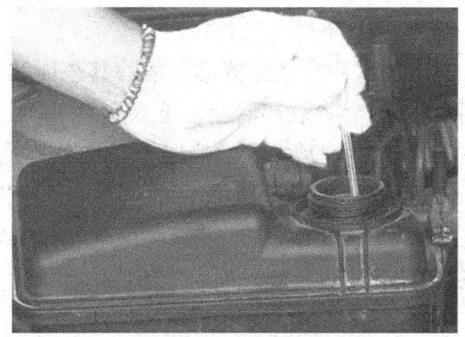

图7-48 拧下冷却液壶盖　　　　　　　图7-49 吸取冷却液

5)将吸管内的冷却液滴在冰点检测仪的折光棱镜上,如图7-50所示,然后盖上盖板。

6)将折光棱镜对准光亮方向,如图7-51所示。在目镜一侧进行观察,会看到一条蓝白相间的观察线,如图7-52所示,这条线所在的位置,就是被检测冷却液的冰点。

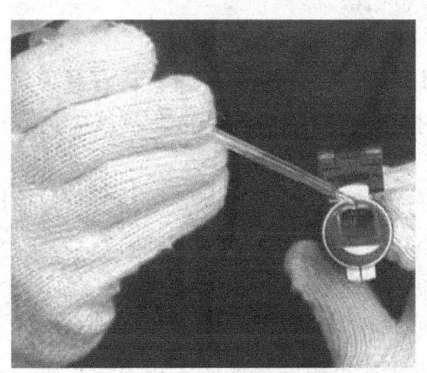 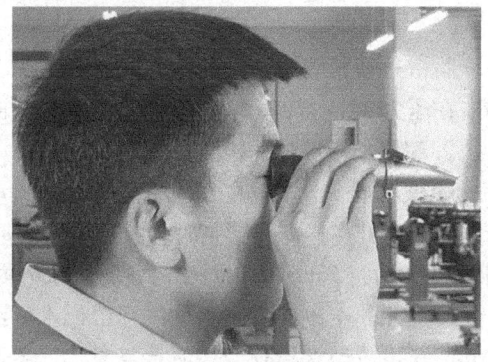

图7-50 冷却液滴入折光棱镜　　　　　图7-51 观察目镜

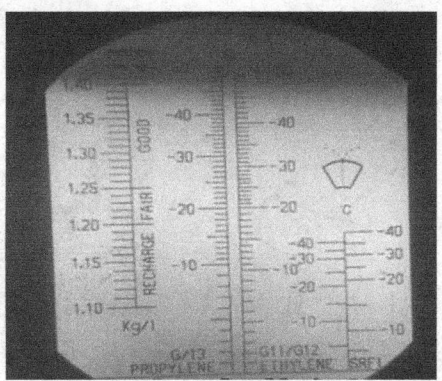

图7-52 冷却液冰点

7.6.3 冷却系统组成部件的检测

对发动机冷系统进行检测时,主要检测的部件有散热器、膨胀水箱、节温器、温控开关和水泵。

1. 散热器的检测

(1)散热器外观的检测

1)用水冲洗散热器芯,清除其表面的灰尘,如有油污,应用汽油洗净。然后从外部察看散热器上、下水室及芯子,不得有渗漏现象,散热器框架不得有断裂和脱焊现象。散热器芯上如果嵌有杂物,可用细钢丝进行清理。

2)检查散热器的紧固情况。散热器应当紧固牢靠,前后晃动无松动现象。

3)检查储液罐的连接管是否有漏气或堵塞现象,发现有漏气或堵塞时应予以排除或疏通,以防储液罐的冷却液回不到散热器内。

(2)散热器渗漏的检测

1)检查散热器的是否存在裂缝。将散热器放入水槽内,由散热器的加水口充入压力为 0.1MPa 的压缩空气,如散热器各处冒气形成气泡,则说明散热器已经严重腐蚀。如冒气点不多,则说明不严重,可在冒气处找出渗漏点,做上记号,以便进行焊接修复。

2)检查散热器内部是否存在淤塞。按注入散热器内部的水量的多少,即可分析出散热器芯子是否淤塞或堵住。如果出现淤塞现象,则必须进行清淤处理。

(3)散热器盖阀门密封性的检测

将散热器盖旋装在测试器上,如图 7-53 所示,用手推测试器,直至蒸汽阀打开为止。蒸汽阀应在压力 26~37kPa 时打开,若压力低于 26kPa 时打开,应更换散热器盖。

2. 膨胀水箱液位的检测

膨胀水箱一般安装在发动机舱靠近防火墙的角上,通过软管与散热器连接。主要作用是当冷却液温度升高、体积膨胀时,散热器内盛不下的冷却液流到膨胀水箱,防止散热器压力过高。当冷却液温度降低、体积减小时,膨胀水箱内的冷却液则流回散热器。

膨胀水箱上刻有最高水位线和最低水位线,冷却液液面应保持在最高水位线和最低水位线之间。车主应经常检查冷却液是否充足,在发动机处于冷态时检查膨胀水箱内冷却液的液位是否处在最高刻度线和最低刻度线之间,如图 7-54 所示。

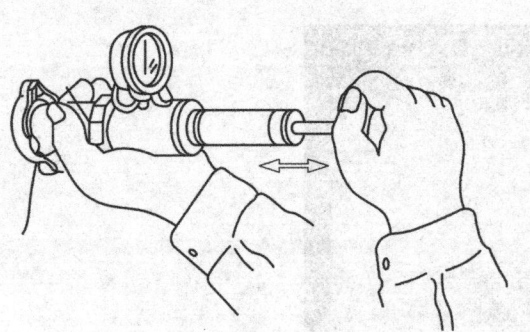

图 7-53 检测散热器盖蒸汽阀的密封性

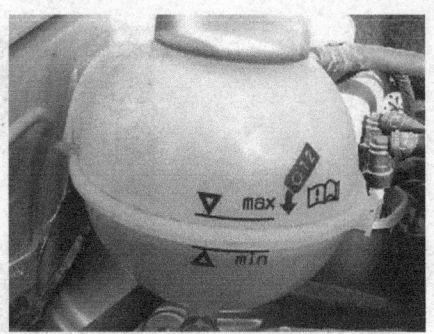

图 7-54 冷却液正常液位

3. 节温器的检测

节温器能根据冷却液温度的变化,自动调节流经散热器的冷却液流量,从而保证发动机在适宜的温度下工作,减少燃料的消耗和机件的磨损。节温器装在气缸盖出水管中,如图7-55所示,由伸缩黄铜卷管和两个水阀组成。当温度低于70℃时,通向散热器的水阀关闭,通向水泵的水阀开启,水套中的冷却液只能经旁通水孔流入水泵进入小循环;当水温高于70℃时,节温器的阀门打开,水套中的冷却液可经阀门流入散热器进入大循环。因此,节温器能保障发动机的最佳工作温度。

图7-55 节温器

节温器的常见故障有:主阀门不能开启或主阀门开启温度过高,将导致冷却液不能有效地进行大循环;主阀门关闭不严,将造成发动机升温缓慢,发动机温度过低。节温器的检测方法如下:

(1)就车检测法

1)冷车时,起动发动机,观察仪表板上冷却液温度表指示数值。正常情况下,发动机刚起动的时间段,冷却液温度升高很快,温度至80~90℃时,达到节温器主阀门开启温度后,冷却液温度升高的速度会明显减慢。

如果发动机工作时,长时间达不到正常工作温度,说明节温器主阀门卡住不能关闭,无法进入小循环。

如果发动机工作时,温度一直升高,直至温度表指针长时间处在红区,说明节温器主阀门卡住不能开启,无法进入大循环。

2)发动机运行至工作温度后,若冷却系统冷却液充足、水泵、散热器等工作正常,用手触摸缸盖的冷却液出口处和散热器进液口处,如果两者温度差异很大,说明冷却液没有进入大循环,节温器主阀门卡住不能开启。

(2)拆下检查法

将节温器拆下后,放入装有水的容器内,并逐渐加热,如图7-56所示,可借助准确的温度计测定冷却液温度,记录节温器主阀门的开启温度、全开温度,不同车型的节温器具体开启数值略有差异,一般良好的节温器应在72℃左右时开始开启,在85℃以上时,应完全开启,全开后的阀门升程应大于7mm。节温器的开启温度如果与标准值偏差过大,需要立即更换。

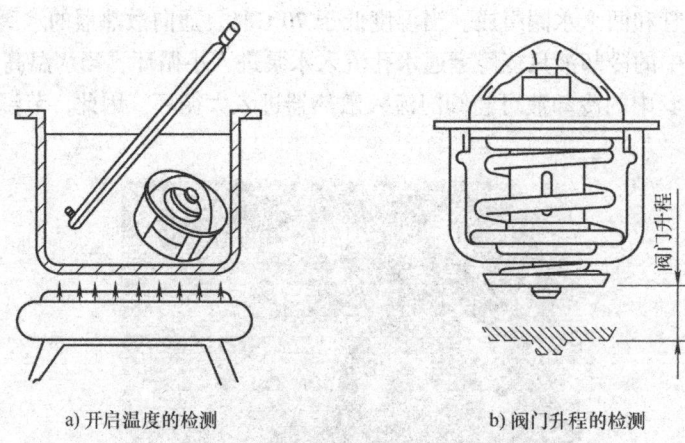

a) 开启温度的检测　　　　　　　b) 阀门升程的检测

图 7-56　节温器开启温度和阀门升程的检测

4. 温控开关的检测

以热敏开关为例，将温控开关拆下后放入正在加热的水中，开关的两端连接万用表，观察开关随温度变化时的导通情况。

5. 水泵的检测

汽车发动机广泛采用离心式水泵，主要由水泵壳体、叶轮、带轮座、进水管和出水管等组成，如图 7-57 所示。其作用是对冷却液加压，使冷却液在冷却系统中循环流动。通常水泵的损坏有三种方式：渗漏、丢转和叶轮腐蚀。

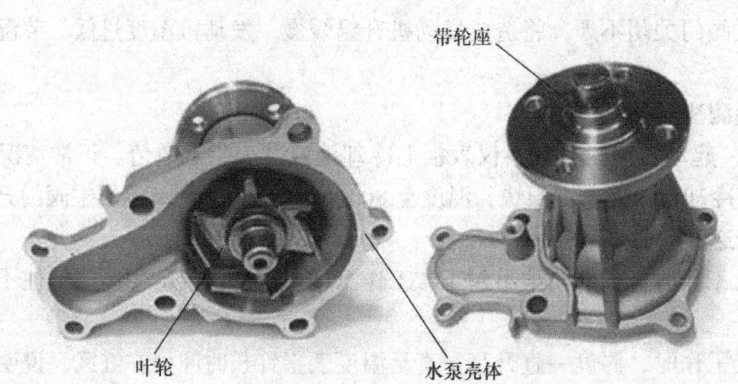

图 7-57　离心式水泵

首先检测水泵有无渗漏，水封失效时会有大量的冷却液从检视孔处流出。水泵壳体如有裂纹，也会发生渗漏。然后检查带轮的转动和轴向、径向窜动量。用手转动带轮，应运转灵活，无卡滞现象；否则，泵轴可能弯曲或轴承浸水锈蚀。

7.7　发动机异响的检测

发动机异响标志着发动机某一机构的技术状态已发生变化，例如有些零件磨损过度或装配、调整不当，有些异响可预知发动机将可能发生事故性损伤。因而当发动机出现异响时，应及时修理，防止故障扩大。在拆开之前，先要进行检查，以初步确定故障的所在部位，然后对发动机异响特性的分析，诊断异响的部位、原因和程度，避免拆检的盲目性。

7.7.1 发动机异响特性分析

发动机发生异响仅仅是表征现象，故障才是发动机不正常工作的本质原因。对发动机异响进行检测诊断，主要是透过现象看清本质，找出引起发动机异响的原因。需要根据响声的大小、发出的部位、声响的特征、振动的程度、出现的时机以及声响变化的规律等因素初步诊断。然后，对排气烟色与烟量的观察，发动机温度、机油压力的变化及使用中的其他相关情况等作全面分析与推断，在诊断中还要借助断缸法与简单的诊断仪器辅助法，使异响的诊断更准确。

1. 发动机异响的类型

发动机异响的类型有机械异响、燃烧异响、空气动力异响和电磁异响等。

（1）机械异响

机械异响主要是由运动副配合间隙太大或配合面有损伤，运转中引起冲击和振动造成的。因磨损或调整不当造成运动副配合间隙太大时，运转中会产生冲击和振动声波，如曲轴主轴承异响、连杆轴承异响、凸轮轴轴承异响、活塞敲缸异响、活塞销异响、气门脚异响和正时齿轮异响等。

（2）燃烧异响

燃烧异响主要是发动机不正常燃烧造成的。如柴油机工作粗暴时气缸内会产生极高的压力波，这些压力波相互撞击，发出了强烈的类似敲击金属的异响。

（3）空气动力异响

空气动力异响主要由发动机进气、排气等过程中及运转中的风扇等部位，因气流振动而造成的。

（4）电磁异响

在发动机的电磁元件内，由于磁场的交替变化，引起某些部件产生振动而发出异响。

2. 影响发动机异响的因素

发动机的异响与配合间隙、温度、润滑条件、负荷、转速及工作循环等多种因素有关。

（1）配合间隙

当润滑、速度和温度负荷等一定时，异响是随配合间隙的增大而变得明显的，如活塞与缸套的配合间隙越大，响声也越明显。

（2）温度

发动机异响与其工作时刻的温度有关，金属零部件受到高温作用引起几何形状变化，这种变形又影响到配合间隙变化。润滑油在高温下易变质和变稀（润滑油黏度下降），使润滑油膜厚变薄，润滑性能变差。

当发动机活塞与缸壁间隙过大、主轴承油槽深度和宽度失准、机油压力低而润滑不良时，发动机在低温时发出异响，温度升高后异响减轻或消失。

当发动机存在因过热引起的早燃、活塞裙部椭圆的长短轴方向相反、活塞椭圆度小、活塞与缸壁的间隙过小、活塞变形、活塞环各间隙过小等故障时，发动机在高温工况下异响严重，温度降低后异响减轻或消失。

（3）润滑条件

发动机的曲柄连杆机构和配气机构，其运转时的工况与润滑条件息息相关。品质好的润滑油和适宜的压力能够产生较好的润滑油膜。润滑油膜越厚，机械冲击就越小，噪声也就越轻，异响就不易发生。检测时，可以通过改善润滑条件，倾听发动机异响的变化来诊断异响故障。

（4）负荷

负荷越大异响就越明显。根据异响随负荷变化的规律和特点可以判定故障的性质和位置。例如，发动机稳定在急速工况下运转，就可听到清晰的活塞敲缸响；而不严重的连杆轴承响则需要急抖节气门才能听到；活塞敲缸响和连杆轴承响都有在单缸断火后异响减弱或消失的特点，利用这一特点不仅能确定故障的性质，而且还能找出故障的位置。

检测诊断时可采取逐缸解除负荷的方法进行试验，通常采用单缸或双缸断火法解除一或两缸的负荷，以鉴别异响与负荷的关系。

1）某缸断火异响消失或减轻。异响的原因有：活塞敲缸、连杆轴承松旷、活塞环漏气、活塞销折断。

2）某缸断火异响加重或者原来无响，此时反而出现声响。异响的原因有：活塞销铜套松旷、活塞裙部锥度过大、活塞销窜出、连杆轴承盖固定螺栓松动或连杆轴瓦合金烧熔、飞轮固定螺栓松动。

3）相邻两缸断火异响减轻或消失。异响的原因有：曲轴轴承松旷。

（5）转速

发动机之所以出现异响，是因为每种异响都有其特定的振动频率，当运动速度的频率是异响频率的整数倍时，会产生共振现象，于是异响加剧，即每种异响在其响声最明显时都对应一个运动速度段（速度范围）。如活塞敲缸响在发动机的低速段最明显；连杆轴承响在发动机的中速段最明显，传动轴不平衡响在汽车中速以上行驶时最突出，随着车速的升高，传动轴的振动也随之加剧。

1）异响仅在急速或低速运转时存在。异响的原因有：活塞与气缸壁间隙过大、活塞销装配过紧或连杆轴承装配过紧、挺杆与其导孔间隙过大、配气凸轮轮廓磨损、起动爪松动也会使带轮异响（在转速改变时明显）。

2）保持在某转速时声响紊乱，急减速时相继发出短暂声响。异响的原因有：凸轮轴正时齿轮破裂或其固定螺母松动、曲轴折断、活塞销衬套松旷、凸轮轴轴向间隙过大或其衬套松旷。

3）异响在发动机急加速时出现，维持高速运转时声响仍存在。异响的原因有：连杆轴承松旷、轴瓦烧熔或尺寸不符而转动、曲轴轴承松旷或轴瓦烧熔，活塞销折断，曲轴折断。

（6）工作循环

发动机的异响也与发动机的工作循环有明显的关系，尤其是曲柄连杆机构和配气机构的异响都与工作循环有关。就四冲程发动机而言，由曲柄连杆机构引起的异响均为发动机做功一次异响两次；由配气机构引起的异响均为发动机做功一次异响一次。

由曲柄连杆机构引起的异响原因有：活塞敲击缸壁、活塞销发出的敲击声、活塞顶缸盖、连杆轴承松旷过甚、活塞环漏气。

由配气机构引起的异响原因有：气门间隙过大、挺杆与其导孔间隙过大、凸轮轮廓磨损、气门杆与其导管间隙过大、气门弹簧折断、凸轮轴正时齿轮径向破裂、气门座圈松脱、气门卡滞不能关闭。

若异响与工作循环无关，则应注意其发响区域。通常与工作循环无关的异响多为发动机附件故障；若是与工作循环无关的机件发出连续的金属摩擦声，则可能是某些旋转部件有故障。

3. 发动机异响的诊断鉴别

（1）连响与间响

连响指曲轴每转一周响一次，间响是曲轴每转两周响一次。气门机构所发出的响声属于间响，活塞连杆组间隙过大发出的响声一般也是间响。这是由于摩擦副配合间隙较大，活塞在工作行程中产生的冲击所造成的。如果活塞顶部与气缸盖相撞，更换活塞环时未刮缸口或燃烧室里进入异物，所发出的撞击声一般都是连响。

（2）主机与附件的响声

若将V带松开后响声消失，则说明该响声与水泵或发动机及其旋转部件有关；松开空气压缩机V带后响声消失，则说明该响声与空气压缩机及其旋转部件有关。若将V带松开后响声仍不消失，应考虑是主机及其他部件发响。

（3）"上缸"与"反上缸"

如果将某缸单缸断火后，响声减弱或消失，复火时又重新出现，称该响声"上缸"；若单缸断火后响声增强或出现，称"反上缸"。配气机构所发出的响声一般不"上缸"。活塞、活塞销、轴瓦及连杆衬套由于配合间隙过大所发出的响声一般都"上缸"。活塞有破损、连杆螺栓松脱、连杆轴瓦合金严重脱落，有时容易造成"反上缸"，某缸断火后，由间响变为连响，这也是"反上缸"的一种表现。

（4）良性异响与恶性异响

良性异响是指在短期内不会对机件造成明显损坏的响声。例如，气门间隙稍大所发出的碰击声，发动机急速运转时空气滤清器发出的振动响声，虽不会马上对机件带来损害，但容易与其他响声混淆，造成误判。

恶性异响是指能很快造成机件严重损坏的响声。当发动机有明显的"上缸"响声时，应引起足够的注意，特别是"反上缸"响声及汽车所发出的沉重或振动较大的响声，都属于恶性响声。若此种响声随着温度、转速及负荷的升高而增大，则应立即停车检查。

若声响在低速运转时轻微、单纯，在高速运转时虽轰鸣但却平稳均匀，在加速和减速时声响过渡圆滑，则为正常声响。

若声响小伴随着沉闷的"镗、镗"声、清脆的"铛、铛"声、短促的"嗒、嗒"声、细微的"唰、唰"声、尖锐的"喋、喋"声和强烈的"嘎、嘎"声等，则表明发动机存在异响。至于异响是否允许暂时存在，可依据以下情况判断：

1）异响仅在急速运转时存在，转速提高后消失，在整个使用过程中异响无明显变化，则属于危害不大的异响，允许暂时存在，待适当时机再进行修理。

2）异响在突然加速或突然减速时出现，而且在中、高速运转时并不消失，同时又引起机体抖动，则属于不允许继续存在的异响，应立即查明原因，予以排除。

3）如果异响在运转中突然出现，且又比较猛烈，则不应继续运转或试听诊断，而应立即停机拆检。一般拆检顺序是先拆油底壳，再拆气门室盖（罩），最后拆缸盖。

4. 用专用测量工具诊断

（1）用气缸压力表测量气缸压力

当怀疑发动机活塞敲缸或配气机构存在异响时，可用检测气缸压力的方法辅助判断。若测出的气缸压力值比相应车型规定的标准值小，则说明活塞与气缸壁之间间隙过大或气门卡滞，关闭不严。可向气缸压力较低的气缸内注入 20 mL 干净机油后，再次测量气缸压力。如果压力升高，说明是气缸壁间隙过大导致的敲缸；如果压力不变，则说明是气门关不严，应检测配气机构。

（2）用真空表测量真空度

在进气管路密封良好的前提下，检测进气真空度可以辅助判断发动机气缸磨损或气门密封情况。当怀疑发动机活塞敲缸或配气机构异响时，可用真空表检测发动机怠速工况下的真空度。正常工作的发动机进气歧管真空表的读数应稳定在 57.6 ~ 71.1kPa 之间。如果真空表读数低于标准值且相对稳定，说明气缸磨损导致敲缸。若真空表读数不稳定且摆动量较大，则可能是配气机构产生的异响。

7.7.2 曲柄连杆机构异响的检测

曲柄连杆机构主要由活塞连杆组和曲轴飞轮组组成。曲柄连杆机构主要有活塞敲缸异响、活塞销异响、活塞环异响、曲轴轴承异响和连杆轴承异响等常见故障。

微课视频
发动机异响的
检测 1

1. 活塞敲缸异响的检测

活塞敲缸指活塞上下运动时在气缸内窜动，其头部或裙部与气缸壁、缸盖碰撞发出的响声，通常专指活塞与气缸壁间隙较大，活塞上下运动时撞击气缸壁发出的响声。

（1）故障现象

发动机怠速或低速运转时，在气缸的上部发出清晰而有节奏的"嗒、嗒、嗒"连续不断的金属敲击声，严重时响声变沉重，即为"铛、铛、铛"声响。

（2）故障原因

1）活塞与气缸壁磨损严重，配合间隙过大。

2）活塞与连杆衬套装配过紧。

3）活塞顶部碰撞缸盖衬垫或连杆变形。

4）气缸圆柱度过大，活塞环弹性失效。

（3）故障检测诊断

1）发动机低温起动时，在怠速或低速运转时，发出有节奏的"吭、吭"声。缓慢加速至中速以上的运转工况条件下，异响减弱或消失，可以初步诊断为活塞敲缸。

2）在不同的发动机工作温度下检测，冷车时响声明显，热车后响声减弱或消失，则可以诊断为活塞敲缸，故障原因是活塞裙部与缸壁间隙过大。

3）利用断火法确认故障原因。单缸断火时，响声减弱或消失，即可认为该缸存在活塞敲缸异响。

4）加机油检测确诊。为了进一步确诊某缸存在异响，将发动机熄火，卸下有响声气缸的火花塞或喷油器，向气缸内加注 20 ~ 25mL 干净机油，慢慢转动发动机，使机油附着在缸壁和活塞之间，然后重装火花塞或喷油器，起动发动机，若响声减弱或消失，但过不了多久又重新出现，则可确定该缸活塞敲缸异响，活塞与缸壁的间隙过大，应立即修复。

5）使用发动机综合检测仪或专用异响示波器来检测异响的波形，若检测的波形如图 7-58 所示，则说明故障原因是活塞敲缸异响。

2. 活塞销异响的检测

（1）故障现象

发动机在急速、低速和从急速向低速抖动节气门时，发出响亮、清脆而有节奏的"嘎、嘎、嘎"金属敲击声，类似两个钢球相碰的声音，呈上下双响。加速时响声更为明显。

图 7-58 活塞敲缸异响波形

（2）故障原因

1）活塞销与销孔、连杆衬套磨损严重，配合间隙过大。

2）机油压力过低，活塞销配合处润滑不良。

3）卡环松旷、脱落，活塞销自由窜动。

（3）故障检测诊断

1）发动机急速运转的工况下，从急速向低速急抖加速踏板，如果能听到响亮、清脆而有节奏的"嘎、嘎、嘎"金属敲击声，且转速变化时，响声也随之周期性变化，加速时声响更大，则可能是活塞销异响。

2）发动机工作温度上升，响声没有减弱，甚至更明显。冷车时响声小，热车时响声大，则表明发动机活塞销异响，故障原因可能是活塞销与销座孔间隙过大。

3）利用断火法确认故障原因。单缸断火时，响声减弱或消失。复火时响声会明显出现 1 响或连续 2 响。严重时，在响声较大的转速下进行断火试验时，往往响声不消失且变得杂乱。

4）用螺钉旋具或听诊器抵触在发动机上侧部或气缸盖上察听，同时变换转速，在气缸壁上部听诊比在下部明显。若响声不明显，可略将点火时间提前，这时响声会较前明显，特点是上下双响，声音较脆。

若转速越高，响声越大，单缸断火时响声反而杂乱，则故障原因为活塞销与衬套间隙过大。

发动机急速运转时，响声为有节奏而较沉重的响声，提高转速声响不减，同时伴有机体轻微抖动，断火试验响声加重，则说明活塞销存在自由窜动的故障。

若急加速时声响尖锐而清晰，断火试验响声减轻或消失，则很可能是活塞销折断。

5）使用发动机综合检测仪或专用异响示波器来检测异响的波形。按照检测仪使用手册的要求键入规定的操作码，进行异响频率选择。如图 7-59a 所示，将仪器上的加速度传感器抵在缸盖上对准各缸活塞处，采用微抖节气门的方法找出响声最明显的转速，若示波器屏幕上有窄而尖的瞬时波形出现，发出的响声清脆而连贯，则说明是活塞销响。调整电位器可以使波形更加清晰，活塞销的全缸波形和单缸波形分别如图 7-59b、图 7-59c 所示。

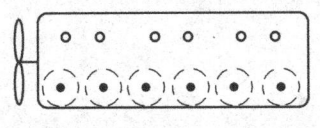 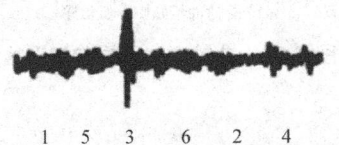 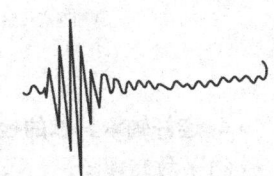

a）加速度传感器安装位置　　　b）活塞销异响全缸波形　　　c）活塞销异响单缸波形

图 7-59　活塞销异响波形检测

3. 曲轴轴承异响的检测

（1）故障现象

发动机急加速时，发出沉重的"铛、铛、铛"金属敲击声，严重时发动机发生振动，发动机转速越高，响声越大；发动机负荷越大，响声越明显。

（2）故障原因

1）主轴承盖螺栓松动。

2）主轴承与主轴承颈磨损严重，轴承径向间隙过大。

3）机油压力太低，曲轴润滑不良。

4）曲轴弯曲。

5）主轴承轴瓦合金烧毁脱落。

（3）故障检测诊断

1）观察机油压力，发动机转速较高时机油压力下降明显。在机油加注口仔细察听，转速突然变化时，发出低沉的"铛、铛、铛"响声，则为主轴承异响。

2）发动机在不同转速下的具体诊断。使发动机处于中等转速的工况下，然后反复加速或减速。加速时响声明显增大，为主轴承松旷异响；发动机高速时机体有较大的振动，汽车载重爬坡时，驾驶室里有振动感，此时机油压力明显下降，则为轴承间隙过大或合金脱落，应及时修复；发动机工作温度正常，当转速由低速升高时，有节奏的沉重的"铛、铛、铛"声，发动机温度越高，响声越明显，到高速时响声杂乱，则有可能是曲轴弯曲。

3）利用断火法确认故障。使发动机单缸断火，响声无变化，而相邻两缸断火时，响声明显减弱，则为两缸之间的主轴承响。

4）使用发动机综合检测仪或专用异响示波器来检测异响的波形。按照检测仪使用手册的要求键入规定的操作码，进行异响频率选择。如图7-60a所示，将仪器上的加速度传感器抵在发动机油底壳中上部稍前的位置上，提高发动机转速，找出响声明显的转速，并在该转速下稳定运转或微抖节气门反复加速运转。如图7-60c所示，若示波器屏幕上有瞬时波形出现，发出的响声又沉重有力，则说明是主轴承响。在稳定运转或不断微抖节气门加速运转的情况下，按一下"储存"键，主轴承响故障波形即存储在仪器内，复位后键入规定的操作码即可重显已存入的波形。按下"全缸"键，如图7-60b所示，可显示主轴承异响的全缸波形。

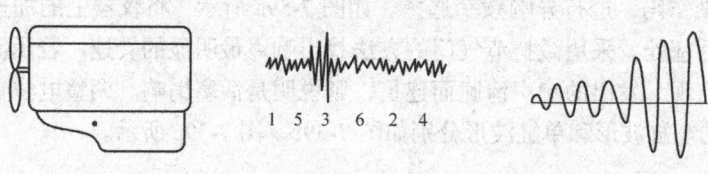

a) 加速度传感器安装位置　　b) 曲轴轴承异响全缸波形　　c) 曲轴轴承异响单缸波形

图7-60　曲轴主轴承异响波形检测

4. 连杆轴承异响的检测

（1）故障现象

发动机急速运转时无异响或响声较小，急加速时有较重且短促的"铛、铛、铛"明显连续的敲击声。严重时急速也能听到明显响声。连杆轴承异响比主轴承异响清脆、缓和、短促。发动机温度升高后，响声无明显变化，当增大发动机负荷后，响声明显加剧。

（2）故障原因

1）连杆轴承或轴颈磨损，使配合间隙过大或配合不良。

2）油压过低、机油变质或连杆轴颈油道堵塞，致使润滑不良。

3）连杆轴承盖螺栓松动或折断。

4）连杆轴承尺寸不符，引起转动或断裂。

5）连杆轴承减摩合金脱落或烧毁。

（3）故障检测诊断

1）发动机怠速运转，然后由怠速向低速、低速向中速、中速向高速加大节气门进行试验，并在加机油口处听诊，响声随转速的升高而增大，抖动节气门时，在加油的瞬间异响突出。响声严重时，在任何转速下均可听到清晰、明显的敲击声。

2）在怠速、中速和高速工况下，逐缸进行断火试验，若某缸断火后响声明显减弱或消失，在复火的瞬间又立即出现，则说明该缸连杆轴承响。但当连杆轴承松旷过重时，单缸断火声响无明显变化。

3）连杆轴承响声在油底壳侧面较大，如用听诊器触在机体上听诊，响声并不清晰，但在加机油口处或曲轴箱通风管口处直接察听，可清楚听到连杆轴承敲击声。连杆轴承响伴随有油压明显降低现象，严重时机体振抖，这有别于活塞销响和活塞敲缸，可用手将螺钉旋具或听诊器抵住缸体下部或油底壳处，当触及相应的故障缸位时有明显振动感。

4）使用发动机综合检测仪或专用异响示波器来检测异响的波形。按照检测仪使用手册的要求键入规定的操作码，进行异响频率选择。将加速度传感器抵在曲轴箱上部对正连杆轴承处，测1、2、3缸时抵在右侧，测4、5、6缸时抵在左侧。在提高发动机转速过程中找出响声明显的转速，并在该转速下稳定运转或微抖节气门反复加速运转。如图7-61所示，若屏幕上有瞬时波形出现，且发出的响声较主轴承轻而短促，说明是连杆轴承异响。调整电位器使波形清晰，按一下"储存"键，连杆轴承异响故障波形即存储在仪器内，复位后键入规定的操作码即可重显已存入的波形。按下"全缸"键，可显示连杆轴承异响的全缸波形。

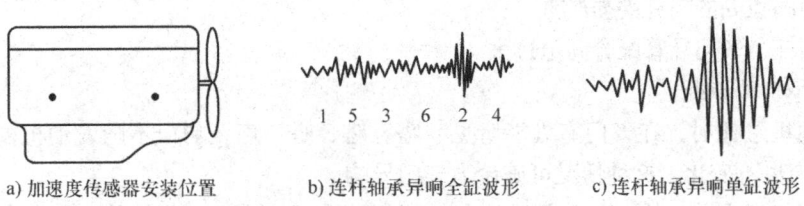

a) 加速度传感器安装位置　　b) 连杆轴承异响全缸波形　　c) 连杆轴承异响单缸波形

图 7-61　连杆轴承异响波形检测

7.7.3　配气机构异响的检测

配气机构的作用是按照发动机的工作顺序适时地向气缸内供入新鲜空气或燃油混合气，并及时将燃烧后的废气排出，使发动机正常运转。配气机构由传动组和气门组组成，如果配气机构的机件磨损、变形、调整不当或损坏，常会引起气门异响、气门挺杆异响、正时齿轮异响和气门碰撞活塞异响等故障。

微课视频
发动机异响的检测2

1. 气门脚异响

（1）故障现象

气门脚异响是指发动机工作时，气门脚与摇臂碰撞发出的响声。发动机怠速时，能听见气缸盖处发出有节奏的"嗒、嗒、嗒"响声。转速增高时，响声越明显。

（2）故障原因

为了防止配气机构的推杆和气门受热膨胀后，造成气门关闭不严，气门脚与摇臂间应留有适当的间隙，称为气门间隙，如图7-62所示。气门间隙的大小应符合发动机厂商的技术文件规定。如果气门间隙过大，发动机工作时就会发出异响。

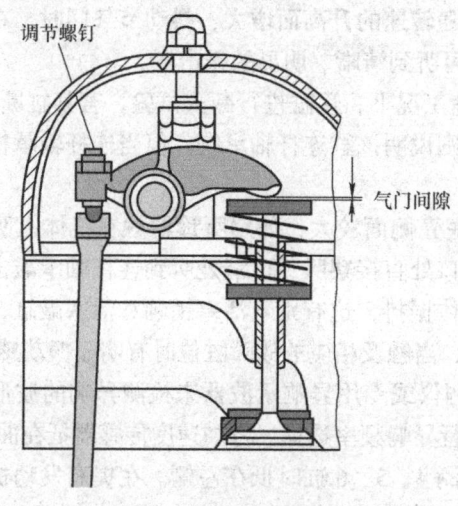

图7-62 气门间隙

造成气门间隙过大的原因有：

1）气门间隙调整过大。

2）气门间隙调整螺钉松动。

3）气门间隙处的摇臂磨损严重。

4）气门杆与气门导管配合间隙过大。

（3）故障检测诊断

1）发动机怠速时，在气门室处能听见"嗒、嗒、嗒"声，响声不随发动机温度变化，单缸断火时响声也不变化，这种情况可确诊为气门异响。

2）拆下气门室盖，检查气门间隙，若气门间隙大于技术文件规定值，说明气门异响是由气门间隙过大造成的。将气门室盖拆下，在怠速时用适当厚度的厚薄规插入气门间隙处，若响声消失或减弱即可确诊为该气门间隙过大。也可用厚薄规检查或用手晃试气门间隙，间隙最大的往往是最响的气门。

3）为进一步确诊是气门脚响还是气门落座响，可在气门间隙处滴入少许机油，如瞬间响声减弱或消失，说明是气门脚响；如响声无变化，说明是气门落座响。

2. 凸轮轴异响

（1）故障现象

凸轮轴异响是指凸轮轴因轴向或径向间隙过大，导致凸轮轴与轴承座有节奏的撞击，产生响声。发动机怠速和低速时较为清晰。

（2）故障原因

1）凸轮轴轴颈与衬套间隙过大。

2）凸轮轴与轴承座轴向间隙过大，产生轴向窜动。

3）凸轮轴固定螺栓松动。

（3）故障检测诊断

1）若异响来源于凸轮轴一侧，怠速或低速时明显，高速消失，一般是有节奏的撞击声，频率为曲轴转速的一半。响声有两种：清脆的"铛、铛"声或顿挫的"镗、镗"声，则可以确诊为凸轮轴异响。

2）检修时拆下气门室罩盖，检查凸轮轴轴向间隙及径向配合间隙，检查凸轮轴的弯曲度，如不符合厂家规定，应更换凸轮轴。并且保证凸轮轴轴承盖固定螺栓的装配力矩符合规定。

3. 液压挺杆异响

（1）故障现象

液压挺杆异响是指液压挺杆下端与凸轮撞击或液压挺杆摆动时与套管碰撞发出有节奏的类似气门异响的"嘀嗒"声。发动机怠速时较为清晰。

（2）故障原因

1）凸轮表面轮廓磨损。凸轮的外轮廓能保证气门的升程及其升降过程中的运动规律。如果凸轮表面轮廓磨损严重，导致液压挺杆与凸轮接触的连续性遭到破坏，气门落座时，液压挺杆跳动与凸轮撞击发出响声。

2）凸轮轴转动时，凸轮除顶动液压挺杆上升外，同时还带动液压挺杆做横向摆动。当液压挺杆与套管径向磨损后，其配合间隙增大，液压挺杆做横向摆动时与套管碰撞发出异响。

3）气门摇臂调整螺钉与推杆之间润滑不足，难以缓和冲击，也会发出异响。气门弹簧折断也会出现异响。

（3）故障检测诊断

1）起动发动机，通过踩加速踏板改变发动机转速，使用听诊器察听响声的变化。怠速时发动机顶部响声明显，中速以上响声减弱或消失，断火试验响声无变化，即为液压挺杆响。具体部位可用听诊器根据响声变化来判断。

2）在发动机起动时，液压挺杆有不大的响声是正常的（润滑油未充分进入液压挺杆），发动机转速达到2500r/min后继续运转2min，若挺杆仍有响声，应先检查调整机油压力。若机油压力正常，则应更换液压挺杆。

参 考 文 献

[1] 凌永成. 汽车检测诊断技术 [M]. 2版. 北京：清华大学出版社，2016.
[2] 方锡邦，钱立君，孙俊. 汽车检测技术与设备 [M]. 3版. 北京：人民交通出版社，2012.
[3] 郝风伦. 汽车检测技术 [M]. 北京：机械工业出版社，2014.
[4] 姚道如，曾凡灵. 汽车检测技术 [M]. 北京：机械工业出版社，2018.
[5] 李军，黄志永. 汽车检测技术 [M]. 北京：人民交通出版社，2018.
[6] 蒋红梅，吴国强，肖彬. 汽车检测与诊断技术 [M]. 北京：人民交通出版社，2017.
[7] 赵英勋. 汽车检测与诊断技术 [M]. 3版. 北京：机械工业出版社，2017.

读者服务

机械工业出版社立足工程科技主业，坚持传播工业技术、工匠技能和工业文化，是集专业出版、教育出版和大众出版于一体的大型综合性科技出版机构。旗下汽车分社面向汽车全产业链提供知识服务，出版服务覆盖包括工程技术人员、研究人员、管理人员等在内的汽车产业从业者，高等院校、职业院校汽车专业师生和广大汽车爱好者、消费者。

一、意见反馈

感谢您购买机械工业出版社出版的图书。我们一直致力于"以专业铸就品质，让阅读更有价值"，这离不开您的支持！如果您对本书有任何建议或意见，请您反馈给我。我社长期接收汽车技术、交通技术、汽车维修、汽车科普、汽车管理及汽车类、交通类教材方面的稿件，欢迎来电来函咨询。

咨询电话：010-88379353　　编辑信箱：cmpzhq@163.com

二、课件下载

选用本书作为教材，免费赠送电子课件等教学资源供授课教师使用，请添加客服人员微信手机号"13683016884"咨询详情；亦可在机械工业出版社教育服务网（www.cmpedu.com）注册后免费下载。

三、教师服务

机工汽车教师群为您提供教学样书申领、最新教材信息、教材特色介绍、专业教材推荐、出版合作咨询等服务，还可免费收看大咖直播课，参加有奖赠书活动，更有机会获得签名版图书、购书优惠券。

加入方式：搜索 QQ 群号码 317137009，加入机工汽车教师群 2 群。请您加入时备注院校+专业+姓名。

四、购书渠道

机工汽车小编
13683016884

我社出版的图书在京东、当当、淘宝、天猫及全国各大新华书店均有销售。

团购热线：010-88379735
零售热线：010-68326294　88379203

推荐阅读

书号	书名	作者	定价（元）
智能网联、新能源汽车专业教材			
9787111678618	智能网联汽车技术入门一本通（全彩印刷）	程增木	69
9787111715276	智能汽车技术（全彩印刷）	凌永成	85
9787111702696	智能网联汽车技术原理与应用（彩色版）	程增木 杨胜兵	65
9787111628118	智能网联汽车技术概论（全彩印刷）	李妙然 邹德伟	49.9
9787111693284	智能网联汽车底盘线控系统装调与检修（附任务工单）	李东兵 杨连福	59.9
9787111710288	智能网联汽车智能传感器安装与调试（全彩活页式教材）	中国汽车工程学会 等	49.9
9787111712480	智能网联汽车底盘线控执行系统安装与调试（全彩印刷）	中国汽车工程学会 等	49.9
9787111709800	智能网联汽车计算平台测试装调（全彩印刷）	中国汽车工程学会 等	49.9
9787111711711	智能网联汽车智能座舱系统测试装调（全彩印刷）	中国汽车工程学会 等	49.9
9787111710318	新能源汽车检测与故障诊断技术（彩色版配实训工单）	吴海东 等	69
9787111707585	新能源汽车电动空调 转向和制动系统检修（彩色版配实训工单）	王景智 等	69
9787111702931	新能源汽车整车控制系统检修（彩色版配实训工单）	吴东盛 等	69
9787111701637	新能源汽车动力电池及管理系统检修（彩色版配实训工单）	吴海东 等	59
9787111707165	新能源汽车技术概论（全彩印刷）	赵振宁	55
9787111706717	纯电动汽车构造原理与检修（全彩印刷）	赵振宁	59
9787111587590	纯电动/混合动力汽车结构原理与检修（配实训工单）（全彩印刷）	金希计 吴荣辉	59.9
9787111709565	新能源汽车维护与故障诊断（配实训工单）（全彩印刷）	林康 吴荣辉	59
9787111700524	新能源汽车整车控制系统诊断（双色印刷）	赵振宁	55
9787111699545	智能网联汽车概论（全彩印刷）	吴荣辉 吴论生	59.9
9787111698081	新能源汽车结构原理与检修（全彩印刷）	吴荣辉	65
9787111683056	新能源汽车认知与应用（第2版）（全彩印刷）	吴荣辉 李颖	55
9787111615767	新能源汽车概论（全彩印刷）	张斌 蔡春华	49
9787111644385	新能源汽车电力电子技术（全彩印刷）	冯津 钟永刚	49
9787111684428	新能源汽车高压安全与防护（全彩印刷）	吴荣辉 金朝昆	45
9787111610175	新能源汽车动力电池及充电系统检修（全彩印刷）	许云 赵良红	55
9787111613183	新能源汽车电机驱动系统检修（全彩印刷）	王毅 巩航军	49
9787111613206	新能源汽车辅助系统检修（全彩印刷）	任春晖 李颖	45
9787111646242	新能源汽车维护与故障诊断（全彩印刷）	王强 等	55
9787111670469	新能源汽车结构原理与检修（彩色版）	康杰 等	55